Michael Holzach:
Das vergessene Volk
Ein Jahr bei den deutschen Hutterern in Kanada

Mit 33 Fotos von Timm Rautert

Deutscher
Taschenbuch
Verlag

dtv

Karten: Katharina Joanowitsch

Ungekürzte Ausgabe
1. Auflage November 1982 (dtv 10051)
12. Auflage Juli 1994: 85. bis 88. Tausend
Deutscher Taschenbuch Verlag GmbH & Co. KG,
München

ISBN 3-455-08844-9
Umschlaggestaltung: Simone Fischer
Umschlagfoto: Timm Rautert (Kartoffelernte in der
Huttterersiedlung Waterton, Provinz Alberta, Kanada):
Fotos Seite 2 (links): Freda Heyden, (rechts): Timm Rautert
Gesamtherstellung: C. H. Beck'sche Buchdruckerei,
Nördlingen
Printed in Germany · ISBN 3-423-30008-6

Das Buch

Angeregt durch die Lektüre von Erich Fromm, der die Hutterer in mehreren seiner Bücher als »radikale Humanisten« bezeichnete, lebte Michael Holzach ein Jahr in zwei hutterischen Brudergemeinden in der kanadischen Provinz Alberta am Fuße der Rocky Mountains – fast gänzlich abgeschnitten von der modernen Welt. Er arbeitete, betete und sang mit ihnen, die Frauen nähten ihm die schwarze Einheitstracht, die Männer brachten ihm bei, wie man Schuhe macht, Ferkel kastriert, Seife kocht.
Die Muttersprache dieser frommen »Auserwählten« ist Deutsch, doch Deutschland haben sie nie gesehen. Vor 450 Jahren waren ihre Vorfahren um ihres Glaubens willen in einer leidvollen Pilgerschaft bis nach Rußland gezogen, ehe sie 1874 in die USA auswanderten. Heute leben 25 000 Hutterer in 250 Siedlungen abseits der Highways in der nordamerikanischen Prärie. Ihr Gesetzbuch ist die Bibel. Sie sind strenge Pazifisten und lehnen jede Art von Privateigentum ab. Michael Holzach entdeckte eine Lebensform ohne soziale Ungerechtigkeit, ohne Konsumdenken und ohne Gewalt – den urchristlichen Kommunismus. Doch wie verkraftet ein Mensch des 20. Jahrhunderts diesen Sprung ins »Mittelalter«? Gibt es tatsächlich Inseln der Glücklichen im »Meer der Sünde«? Dieser Bericht gibt Antworten auf die uns heute bedrängenden Fragen der Zivilisation – gefunden beim vergessenen Volk der Hutterer.

Der Autor

Michael Holzach, 1947 in Heidelberg geboren, war nach dem Studium der Sozialwissenschaften und Stipendienreisen nach Israel und Indien Reporter bei der ›Zeit‹ in Hamburg und befaßte sich vor allem mit Themen über Minderheiten und soziale Probleme. 1980 schlug er sich sechs Monate lang zu Fuß und ohne Geld durch die Bundesrepublik: ›Deutschland umsonst‹ (1982) lautet der Titel seines Buches, das die Bundesrepublik aus dieser ungewöhnlichen Perspektive schildert. Michael Holzach ist im Frühjahr 1983 tödlich verunglückt. Zuletzt erschienen seine Reportagen über die Bundesrepublik als Buchausgabe mit Fotos von Timm Rautert unter den Titel ›Zeitberichte‹ (1985).

Der Fotograf

Timm Rautert, 1941 in Tuchel/Westpreußen geboren, studierte bei Otto Steinert an der Folkwangschule Essen Fotografie und ist seit 1971 freier Bildjournalist. Die Fotos dieses Buches entstanden, als er Michael Holzach zweimal bei den Hutterern in Kanada besuchte.

Der Autor

als Hutterer

Inhalt

Ich danke Eta, Evelyn, Freda und Niko

Winter

Im Lastwagen zu Gottes Arche

Träume ich? Sitze ich hier wirklich in der Sonntagsschule und rolle mit scheinheiliger Miene spuckeverkleisterte Löschpapierkugeln? Sind dies etwa meine Mitschüler, die Jungen auf der linken Seite des schmucklosen Schulraums, in mönchsschwarzen Jankern, die Mittelscheitel wie mit dem Lineal gezogen, die Schnürschuhe blitzblank? Und auf der rechten die Mädchen, ein Schneegestöber aus weißgepunkteten Kopftüchern, kaum zu sehen die blassen Gesichter über den hochgeschlossenen Kragen, kaum zu sehen irgend etwas außer weiter, wallender Tracht – träume ich?

Ja, ich träume, aber dieser Traum ist wahr! Ich sitze hier wirklich im Einheitsjanker, mit Linealscheitel und blanken Schuhen, von meinen Nachbarn kaum zu unterscheiden, mir selber schon seit Wochen ein Fremder – ein Hutterer.

Denn schon seit Wochen, die mir wie Jahre erscheinen, lebe ich in der »Brudergemeinde Wilson« und entdecke mitten im nordamerikanischen Westen, nicht weit von den kanadischen Rocky Mountains, ein Stück lebendiger deutscher Vergangenheit: das in Deutschland längst vergessene Volk der Hutterer. Anhänger des 1536 in Innsbruck auf dem Scheiterhaufen verbrannten Wiedertäufers Jakob Hutter, seit 450 Jahren auf leidvoller Pilgerschaft durch die ganze Welt, »getrieben auf's Feld wie eine Herde Schafe«, wie es in der Hutterer-Chronik heißt.

Bis heute sind die Hutterer ihren Mitmenschen vor allem deshalb ein Dorn im Auge, weil sie die Bibel strikt beim Wort nehmen. Die Zehn Gebote sind ihnen wirklich Gebot, Kriegsdienst und Ehebruch ein Greuel, Fluch und Neid vom Teufel. Damit sie ihren Nächsten lieben können wie sich selbst, haben die Hutterer 300 Jahre vor Karl Marx das Privateigentum abgeschafft und leben seither nach dem Grundsatz: »Jedr gibt, wos'r konn, und kriegt, wos ihm not ist.« Das war im Reich Kaiser Karls V. eine ebenso provokante Lebensmaxime wie heute in der Welt von »General Motors« und »McDonald's«. Die mehr als 25 000 Hutterer wohnen in 200 kleinen Kolonien, sogenannten Brudergemeinden oder »göttlichen Archen im Meer der irdischen Sünde«, weit abseits der Highways und weit verstreut über die Prärie. Zwei Drittel sind Kanadier, die anderen haben US-amerikanische Staatsbürgerschaft.

Doch zunächst und vor allem empfinden sie sich als Hutterer, als »Gottes heiliges Volk, das Er sich auf dem ganzen Erdenkreis auserwählet und berufen hat aus allen Völkern«, wie es in einem hutterischen Kindergebet heißt, »darum wir auch von allen Menschen verschmähet, verfolget und verhasset sein.«

Kniend beten wir diese Worte wie immer zu Beginn der Sonntagsschule. Der Schullehrer Samuel Wurz, vorn am Katheder, ein ernster, fast finster wirkender Mann mit pechschwarzem Vollbart, schlägt Punkt und Komma, wenn er meint, daß sie fällig seien, mit der flachen Hand auf die Tischplatte, vergeblich bemüht, ein wenig Betonung in unser nuschelndes Gebetsgemurmel zu bekommen: »Wir kleinen und unmündigen Kindelein bitten Dich auch alle gar von ganzem unserem Herzen, laß uns von Jugend auf in Deiner Furcht, in Deinem Gehorsam und Deiner Wahrheit auferzogen werden.«

Hätte ich den Gebetstext nicht vor Augen, ich könnte mich selber nicht verstehen. Ganz gleich, wie verzögert der Lehrer auch den Takt schlägt, in der Windeseile von sieben Minuten geht es durch die vierzehn Gebetsstrophen; denn der Holzfußboden ist hart, und die Knie schmerzen. Nach dem langgezogenen »Oohmen«, das wie ein erleichtertes »Endlich« klingt, dürfen wir uns wieder setzen. Der Lehrer Samuel blättert mit großer Geste in seiner abgegriffenen Bibel. Er sucht den Text, den wir heute morgen in der »Lehr«, dem Gottesdienst der Gemeinde, gehört haben. Als er ihn gefunden hat, blickt er unter seinen dichten Augenbrauen genau in meine Richtung. »No, Miechel!« ruft er gestreng und meint wirklich mich, »den

Miechel, der von Deutschland kumme ist, uns Huttrische zu lerne kehne.«

Aber ganz gleich, ob ich nun aus Deutschland komme oder vom Mond, für den Lehrer bin ich wie jeder Nicht-Hutterer ein »Englischa«, ein »Weltmensch von da daußt«, von draußen, Kinds getauft und also noch unmündig. Weil die hutterischen Wiedertäufer die Taufe nur anerkennen, wenn sie bewußtes Glaubensbekenntnis des erwachsenen Christen ist, muß ich trotz meiner 31 Jahre wie alle Ungetauften auch wieder die Sonntagsschulbank drücken. Lehrer Samuel ist nur knapp zwei Jahre älter als ich, aber die Autorität seines Amtes und die apostolische Würde seines Vollbarts lassen ihn für mich fast wie einen Vater erscheinen. »Willst hier lebn, mußt zu uns eini possn«, sagt er mir mehr als einmal am Tag. Daher behandelt er mich wie einen seiner 34 Zöglinge und fragt: »No, Miechel, wos host ghert heit bei dr Lehr?« Ich rappele mich aus meiner viel zu engen Schulbank hoch, ganz hinten in der letzten Reihe, die Löschpapierkugeln noch immer zwischen Daumen und Zeigefinger. 18 Mittelscheitel und 16 Kopftücher drehen sich nach mir um. Ich bin nervös wie ein kleiner Konfirmand. Heute morgen hat der Prediger Johannes Wurz, der silberbärtige Großvater vom Lehrer Samuel und geistiges Oberhaupt der Brudergemeinde, zwei Stunden über den ersten Brief des Johannes gepredigt. Es war wie in jeder Predigt wieder viel die Rede von Licht und Finsternis, von himmlischem Frieden und ewiger Verdammnis. Den 16. Vers habe ich mir gemerkt: »Denn alles, was in der Welt ist«, zitiere ich die Bibel mit niedergeschlagenen Lidern, »des Fleisches Lust und der Augen Lust und hoffärtiges Leben, ist nicht vom Vater, sondern von der Welt.« Der Lehrer nickt. »Setz die niedr«, sagt er knapp und läßt seinen Blick zwischen der Jungen- und der Mädchenseite hin- und herspringen, ohne daß sich sein Kopf bewegt. »Dr Miechel, dr waß, wos'r do sogt, dr kummt von dr Welt. Fressn, Saufn, Hurn – dos geht in Deitschlond grod so um wie in Kanada.«

Ich fühle mich wie an den Pranger gestellt, aber der Lehrer meint es gar nicht so. Im Gegenteil, ihm imponiert es fast, wie so ein »Weltmensch«, der ja nichts dafür kann, daß er in der Welt geboren wurde, es überhaupt bei den Hutterern wochenlang aushält, in der Enge der heiligen Gemeinschaft, auf dem schmalen, steinigen Weg, der allein zum ewigen Leben führt (Matthäus 7,8), ganz ohne Fleischeslust, Augenlust und hoffärtiges Leben.

In Strenge und Einfachheit leben hier, in der Brudergemeinde Wilson, 120 Menschen in zwölf Familien so dicht beieinander, als gäbe es in dieser Unendlichkeit der Prärie, die nur im Westen vom Fels der Rocky Mountains begrenzt wird, nicht Raum genug. Aus der Distanz sieht Wilson aus wie eine Mischung aus israelischem Kibbuz und dem Flüchtlingslager Friedland: sechs graue, langgestreckte Wohnbaracken, in Zweierreihen Seite an Seite von Norden nach Süden ausgerichtet, davor die Gemeinschaftsküche, dahinter die Schule und etwas abseits die Stallungen, die Werkstätten und die Scheunen.

Arbeiten, Beten, Essen, Schlafen – hutterisches Leben.

Einfach und klar wie das äußere Bild der Kolonie ist auch ihre Struktur. Gott ist der »Herr über Himmel und Erde« und damit auch über die Hutterer als sein heiliges Volk. Gottes Stellvertreter in Wilson ist der gewählte Prediger Johannes Wurz, der so viele Enkel und Urenkel hat, wie sein Leben Jahre zählt: 77. Er ist über die Gemeinde gestellt wie ein Hirte über seine Herde, »der euch weiden soll mit Lehre und Weisheit« (Jeremias 3,15). Ihm zur Seite stehen sein 58jähriger Sohn Georg Wurz als stellvertretender Prediger und die vier Gerichtsbrüder: der »Säckelmann« oder »Hauswirt« Jakob Wurz, ein nur um zwei Jahre jüngerer Bruder des Predigers, sein zweitältester Sohn Johannes, der als »Weinsedel« für die Organisation der Arbeit zuständig ist, der Schullehrer Samuel und nicht zuletzt Johannes Hofer, seines Zeichens Brotschneider, der während der gemeinsamen Mahlzeiten dafür Sorge zu tragen hat, daß auch alle satt werden. Die Gerichtsbrüder werden vom »Stiebel«, der Versammlung aller getauften Männer, gewählt und sind ihm Rechenschaft schuldig.

Frauen haben kaum etwas zu sagen, weder in der Kolonie, »eure Weiber lasset schweigen in der Gemeinde« (1. Korinther 14,34), noch in der Familie, »der Mann ist des Weibes Haupt« (Epheser 5,23). Nicht zufällig nennt sich Wilson eine »Brudergemeinde« und läßt die Schwestern unerwähnt. Sie haben vor allem Kinder zu bekommen, ein knappes Dutzend im Schnitt. In den vergangenen hundert Jahren hat Gottes heiliges Volk sich alle 15 bis 25 Jahre verdoppelt, »seid fruchtbar und mehret euch« (1. Moses 1,22). So bilden die Kinder und Jugendlichen in Wilson auch fast eine Zweidrittelmehrheit, die der Schullehrer mit alttestamentarischer Strenge unter seiner strengen Kontrolle hält.

Am Ende der Sonntagsschule, nachdem wir alle unser »Sprichel« aufgesagt, ein frommes »Liedel« gesungen und noch einmal auf Knien gebetet haben, zieht Schullehrer Samuel einen armlangen Lederriemen aus der Schublade, auf dem geschrieben steht: »Die liabe Ruthen«, ein unverwüstliches Erbstück vom Großvater Johannes. Dann winkt er mit dem Zeigefinger den neunjährigen Paul und den ein Jahr jüngeren Christian zu sich vors Pult. Worte werden nicht gemacht.

Alle wissen wir, was die Stunde geschlagen hat. Paul und Christian sind gestern beim Schlittschuhlaufen ertappt worden, auch dies in den Augen der Hutterer eine Form von Fleischeslust. Darauf stehen zwölf »Deitsche«. Schweigend legt sich Paul als der ältere zuerst über den Fußschemel des Lehrers. Ein Dutzend weit ausgeholter Hiebe gehen auf seinem strammgezogenen Hosenboden nieder. Der Junge windet sich wie ein Wurm am Angelhaken. Mit den bloßen Händen versucht er, die Wucht der »Deitschen« aufzufangen, aber das tut wohl fast noch mehr weh. Seinem Freund Christian treten schon vom Zusehen Tränen in die Augen. Über ihm gerät der Schulmeister dann so ins Schwitzen, daß er's mit zehn Schlägen gut sein läßt.

Nach der Peitsche gibt's »Schutenhonkelich«, das huttrische Zuckerbrot. Die beiden Schlittschuhsünder an den Händen, als sei nichts gewesen, zieht Samuel mit uns von der Schule über den Hof in die Gemeinschaftsküche, huttrisch die »Kuchel«, zum »Lunschen«. Dort haben die Frauen das goldbraune Backwerk aus Mehl, Honig und Zimt schon auf der Anrichte. Im Vorbeigehen greift sich jedes Kind einen Keks, zuerst die Jungen, dann die Mädchen, die Älteren vor den Jüngeren. Aber erst als alle genommen haben, bedient sich Samuel mit dem letzten Stück. Wir setzen uns um die polierten Aluminiumtische, auch hier wie überall nach Geschlechtern getrennt und dem Alter nach geordnet.

Elisabeth Hofer, die Frau vom Brotschneider und Mutter von bisher elf Kindern, schüttet uns den wässerigen Jugendherbergskaffee aus kolossalen Blechkannen in die grünlichen Plastikbecher. Zusammen mit ihrer Nachbarin Rachel hat sie, wie jede Frau im Alter zwischen 16 und 50 Jahren, einmal in sechs Wochen Küchendienst, die »Kuchwuch«, muß das Essen kochen, die »Kuchel« sauberhalten und servieren. Den Abwasch erledigen alle Frauen der Kolonien nach jeder der drei täglichen Hauptmahlzeiten gemeinsam, so, wie sie auch gemeinsam Brot backen, den Fußboden der Schule wischen, im Sommer Unkraut hacken oder im Herbst Sonnenblumenkerne ausklopfen.

Hutterer sind nur ganz selten allein, die »Gmahschoft«, das Zusammensein, ist ihr Lebensprinzip.

»Gelunscht« wird zwischen den großen Mahlzeiten, nicht in den Erwachsenen- und Kinderspeisesälen, sondern in der Küche neben den immer makellos sauberen Öfen und Kesseln. »Ranlichkat ist dr erschta Schriet zur Seeligkat«, sagen die Hutterer-Frauen. Jeder hat jetzt seinen Kaffee, und so falten wir die Hände. Paul betet laut: »Wir bitten Dich, Herrgott, himmlischer Vater, segne alle diese Deine Gaben, die wir durch Deiner reichen Milde, Güte Hand zu uns nehmen und empfangen haben durch Jesum Christum. Amen.« Stumm knabbern wir unsere »Schutenhonkelich«. Essen ist für Hutterer ein sakraler Akt, jeder Keks und jede Kaffeebohne eine Gabe Gottes, die man würdigt durch Schweigen.

Wer noch eine Tasse Kaffee haben will, sagt kurz »Koffie«, und schon kommen Elisabeth oder Rachel und schenken nach. Tischmanieren gibt es eigentlich keine. Maria, Rebecca und Ruth, mit sechs Jahren die kleinsten »Dindla« hinten am Tischende, baggern mit ihren Händen die eingeweichten Kekse aus den Kaffeebechern, ohne daß der Lehrer einschreitet. Hauptsache, alles geht möglichst schnell und vor allem ohne viel Genuß die Kehlen herunter. Denn Genuß gebiert die Sünde, und die Sünde führt geradewegs ins Fegefeuer. »Hier in lauter Freuden schweben, macht im Tode lauter Not, aber auf ein traurig Leben folgt ein freudenreicher Tod«, heißt es in einem Lieblingslied des Schulmeisters. So sind er und seine Glaubensbrüder bemüht, das Leben in der Gemeinde so lustlos wie nur irgend möglich zu führen, was nicht immer ganz leicht ist, wie Samuel zugibt, »weil mir Huttrischen halt ach aus Flasch und Bluet san.«

Da »die Sünde herkommt von einem Weibe« (Sirach 25,32), ist es den huttrischen Frauen und Mädchen geboten, alles zu verbergen, was Männeraugen Lust bereiten könnte. Die ungeschnittenen, oft knielangen Haare werden jeden Samstag nach dem Wochenendbad im Waschhaus gezöpft, mit Schnüren und Spangen zu einem Dutt zusammengeknebelt und unter gleich doppelter Kopfbedeckung versteckt, der »Mitz« und dem gepunkteten »Tiechl«. Die dunkelfarbigen, schwarz-, grün-, grau- oder blaukarierten Röcke der Frauen dürfen höchstens drei Inches (knapp acht Zentimeter) oberhalb der Knöchel enden. Kürzer wäre vom Teufel, in den Augen des Lehrers schon ein Anfang vom Minirock. Die Männertracht ist betont einfach. Der breitkrempige Hut, der Janker mit Haken- und Ösenverschluß, die Hose, gehalten von breiten Trägern, den »Latrn«, das solide Schuhwerk – alles ist schwarz und »demiatig«.

Auf dem 8000 Acres (1 Acre = 0,4 Hektar) großen Gelände der Wilson-Kolonie finde ich keine einzige gepflanzte Blume, und auch in den Wohnhäusern gibt es nichts, was das Auge »glusteln« könnte, keine bunten Tapeten, keine Bilder an den Wänden, keine Schnickschnack-Souvenirs aus Miami Beach im Regal und schon gar kein »Tiwi« in der Ecke. Statt dessen weißgestrichene Stuben, solide Stühle, Tische und Betten aus der eigenen Tischlerei, selbstgeknüpfte Lumpenteppiche am Boden, die nackte Glühbirne genau in der Mitte jeder Zimmerdecke. Solche Einfachheit und Klarheit wirkt, vergleiche ich sie mit den überladenen Konsumpalästen der Welt, aus der ich komme, geradezu befreiend. Ich muß an die Bilder alter holländischer Meister denken, wenn ich im Vorbeigehen in so ein Fenster schaue und eine Frau unterm Kopftuch über die Nähmaschine gebeugt sehe, umgeben nur von weißen Wänden.

Und welche Wohltat, abends in der Geborgenheit einer hutterischen Großfamilie »in der Rund« zu sitzen, zum Beispiel beim Säckelmann Jakob, der als zentrale Figur auf der Holzbank sitzt, weißhaarig und würdig wie ein Apostel, eingerahmt von seinen Söhnen Samuel, Georg, Joseph und Heinrich. Hinterm Ofen tuschelt der »Waibrhaufen«, die

Ehefrau Susanne mit Schwägerinnen und Cousinen, die wirbelnden Stricknadeln in den Händen, auf dem Fußboden nichts als Kinder, ein oder zwei Dutzend der 54 Jakobschen Enkel und Urenkel, aber auch die Söhne und Töchter von Besuchern aus anderen Gemeinden. Fast jeden Abend sitzen wir so beieinander, dreißig bis vierzig Hutterer in einem gar nicht großen Raum, und genügen uns selbst. Ob die Chinesen nun Coca-Cola trinken dürfen, mit wem Madame Trudeau fremdgeht, was aus Persien nach dem Sturz des Schahs wird, dies alles ist hier niemandem wichtig, selbst mir nicht, der früher drei Zeitungen am Tag las und hinter den Neuigkeiten her war, wie der Teufel hinter der armen Seele.

Die Neuigkeiten, die uns hier bewegen, sind bald ein halbes Jahrtausend alt. Sie sind überliefert in vier dicken, schwarzen Lederbänden, drei alten Chroniken und einem Gesangbuch, in denen die Vorfahren auf insgesamt 3404 Seiten ihren Leidensweg in Lyrik und Prosa für die Nachgeborenen festgehalten haben. Das Lied »Aus meines Herzens Grunde« erzählt zum Beispiel, was dem ehemaligen Württemberger Mönch Michael Sattler, einem Urahn der Hutterer, »anno 1527, am 21. Tag des Maien«, zu Rottenburg am Neckar widerfuhr:

> »Der Henker tat ihn nehmen. / Führen auf den Platz der Stadt / Und ihm die Zunge abschneiden / Nach dem tyrannischen Rat. / Dem nach auf den Wagen schmieden. / Waren mit dem noch nit zufrieden. / Ihm mit feurig glühenden Zangen / Zweimal sein Leib angangen.
>
> Noch war es nit gnueg an deme, / Führten ihn aus zum Tod. / Da man zur Stadt auskäme, / Da hielt die gottlos Rott / Alda bald wieder still / Nach Satans Rat und Will. / Täten ihm noch drei Griff geben / Mit glühenden Zangen, das war vill.
>
> Noch konntens nit satt werden / An allem wie gehört. / Er wird von dieser Erden / Ja ganz zum Tod ermördt. / Zum Aschen und Pulver verbrennt. / Also gings mit ihm zum End. / Welches ist doch zum Erbarmen, / Daß die Gottlosen so tyrannisch sind.«

Der Hauswirt Jakob Wurz liest jede Zeile mit kehliger Stimme aus dem 900 Seiten dicken »Liederbuch der hutterischen Brüder« vor, und alle Anwesenden im Raum singen seine Worte nach, machen durch schrilles Klagen ihrer Betroffenheit Luft, schreien sich die Angst vor der verteufelten Welt aus der Seele, eine Angst, die heute noch so groß zu sein scheint wie zu Zeiten jenes Michael Sattler. In diesem Aufschrei hutterischer Herzen sitze ich, jeden Abend aufs neue erschüttert vom Lebensernst dieser Menschen. Mir kommen Gedanken an afrikanische Kralsgesänge, mystische Geisterbeschwörungen und wieder die Frage: Träume ich?

Der Märtyrer Michael Sattler gehörte einer kleinen, radikalen Gruppe von Christen an, deren Mitglieder es wagten, nicht mehr dem Papst oder dem Kaiser Gehorsam zu leisten, sondern allein der Bibel und ihrem Gewissen. Den Anstoß zu dieser antiautoritären Bewegung gaben die Kirchenreformer Martin Luther und Ulrich Zwingli, denen die Hutterer das Verdienst zuschreiben, als erste die Macht der katholischen Kirche offen angegriffen zu haben. In der Hutter-Chronik heißt es: »Anno 1519, da fingen nämlich an zu lehren und zu schreiben Martin Luther, ein Augustiner Münich zu Wittenberg in Sachsen, desgleichen Ulrich Zwingli zu Zürich im Schweizer Land wider den wüsten Greyel der babylonischen Huren und all ir Tück, Trunkenheit und Büberei zu eröffnen und an den Tag zu bringen, ja gleich wie mit Donnerschlägen alles suchte niederzuschlagen.«

Die protestantische Reformation blieb jedoch nach Ansicht der Hutterer in den Ansätzen stecken, weil sie sich dann letzten Endes doch mit den Herrschenden arrangierte: »Sie haben sich alsbald an den weltlichen Gewalt und Obrigkeit gehenkt... dagegen keiner nichts besseres aufgericht ... sondern sich mehr auf Menschen Hilff, denn auf Gott vertröstet.« Die Glaubensrebellen wollten mit dieser Welt jedoch nichts mehr zu tun haben. »Die christliche Kirchen müssen ein heilig, rains, von der Welt Greulen abgesünderts Volk sein, man müsse sich Gott in Christo ganz ergeben, aufopfern, schencken und sich von der Welt abtailen«, zitiert die alte Schrift die Forderungen der Vorfahren. Dies bedeutete praktisch die Verneinung des Corpus Christianum, der Einheit von Staat und Kirche, die in Europa seit dem Jahre 380 bestand, als der römische Kaiser Theodosius das Christentum zur Staatsreligion erhob. Ein tragendes Fundament der gesellschaftlichen Ordnung des Habsburger Reiches war damit in Frage gestellt.

Doch die Häretiker gingen noch weiter: Sie rüttelten an den Grundfesten des Staates und der Kirche selbst. In »sieben Artikeln, so Michael Sattler zu Rottenburg am Neckar mit seinem Blut bezeugt hat«, sind einige Prinzipien festgehalten, die auch heute noch das Leben in der Wilson-Kolonie bestimmen.

So das Bekenntnis zum absoluten Pazifismus: »Man soll kein Widerstand tun, auch wen der Türk ins Land kompt, dan geschrieben stat, du solst nit töten. Wir sollen uns der Türken und der vermeinten Christen nit erweren, sondern mit strengem Gebet gegen Gott anhalten, daß er Weer und Widerstand tu.« Habe noch im Alten Testament das Gebot »Auge um Auge, Zahn um Zahn, Hand um Hand, Fuß um Fuß« (2. Moses 21,24) gegolten, so seien nun durch den Friedensfürsten Jesus Christus neue Maßstäbe gesetzt: »So dir jemand einen Streich gibt auf die rechte Backe«, sagt Gottes Sohn, »dem biete die andere auch dar« (Matthäus 5,38).

Also kann auch die weltliche Obrigkeit, »die das Schwert nicht umsonst führt« (Römer 13,4), nicht aus Christen bestehen. Also kann auch ein Christ keine weltlichen Ämter bekleiden, was zu der apolitischen Haltung der Brüder führte, die sich auch heute noch weigern, an allgemeinen Wahlen oder politischen Veranstaltungen teilzunehmen. Wer das Land regiert, ist ihnen ziemlich egal, denn ihr Reich ist nicht von dieser Welt. Für sie hat nicht der Premier oder Provinzgouverneur die wahre Macht, sondern Gott allein, und ihre Gebote und Verbote stehen in keinem Gesetzbuch, sondern in der Heiligen Schrift. »Gott hat allen Völkern Obrigkeiten verordnet, aber über Israel ist er allein Herr worden«, heißt es bei Sirach 17. Die Regierung ist also eine Ordnungsmacht, die Gott allein den Heiden gegeben hat, und so gehorchen die Auserwählten auch nur dann den weltlichen Machthabern, wenn sie sich damit vor Gott nicht versündigen: »Du sollst Gott mehr gehorchen als den Menschen« (Apostelgeschichte 5,29), mahnt Petrus. Selbst Eide zu leisten ist den Gläubigen verboten, und in seinem 6. Kapitel begründet dies Michael Sattler so: »Wir halten darauf, daß man der Obrigkeit nit schweren sol, dann der Herr sagt, Matthäus 5, Ihr solt keinen Eid schweren, sondern euwer Reden sol sein ja ja, nein nein, und was darüber ist, das ist von Übel.«

Von Übel war nach Meinung des Exmönchs Sattler auch, was die Kirchen, die protestantische wie die katholische, aus der apostolischen Glaubensgemeinschaft des Frühchristentums gemacht hatten. Seien die heiligen Apostel noch bescheidene, aufrichtige Männer gewesen, die Verfolgungen um ihres Glaubens Willen auf sich nahmen, die in Armut lebten und ihre Mitmenschen nicht mit dem Schwert, sondern mit dem Wort Gottes bekehrten, so habe sich das Bild nun grundlegend geändert. Der Papst, der sogenannte Nachfolger Petri und Stellvertreter Gottes auf Erden, er lebe nicht in christlicher Armut wie einst der Gottessohn, sondern in Reichtum und Pomp, und seine Kirchen ähnelten eher kostbaren Palästen als Stätten des Gebets und der geistigen Einkehr.

Die »Ketzer« wollten daher wieder zurück zum Urchristentum. Folter und Verbannung nahmen sie freudig auf sich, Christus-Bildnisse und Marienstatuen galten bei ihnen als heidnischer Mummenschanz. Sie verzichteten selbst auf Gotteshäuser und beteten in ihren Wohnstuben, in versteckten Höhlen oder mitten im Wald. »Wo zwei oder drei zusammen sind in meinem Namen, da bin ich mitten unter ihnen«, spricht Christus, was braucht man da die »babylonischen Götzenhäuser« der katholischen Kirche? Ganz bewußt versagen sich die Hutterer noch immer pompöse Andachtsstätten und nutzen statt dessen den schlichten Schulraum oder den Speisesaal zum Gebet, und ist während der Feldarbeit der Weg in die Kolonie zu weit, so kniet man einfach neben dem Traktor nieder und faltet die Hände.

Prunk und materieller Glanz sind für die Brüder und Schwestern zwar der Ausdruck für das geistliche Verderben der Kirche, doch genügte es ihnen nicht, daß die heiligen Altäre gestürmt und die Bilder von den Kirchenwänden gerissen wurden. Der kirchliche Glaube selbst mußte von Grund auf erneuert werden. Was die Bibel nicht ausdrücklich gebot, so meinte Michael Sattler, das war verboten. »Von der Mutter Gottes und Heiligen als Mittler und Fürsprecherin bei Gott, da weiß die Schrift nichts von . . . und darum halten wir auch nichts drauf«, begründet er in seinem 5. Artikel das Verbot jeder Heiligenverehrung.

Auch die heiligen Sakramente der Taufe und des Abendmahls, so wie sie die anderen christlichen Kirchen begriffen und praktizierten, waren und sind für Michael Sattlers Glaubensgenossen reine »Abergötterei«. Ihrer Ansicht nach sind diese heiligen Handlungen nur »Zeichen eines heiligen Dings«, Symbole, die nicht etwa aus sich heraus wirksam sind, sondern zu denen der Gläubige bereit sein muß, damit er die göttliche Gnade durch sie empfangen kann. Deshalb schreibt Sattler in seinem dritten und wohl für seine Hinrichtung ausschlaggebenden Artikel: »Deß Taufs halben sagen wir: Der Kindertauf ist nit nütz zu der Seligkeit, dann es geschrieben stet, daß wir allein aus dem Glauben leben. Item, nur wer glaubt *und* getauft wirt, der wirt selig.« Die Taufe, »der Bund eines guten Gewissens mit Gott« (1. Petrus 3,21), setzt also den Glauben voraus und kann folglich bei einem Kind unmöglich vollzogen werden, »dieweil es weder Guets noch Böses waiß.«

Beim Abendmahl berufen sich die Täufer auf Christus selbst, der beim Brotbrechen während des »Heiligen Mahles« sprach: »Solches tut zu meinem Gedächtnis« (1. Korinther 11,24). Auch hier ist Brot und Wein nur ein Zeichen für die Kreuzigung des Heilands und nicht sein leibliches Fleisch und Blut, wie es die protestantischen und katholischen »Götzenfresser« glauben.

»Weil es denn nur ist ein Zaichen, mag es bezaichneten nit gleichen, wie Papst und Luther geleernet hat und aus dem Brot gmacht ein Abgott«, singen die Hutterer. Der Urahn Sattler nennt in seinem Artikel noch ein naives und doch überzeugendes Argument gegen die Reinkarnationslehre: »Die Schrift sagt also: ›Christus ist aufgefaren gehn Himel . . .‹, darauß volget, so er im Himel ist und nit im Brot, also mag er leiblich nit gessen werden.«

Diese sieben Artikel des ehemaligen Mönchs Michael Sattler gelten als die älteste Bekenntnisschrift des Täufertums. Sie verbreiteten sich gegen Ende der zwanziger Jahre des 16. Jahrhunderts in Windeseile vom süddeutschen Sprachraum bis hinauf nach Holland. Erst wenige Jahre waren vergangen, seitdem sich in Zürich, dem Ursprungsort der »Täuferbewegung«, die ersten Protestanten gegen Zwingli erhoben, der gerade erst erfolgreich der katholischen Geistlichkeit die Stirn geboten hatte. Nun wurde aus dem Revolutionär ein Ordnungshüter und aus dem Unterdrückten ein

Unterdrücker. Erst verbannte Zwingli die unbequemen Bürger, die sogenannten »Schweizer Brüder«, denen seine Reformen nicht weit genug gingen, aus der Stadt. Als dies nichts fruchtete, versuchte er die Wiedertäufer auszuschalten, indem er sie im Fluß ertränken ließ.

Doch trotz hoher Kopfprämien und kurzer Prozesse waren die ketzerischen Gedanken vom »Suhlbad« der Kindstaufe, vom »Brotgötzen« des Abendmahls und vom friedfertigen Christentum nicht aus der Welt zu schaffen. Immer mehr Bürger aus dem gesamten süddeutschen Sprachraum ließen sich im neuen Geist taufen und verstießen damit bewußt gegen das vom Kaiser Karl V. 1529 auf dem Reichstag zu Speyer erlassene »Mandat wider die Wiedertauffer«, nach dem »keiner so einmal nach Christlicher Ordnung getaufft worden ist / (darf) sich widerumb oder zum zweytenmal taufen lassen / bey Straff des Tods . . .«

Im »Geschichtsbuch der hutterischen Brüder« ist nachzulesen, wie grausam dieses Gesetz in die Tat umgesetzt wurde: »Etliche wurden zerreckt und zerstreckt, daß die Sonn durch sie geschien möcht haben; etliche zu Äschen und Pulver verbrennt unter dem Namen der Ketzer; etliche an Säulen gebraten; etliche mit glühenden Zangen gerissen; etliche in Häusern versperrt und alles miteinander verbrannt; etliche an die Bäum gehängt; etliche aber mit dem Schwert hingericht, erwürgt und zerhauen; vielen Knebel ins Maul gelegt und die Zungen verbunden, daß nit reden sollten künnen oder sich verantworten, und also man sie zum Tod geführet zur Metzg (Schlachtbank) und ermordeten sie nach des Teufels Art. Ein Teil Weibspersonen hat man ins Wasser gestoßen, wieder herausgenommen und gefragt, ob sie abstehen wöllen. Als sie aber fortbestanden, alsdenn ertränkt und versenkt. Anderen haben die Pfaffen große Geschenke und Reichtum verheißen, so sie abstehen wollen, vielen Gewalt und Ämter, aber als sie nit wollten, da hat man sie in tiefe Löcher unter den Ratten und Ungeziefer gelegen, da ihnen die Füß abgefault, die Mäus ihre Zähn bei lebendigem Leib zusehends hingetragen. ›Um deinetwillen werden wir getötet den ganzen Tag, wir sind gerechnet für Schlachtschaf‹ (Römer 8).«

Nichts schien die Brüder und Schwestern, wie sich die Täufer nannten, von ihrem Glauben abbringen zu können, und keine weltlichen Schätze schienen ihnen wert genug, auf das zu verzichten, was sie durch die Qual und Pein zu gewinnen glaubten: das ewige Leben im himmlischen Frieden zu Füßen des Herrn.

Die Hutter-Chronik berichtet von »etlichen, so sie hinaus zum Tod und in der Richtstadt geführt wurden, haben ihrem Gott Lobgesänge gesungen, als wie die Bräutigam, die ihrer Hochzeit entgegengingen, daß es erklungen hat. Viele Jungfrauen haben sich, da sie auf den Platz des Todes sollten gehen, geschmuckt, geputzt und geziert, mit Lust als auf ein Freudentag ... Also eifrige Gottesliebhaber waren sie, das Feuer Gottes brannte in ihnen, sie wollten lieber des allerbittersten Todes sterben, denn die erkannte Wahrheit verlassen«.

Und dieses Feuer sprang über das Land wie ein Flächenbrand. Die Menschen, die bei den öffentlichen Hinrichtungen zuschauten, waren beeindruckt von der Glaubensinbrunst der Verurteilten. Statt die Bürger von der Irrgläubigkeit der sogenannten Ketzer zu überzeugen, erwarben sie sich durch die Täufertribunale viel Sympathie und Anerkennung in der Bevölkerung. Wer so fromm und fröhlich in den Tod gehe, sagte sich da mancher, in dem könne der Teufel doch nicht wohnen. »Also hat sich das Volk Gottes unter allem Trübsal täglich gemehret«, meldet das hutterische Geschichtsbuch.

Anhand der »Martertafel« (siehe Anhang) läßt sich ablesen, wie stark sich der Täuferglauben in wenigen Jahren bereits verbreitet hatte: »An vielen Orten hat ein groß Summ der Glaubigen mit ihrem Blut die Wahrheit bestätiglich bezeugt durch Feuer, Wasser und Schwert«. In Österreich wurden über 700 Häretiker umgebracht, in Schwaben waren es 79, in Württemberg 108, in Bayern 78, in der Pfalz 350, im Elsaß 617, und in der Schweiz ließen 42 Männer und Frauen ihr Leben.

Insgesamt starben über 2000 Täufer bis 1530 um ihres Glaubens willen den Märtyrertod, aber zwischen 12 000 und 15 000 Brüdern und Schwestern gelang die Flucht nach Mähren, wo ihnen der reiche und verhältnismäßig selbständige Landadel Schutz vor der Habsburger Zentralgewalt gewährte. Hier im Lande des tschechischen Glaubensrebellen Johannes Hus (1370–1415), der bereits im 15. Jahrhundert die katholische Eucharistielehre kritisierte und die Rückkehr zum strengen urchristlichen Armutsideal forderte, herrschte eine für die damalige Zeit so ungewöhnliche religiöse Toleranz, daß es von den Täufern sogar »unser gelobtes Land« genannt wurde.

In Mähren erschien im Jahre 1529 auch Jakob Hutter, ein Hutmacher aus dem Südtiroler Dorf Moos bei Bruneck im Pustertal. Der junge Mann hatte auf seinen Wanderungen als Handwerksgeselle die Lehren der Schweizer Brüder kennengelernt und sich ihnen bald mit großer Begeisterung angeschlossen. Nun suchte er mit einigen Glaubensgenossen Schutz vor den Schergen des Kaisers Ferdinand. Im mährischen Austerlitz stieß er auf eine Gruppe von Gleichgesinnten, die, anders als die Mehrheit der Täufer, nicht nur im Geistlichen eine Gemeinschaft bildeten, sondern auch alle materiellen Güter »gemein hielten«. Sie glaubten erst damit dem Beispiel der apostolischen Urkirche vollends zu folgen, bei der »die Menge der Gläubigen ein Herz und eine Seele war; auch keiner von seinen Gütern sagte, daß sie sein wären, sondern es war ihnen alles gemein«, wie Lukas in der Apostelgeschichte 4,32 wiederholt, was er im 2. Kapitel, Vers 44, so ausdrückt: »Alle aber, die gläubig waren geworden waren beieinander und hielten alle Dinge gemein.«

Das hutterische »Gemeinschaftsliedl«, das die Schulkinder der Wilson-Kolonie auch heute noch vom Schullehrer Samuel eingepaukt bekommen, preist die Wiedererweckung der alten göttlichen Ordnung:

> »Die Gmeinschaft ward zerstöret / Nach der Apostelzeit, / Unterdrücket und verkehret / Durch Teufels List und Neid. / Doch hat jetzt Gott der Herr / Aus seinem Gnadenreich / Sein Gmein erwecket mehre, / Die der Apostellehre / Im Wort und Werk ist gleich.
> Die Gmein, die christlich Mutter, / Die hat viel Söhn verlorn, / Bis auf den Jakob Hutter, / Den hat Gott auserkorn. / Ein frommer Mann er ware, / Feind allem Eigennutz, / Mit ihm ein kleine Schare, / Doch so war Gott ihr Schutz.«

Der Hutmacher aus Tirol räumte in der Gemeinde von Austerlitz erst einmal kräftig auf. Bei mehreren Brüdern stellte er einen »Rückfall in den bösen Eigennutz« fest. Bei dem einen fand er 24 Gulden »im eigenen Beutel«, bei dem anderen »vier Pfund Berner Sechser«. Hutter durchsuchte auch die Häuser nach unerlaubtem Privatbesitz und konfiszierte Stöße von Leibwäsche und »viel Speis und Trank«, den die Schwestern aus der Gemeinschaftsküche hatten mitgehen lassen. Dieses scharfe Durchgreifen ging manchen Täufern dann doch zu weit, und viele verließen die Gemeinde. Es kam zur Spaltung. Die »beständig blieben im Glauben« wählten den Jakob am 12. Oktober 1533 zu ihrem Prediger. Keine drei Jahre hatte er Zeit, um die aus so vielen Gegenden vertriebenen Brüder und Schwestern zu einer Gemeinschaft zu einen, die dann viele Jahrhunderte und manchen mächtigen Verfolger überdauern sollte.

Dies gelang Hutter durch die Verbindung einer missionarischen Überzeugungskraft mit einem ausgeprägten Organisationstalent. Die Einheit von Lehre und Lebensform war sein Erfolgsrezept. Er verkündete seiner Gemeinde, daß ein wahrer Christ nicht nur nach der Bibel beten, sondern auch nach ihr leben müsse. Dieses christliche Leben aber, solle es auch zur Seligkeit führen, sei entbehrungsreich und qualvoll. Nur wer »sein Fleisch kreuziget samt allen Gelüsten« (Galater 5,24), habe einen Platz in der Gemeinde der Auserwählten, die im Himmel einst das Reich Gottes ererben würden. Unreine und eigenwillige Geister müßten durch den Bann von der alleinseligmachenden Kirche ferngehalten werden, »damit der gute Teig nit sauer werd«.

Da genügten ein Zipfel Wurst aus der Vorratskammer der Gemeinde in der Hosentasche eines Bruders, ein paar Unterhemden, die privat erworben wurden, oder ein nicht abgelieferter Gulden, und schon wurde aus einem Auserwählten ein Sünder. »Nur wer im Geringsten treu ist, der ist auch im Großen treu«, sagt Lukas 16,10. Hutter sorgte dafür, daß die Gemeindevorstände, denen er sehr weitgehende Amtsgewalt verlieh, das Lukaswort auch in der Praxis durchsetzten. Diese »Vorsteher«, »Hirten« oder »Wächter«, wie die gewählten Oberhäupter genannt wurden, sollten nach Hutters Weisung das Übel im Innern der Bruderhöfe dadurch »abschnaiden«, daß sie die heilige Gemeinschaft von der Außenwelt isolierten, ganz gleich, ob diese Welt den Brüdern nun freundlich gesonnen war oder nicht.

Auch hier unterschieden sich Hutter und die Seinen von der Mehrheit der Wiedertäufer. Die Distanz zu den Andersgläubigen war etwa für die holländischen Mennoniten oder die Schweizer Brüder vorrangig ein theologisches, kein praktisches Problem. So wie sie auch die von den Aposteln gepredigte Gemeinschaft mehr als eine geistige, eine »Liebesgemeinschaft« betrachteten, und nicht wie Hutter als ganz reale Gemeinschaft der Güter, so war für sie der Abstand zur Welt mehr eine zwangsläufige Folge der Vertreibung. Für die Hutterer aber war und ist die Distanz zwischen sich und den anderen eine Glaubensdoktrin.

Im selben Jahr, als der Hutmacher Jakob zum Vorsteher der Gemeinde gewählt wurde, eroberten im westfälischen Münster militante Wiedertäufer die Stadt, vertrieben den Bischof, enteigneten die reichen Bürger und riefen das Reich Gottes auf Erden aus. Die Münsteraner Ereignisse waren für den habsburgischen Kaiser Ferdinand eine willkommene Gelegenheit, den Druck auf die verhaßten Häretiker im eigenen Reich zu verstärken. Auf dem mährischen Landtag zu Znaim beugten sich die Stände endlich seinem Drängen, »die Wiedertäufer hinfür nicht mehr zu dulden, sondern austreiben lassen zu wollen«.

»Also nahm der Jakob sein Bündel auf den Rucken«, vermerkt die Chronik, »dergleichen täten alle Brüder und Schwestern mitsamt ihren Kindern, und zogen also Paar und Paar miteinander, dem Jakob, ihrem Hirten, nach, durch den Haufen der gottlosen, verruchten Rauber; die kirreten vor Bosheit mit den Zähnen, hatten nur ein Begierd und Lust, zu rauben und darein zu schlagen. Also war das Häuflein der Gerechten wie ein Herd Schaf ins Feld getrieben und wollten sich auch an keinem Ort lagern lassen.«

In höchster Not schrieb Hutter einen Brief an den Landeshauptmann in Mähren und betonte, daß sein Volk im Gegensatz zu den Münsteranern niemanden enteignen und schon gar nicht mit Gewalt zum rechten Glauben bekehren wolle. »Ehe wir unsern größten Feinden einen Straich geben mit der Hand, geschweigen mit Spieß, Schwert oder Hellparten (wie die Welt tuet), ehe sterben wir und ließen uns unser Leben nemen.« Doch alles Bitten um Gnade war vergebens. Der Landeshauptmann verschärfte sogar noch die Vertreibung und setzte auf Hutter ein Kopfgeld. Aus Sorge um seine Sicherheit drängte die Gemeinde ihren Jakob, wieder nach

Südtirol zu gehen, um sich dort eine Weile in den Bergen versteckt zu halten. Schweren Herzens nahm Hutter Abschied von den Seinen. Auf dem Weg in die alte Heimat fingen ihn die Soldaten des Kaisers dann doch bei Klausen im Etschland, brachten ihn nach Innsbruck, wo er am Freitag vor der ersten Fastenwoche im Jahre 1536 auf dem Scheiterhaufen starb. Im Herzen seiner Gemeinde aber wird er »weiterleben bis zum Jüngsten Tag«.

Auch unter dem neuen Prediger, dem Tuchmacher Hans Amon »aus dem Bayerland«, ging die Verfolgung weiter. Fast 20 Jahre lang schlug sich Gottes heiliges Volk durch die Wälder, ohne zur Ruhe zu kommen. Erdhöhlen dienten als notdürftige Behausungen, Beeren und Brennesseln waren oft die einzige Nahrung, Neugeborene starben, weil ihre geschwächten Mütter sie nicht mehr nähren konnten. Die Not war so groß, daß zu Ostern, während des Abendmahls, statt Brot Baumrinden gebrochen werden mußten, »zum Gedächtnis des Herrn«. Und immer wieder, wenn die Bevölkerung Wind von den herumziehenden »Ketzern« bekam, waren auch die kaiserlichen Häscher bald zur Stelle mit »Mord und Brand und Schandlust – schlimmer als der Türk«. Glücklich konnte sich schätzen, wer bei solchen Überfällen der Behörden mit dem nackten Leben davonkam. Einige Brüder, die sich in der Nähe des niederösterreichischen Steinabrunn versteckt hielten, wurden festgenommen und nach Triest gebracht, um als Sklaven auf den Galeeren der Habsburger gegen die Türken zu rudern. Auch von ihnen kehrte keiner zurück.

Doch dann »anno 1556 ist ein großer Kometstern mit einem sehr langen Besen am Himmel erschienen und gesehen worden«, meldet das Geschichtsbuch. Dies war nach Meinung der Brüder ein Zeichen Gottes, den Irdischen zur Warnung. Danach entspannte sich die Lage auch etwas. König Ferdinand hatte infolge seiner schweren Kämpfe gegen Kaiser Karl V. andere Sorgen, so daß sich die Hutterer wieder in Mähren niederlassen konnten.

In den kommenden 70 Jahren, die die Brüder »unsere gute Zeit« oder »die goldenen Jahre« nennen, erblühten die Gemeinden der schwergeprüften Täufer unter dem Schutz der wiedererstarkten mährischen Adligen. Vor allem durch ihr handwerkliches Können, das bald bis über die Grenzen hinaus

Wohnhaus und Tracht der Hutterer, Holzschnitt aus dem 16. Jahrhundert

bekannt und hoch geschätzt wurde, machten sie sich schnell zu unentbehrlichen Untertanen. In ihren Reihen gab es Kupfer-, Sichel-, Sensen-, Schloß- und Messerschmiede; Wagen-, Schuh-, Hut-, Geschirr-, Sieb-, Lampen- und Werkzeugmacher; auch Sattler, Seiler, Weber, Gerber, Glaser und Brauer, Buchbinder und Strohdachdecker. Kaum ein Gewerbezweig, der nicht in den Kolonien zu finden war.

Diese handwerkliche Geschicklichkeit haben sich die Hutterer bis in die Gegenwart erhalten. Jeder meiner Brüder hier in der Wilson-Kolonie beherrscht im Schnitt gleich ein rundes Dutzend Berufe perfekt. Samuel Wurz ist nicht nur der Schullehrer, sondern auch der Gärtner und der Buchbinder der Gemeinde, und wenn Not am Mann ist, arbeitet er noch in der Schmiede und im Schweinestall. Als das Schulhaus vor einigen Jahren neu gebaut wurde, hatte er zusammen mit den anderen »Mannsleit« gemauert, gezimmert, das Fundament gegossen und die elektrischen Leitungen fachgerecht verlegt.

Auch sein Bruder Georg, der »Schweinejerg«, war beim Hausbau dabei. Er macht Schuhe, näht Pferdesättel, kocht Seife und versorgt die 100 Muttersauen des Hutter-Hofs zusammen mit Vetter Andreas, dem Traktoristen, Entenzüchter, Schlachter und Besenbinder. Früher half auch der alte Prediger in der Besenbinderei. Heute ist Johannes für dieses Handwerk zu alt und »wocklig«. Ginge er nicht schon auf die Achtzig zu, er würde so wie einst die Schafe scheren, das Leder gerben, die Kühe melken, Klempnerarbeiten verrichten, beim Schweineschlachten in der Räucherkammer stehen und während der Ernte von morgens früh bis spät in die Nacht auf der Dreschmaschine durch Hafer, Raps und Winterweizen reiten. Neben seinem schweren Amt als geistiger Hirte der 120 Seelen im Wilson-Dorf, hütet er heute nur noch von Mai bis Oktober die 300 Mastgänse.

Im Berufsleben ist jeder hutterische Prediger ein ganz gewöhnliches Gemeindemitglied, hat in einem Gewerbezweig als »Boß« die Verantwortung für alle zu tragen und muß in einem anderen Bereich der Koloniewirtschaft einen schlichten »Gehilfen« abgeben. »Mir Huttrischen kenn olles«, sagt mir der Alte einmal, und wer sich in seinem Reich genau umgesehen hat, der muß ihm recht geben. Nicht nur Schuhe, Besen und Kochkessel stellen die Brüder selber her, sie bauen auch automatische Teigkneter, Kartoffelputzer, Wäscheschleudern und sogar Waschmaschinen, die sie sich vorher auf Industriemessen genau angesehen und mit dem Zollstock vermessen haben und die dann, viel primitiver, aber solider gearbeitet, oft dreimal so lange halten wie ihre Vorbilder. Um solche Wunderwerke vollbringen zu können, brauchen die Auserwählten keine Fachschulen oder gar Universitäten zu besuchen, denn »seinen Freunden gibt der Herr es schlafend« (Psalm 127,2).

Der Entenköpfapparat ist sogar nach einem hutterischen Patent entwickelt, das noch aus der Zeit des seligen Urahns Jakob stammen soll: ein altes Pferdewagenrad wird wie ein drehbarer Tisch aufgestellt, mit der einen Achse als einzigem Tischbein. Zwischen den Speichen klemmen acht Trichter aus Blech, die, ähnlich einer Flüstertüte, oben eine große und unten eine kleine Öffnung haben. Werden nun im Herbst die 1500 Enten, der hutterische Sonntagsbraten, und die 300

Mastgänse geschlachtet, so muß einer die Tiere in die Trichter stecken, Kopf nach unten, Schwänzchen in die Höh', und ein anderer steht ihm mit dem scharf gewetzten Beil gegenüber, greift sich die Köpfe, die nach unten durch die Trichter hängen, und hackt die Hälse durch. Ein dritter braucht dann nur noch das ausgeblutete Federvieh aus dem rotierenden Schafott herauszuziehen und zum Rupfen und Ausnehmen ins Schlachthaus zu bringen. Rationeller geht es nicht!

Ein Handwerk haben die Brüder und Schwestern jedoch ziemlich gründlich verlernt: die Krankenpflege. Seitdem durch die allgemeine Krankenversicherung die ärztliche Behandlung so billig ist, schicken die Gemeinschafter ihre Kranken in das »St. Michael's Hospital« der Nachbarstadt Lethbridge, und niemand nimmt Anstoß daran, daß diese Klinik von der eigentlich so verabscheuten Katholischen Kirche getragen wird. Es gibt nur noch wenige Hebammen, »Kneiper« (Masseure) und »Knocheneinrenker« in den Kolonien, und statt sich wie früher mit altbewährten Heilkräutern zu kurieren, greifen die Hutterer in weltlicher Manier immer mehr zu Antibiotika und Aspirin.

Das war vor vier Jahrhunderten in Mähren, zur Zeit der »Goldenen Jahre«, noch ganz anders: Hutterer waren auch gute Ärzte und Bader, die manchmal sogar von ihren ärgsten Feinden konsultiert wurden. So ließ Kaiser Rudolf II. den »brüderlichen Hauptarzt« Georg Zobel zu sich auf sein Schloß in Prag kommen, »da er lang an einem gefährlichen Bresten (Gebrechen) schwach lag, kein Besserung kunnt erlangen, wiewohl er viel berühmte Doktor und Ärzte aus Hispanien, Italien und anderen Landen bei ihm hatte«. In sechs Monaten brachte Bruder Zobel laut Geschichtsbuch den Herrscher wieder auf die Beine, und »etliche Herren am Hofe sagten, der Kaiser wär draufgangen, wo er den Georg nit bekommen hätt«.

Golden waren diese Jahre zwischen 1556 und 1593 in Mähren für die Täufer aber nicht nur in wirtschaftlicher, sondern auch in geistiger Hinsicht. Dies verdankten sie Peter Riedemann, einem bibelfesten Schuster aus Schlesien, und dem Tiroler Scherenschleifer Peter Walbot, beides »wahre Zierden der ganzen Gemein«. Als neugewählte Prediger brachten sie die hutterischen Glaubensgrundsätze in ein System und übersetzten die theologischen Positionen in konkrete Handlungsanweisungen, die für das hutterische Volk auch nach 450 Jahren kaum an Verbindlichkeit verloren haben. Peter Riedemann schrieb die »Rechenschaft unserer Religion, Lehr und Glaubens, von den Brüdern, so man die Hutterischen nennt, ausgangen 1565«. Peter Walbot verfaßte viele Lieder, Gebete, Predigttexte und Ordnungen.

Riedemann wie Walbot, die früher selber als Missionare für ihren Glauben unter der Bevölkerung geworben hatten und dabei oft nur um Haaresbreite dem Tod entgangen waren, betrieben von Mähren aus intensive Missionsarbeit. Sie schickten sogenannte »Sendboten« nach Süddeutschland bis hinauf an den Main, nach Österreich und in die Schweiz, von denen viele nie wieder zurückkehrten. Doch die Kunde von den hutterischen Gemeinden, in denen es angeblich keine Armen gebe und keine Reichen, weil alles allen gehöre, wo folglich auch Neid, Haß und Streit den Menschen fremd seien und statt dessen nur geschwisterliche Liebe die Herzen regiere, solche fast unglaublichen Geschichten verbreiteten sich damals schnell unter dem armen, geknechteten Volk. Es kam in Scharen, riskierte Kopf und Kragen, ließ das wenige, was es hatte, zurück und zog nach Mähren ins gelobte Land der göttlichen Gemeinden. Die hutterischen Bruderschaften wuchsen damals schnell auf etwa 30 000 Menschen an. Über 100 Kolonien wurden gegründet, die Wirtschaft blühte, und die Adligen rissen sich um die fleißigen Frommen.

Doch dann kamen die Türken und mit ihnen der Krieg:

> »Der Feind tät schrecklich umrennen / Mit Rauben, Morden und Brennen / Ja, jedermann konnt ihn dabei erkennen.
> Groß Unwill täten sie treiben / Mit Alt, Jung, Mann und Weiben, / Schonten nicht das Kind im Mutterleib.
> Die Säugling und viel kleine Kinden / Täten sie auf ihre Roß binden / Nach ihrer Art an Seiten, vorn und hinten.
> Die so ihnen nicht gefallen haben, / Warfens hin und her in die Graben / Auch über die Zäun, niemand derft sich ihrer erbarmen.
> Dies täten die Mütter sehen, / Vor ihren Augen ist es geschehen, / Da erhob sich viel Weinens, Klagens und Flehen.«

Die Horden des Sultans Suleiman II. brannten 16 Bruderhöfe nieder, töteten 87 Täufer und verschleppten 238, zumeist Kinder, als Sklaven in die Türkei. Als die Söhne Mohammeds endlich nach 13 Jahren besiegt waren, brach der Dreißigjährige Krieg aus – die Hutterer blieben die Geschlagenen. 1622 befahl der Kaiser und böhmische König Ferdinand II. den Hutterern, zum katholischen Glauben überzutreten oder sein Mährenland binnen vier Wochen zu verlassen. »Also sind wir wie die Kinder Israels gezogen«, notiert die Chronik lapidar. Aber auch in Siebenbürgen, der nächsten Station ihrer Pilgerschaft, wartete kein Land, wo Milch und Honig flossen, auf die Auserwählten, sondern die Pest, die ein Drittel des Volkes von dem Jammer des Erdendaseins befreite. Den Überlebenden schickte Kaiserin Maria Theresia im 18. Jahrhundert die Jesuiten auf den Hals, ließ ihre Kinder zwangstaufen, die Predigtbücher verbrennen und ordnete an, daß man die Erwachsenen mit Stockschlägen katholiziere. Zermürbt von endlosen Verfolgungen, ergaben sich viele Täufer »nit ohne Gewissensbissen und Trähnen« der weltlichen Gewalt.

Nachdem selbst die Gütergemeinschaft aufgegeben war, schien es, als sei Gottes auserwähltes Volk dem Untergang nahe. Doch da zeigte sich wieder ein Komet am Himmel, und schon im Oktober 1755 trafen 270 Protestanten aus Kärnten in der ungarischen Diaspora ein, Handwerker und Bauern, die von der katholischen Kaiserin aus ihrer Heimat vertrieben worden waren. Die Glaubensverfolgten lasen die Schriften von Peter Riedemann und Peter Walbot und beschlossen, sich den wenigen Brüdern und Schwestern anzuschließen, die bereit waren, wieder nach der Altväter-Ordnung zu leben. Aber das provozierte neue Konflikte mit den Habsburgern und der jesuitischen Glaubensmafia.

Um sich von ihrem Einfluß zu befreien, schnürten die Hutterer abermals ihr Bündel und zogen über die transsilvanischen Alpen in die rumänische Walachei. In der Nähe von Bukarest vegetierten sie dreieinhalb Jahre in primitiven Erdhütten. Schlechtes Klima und Mangel an Trinkwasser machten den Neuankömmlingen das Leben schwer. Zu allem Übel gerieten sie während des Russisch-Türkischen Krieges wieder einmal zwischen die Fronten zweier feindlicher Armeen. So folgte man nur zu gern dem lockenden Ruf der Zarin

Katharina II., die in ihrem Manifest von 1763 allen einreisewilligen Ausländern, »so sie es wünschen in unser Reich zu kommen . . . um sich häuslich niederzulassen«, freie Religionsausübung und die Entbindung von jedem Militär- und Zivildienst versprach. In der Ukraine siedelten die Hutterer erst bei Kiew, dann zogen sie nördlich des Schwarzen Meeres in eine Gegend, die hauptsächlich von Mennoniten bewohnt war, glaubensverfolgte Täufer wie sie, die aber die Gütergemeinschaft ablehnten. Von ihnen übernahmen die Hutterer modernste Techniken großflächiger Agrarbewirtschaftung, die sie später in Amerika weiterentwickelten.

Aber der mennonitische Einfluß machte sich auch im Gemeindeleben der Auserwählten immer stärker bemerkbar. Zum erstenmal in ihrer Geschichte wurden sie von ihrer unmittelbaren Umwelt nicht mehr verfolgt, sondern als glaubensverwandte Brüder und Schwestern willkommen geheißen. Durch den fehlenden äußeren Druck aber wuchsen die internen Probleme. Die heranwachsende Generation hatte persönlich keine schlechten Erfahrungen mehr mit der »bösen und sündigen Welt« machen können. Die Jugend kannte zwar die Lieder und Geschichten von Verfolgung und Austreibung, von Plünderung und Verschleppung der Vorfahren, ihr selbst jedoch ging es in Rußland gar nicht schlecht. »So starben die Alten ab und kam ein Geschlecht auf, das nicht wandelte in den Fußstapfen der Väter, noch ihren sauren Schweiß zu schätzen wußte«, meldet die Chronik. »Es dürstete ihnen nach Freiheit, ein jeder wollte seinen eigenen Willen haben, welches in der Gemeinschaft nicht sein kann.«

Nach mennonitischem Beispiel begannen viele junge Familienväter in die eigene Tasche zu wirtschaften. Aus kleinen Privatgärten vor dem Haus wurden ganze Äcker, Sattler und Tischler verkauften ihre Ware auf eigene Rechnung, anstatt das Geld dem Hauswirt abzuliefern, die Gütergemeinschaft war zum Teufel. Das huttrische Sprichwort »Gute Zeiten machen keine guten Christen« hatte sich einmal mehr bewahrheitet.

Es dauerte wieder fast 30 Jahre, bis 1859 der Schmied Michael Waldner, Prediger in der Gemeinde Huttertal, die nur noch dem Namen nach ein »Bruderhof« war, einen bedeutsamen Traum hatte: Michael erschien ein Engel, der ihn ins

Karikatur eines Bruderhofs als Taubenschlag, Holzschnitt aus dem 17. Jahrhundert

Himmelreich führte, um ihm zu zeigen, wie die himmlischen Heerscharen ihren Herrgott gerade mit »unaussprechlich schönen Liedern lobten, ehrten und priesen«. Doch dann deutete der Engel in die Tiefe, mitten ins Reich der Hölle. »Ein unaussprechlich schreckliches Bild« zeigte sich dem Schmied, »das kein Sterblicher sich vorzustellen vermag«. Da fragte Waldner seinen Führer, welches sein Platz nach dem irdischen Tod sein werde, Himmel oder Hölle? »Kannst du mir sagen«, fragte der Engel zurück, »ob irgend jemand die Sintflut überlebt hat, der nicht in Noahs Arche war? Die Arche aber ist die Gemeinschaft, und jetzt weißt auch, wo du wirst enden.« Für den »Schmiede-Miechel« war dieser Traum ein göttliches Zeichen, die Gütergemeinschaft getreu der Apostellehre wieder einzuführen. Diejenigen Brüder und Schwestern, die seinem Rat folgten und wieder »alle Dinge gemein hielten«, nannten sich fortan nach ihrem Begründer »die Schmiedeleut«. Diesem Beispiel folgten kurze Zeit später die »Dariusleut« unter Darius Walter, dem Prediger einer anderen Gemeinde, zu dessen Nachfolgern sich auch die Kolonisten vom Wilson-Hof zählen.

Fast 100 Jahre lebten die Hutterer in Rußland ohne äußere Bedrängnis. Dann erfaßte eine Welle des Nationalismus das Zarenreich. Die allgemeine Wehrpflicht wurde eingeführt, der sich, allen Versprechungen der längst verstorbenen Katharina II. zum Trotz, auch die Täuferminderheit unterwerfen sollte. Die Hutterer schickten sofort zwei Delegierte nach Amerika, zur Erkundung des Landes und seiner politischen Bedingungen. Im Gegensatz zu den USA garantierte Kanada zwar eine völlige Befreiung vom Militärdienst, doch der Boden und das Klima in der Provinz Manitoba schienen für den Ackerbau viel ungeeigneter als die fruchtbare Scholle South Dakotas. Also entschied man sich für die Vereinigten Staaten, im Gottvertrauen, daß es Frieden bleiben möge:

> »Jetzt ist die Zeit und Stunde da, / Daß wir ziehn nach Amerika / Die Pferde sind schon angespannt / Wir ziehen in ein fremdes Land:
> Seid alle männlich und seid stark / Macht uns den Abschied nicht zu hart / Wir ziehen ja nicht aus der Welt, / Auch da ist Gott, der uns erhält.
> Und wenn das Schiff zur See einschwimmt, / Dann werden Liedl angestimmt / Wir fürchten keinen Wasserfall / Der liebe Gott ist überall.«

Der Hapag-Dampfsegler »Harmonia« brachte im Sommer 1874 die ersten 113 Schmiedeleut von Hamburg nach New York. Erwachsene zahlten 32 Dollar für die Überfahrt, Kinder unter zwölf Jahren die Hälfte, Säuglinge drei Dollar. In den folgenden drei Jahren kamen neben 18 000 Mennoniten noch 400 bis 700 Hutterer nach, von denen sich aber die meisten als Farmer außerhalb der Gemeinschaft in der Prärie ansiedelten. Heute ist diese Gruppe der »Prärieleut« fast völlig in die amerikanische Gesellschaft integriert. Die übrigen Brüder bauten sich nach huttrischer Art ihre Gemeinden und benannten sie nach den Orten in der Nachbarschaft. Die Kolonie der Schmiedeleut hieß »Bon Home« und die der Dariusleute »Wolf Creek«. Als letzte kamen dann noch die »Lehrerleut« mit ihrem Prediger, dem Lehrer Jakob Wipf, und gründeten den Bruderhof »Old Elmspring«.

Die drei huttrischen Teilvölker entwickelten im Laufe der Jahre ihre eigenen Lebensgewohnheiten, obwohl der Glaubensgrund der gleiche geblieben ist. Rein äußerlich sind die

»Leut« dadurch zu unterscheiden, daß etwa die Frauen der Lehrerleute bunte Stoffe zu Kleidern verarbeiten und ihre Männer keine Oberlippenbärte haben. Die Schmiedeleut nehmen es mit der Tracht generell nicht mehr so genau. Ihre Jungen tragen heute schon gelegentlich Jeans, und manche Mädchen »vergessen« im Haus, den Kopf zu bedecken. Am strengsten halten die Dariusleut an der alten Ordnung fest. Für sie »fault der Äpfel zuerst daußt, nar drina«, also müssen die Kleider der Frauen »demiatig« dunkelfarbig und die Männerhosen nicht »gesteilt«, nicht zu eng geschnitten sein, wie etwa bei den Lehrerleuten. Der Kontakt zwischen den Gruppen ist seit der Ankunft in Amerika sehr locker. Ganz selten besucht man sich gegenseitig, und nur in Ausnahmefällen heiratet beispielsweise ein Darius-Mädchen einen Schmiede-Jungen. Sieht man sich mal bei einer Viehauktion in der Nachbarschaft, dann grüßt man sich freundlich, fragt, wie es so geht, und ist bemüht, beim gleichen Bullen nicht gegen die Brüder von den anderen »Leut« zu bieten, um den Preis möglichst niedrig zu halten.

Erst durch die anti-deutsche Stimmungsmache während des Ersten Weltkriegs rückten die »Hutterite Huns«, die hutterischen Hunnen, wie sie von patriotischen Amerikanern geschimpft wurden, vorübergehend wieder etwas enger zusammen. Aufgeschreckt durch deutschfeindliche Demonstrationen, wandten sich die Ältesten aller drei Hutter-Gemeinden in einer Bittschrift »an den achtbaren Woodrow Wilson, Präsident der Vereinigten Staaten, Washington D. C.« und baten »demütiglich, daß es uns gestattet werden möchte, auch fernerhin wie bisher nach unseren Gewissensgrundsätzen ... das sind Gütergemeinschaft und Wehrlosigkeit ... zu leben.« Doch alles Bitten war vergebens. Die Kriegshysterie ließ sich nicht mehr zügeln. Erst verbot das halboffizielle »State Council for Defense« den Gebrauch der deutschen Sprache in Schulen und Kirchen, was dazu führte, daß die Oberschüler der hutterischen Nachbarstadt Yankton in South Dakota ihre sämtlichen Deutschbücher in den Missouri warfen. Dann trieb man den Hutterern das Vieh von der Weide, weil sie sich weigerten »Liberty Bonds«, Kriegsanleihen, zu erwerben. Schließlich deportierte die Militärpolizei der US-Armee die wehrtüchtigen »Kaisersupporters« aus den Kolonien in die

Militärlager. Dort wurden sie mit Bajonetten gestochen, »als ob Schweine getrieben würden«. Man hängte sie an den Füßen auf, bespuckte sie, peitschte sie aus und warf sie ohne einen Fetzen am Leib in feucht-kalte Zellen, in denen zwei Brüder, die Lehrerleut Josef und Michael Hofer, an den Folgen ihrer Mißhandlungen starben. Dieses Ereignis gab für die meisten Hutterer den Ausschlag, direkt im Anschluß an den Krieg nach Kanada überzusiedeln. Auch die Vorfahren der Wilson-Kolonie kamen 1918 von South Dakota und ließen sich hier im Süden Albertas, 30 Meilen nördlich der Grenze zu den USA, nieder.

Erst seitdem ich die Vergangenheit der Hutterer kenne, verstehe ich ihre Gegenwart. Durch die allabendlichen Gesangsstunden in der überfüllten Stube des Hauswirts Jakob Wurz ist mir ihre Geschichte so lebendig geworden, so präsent, daß zwischen dem Gestern und dem Heute, zwischen »Mährenland« und Kanada kaum zu unterscheiden ist. Als säße ich in einer Zeitmaschine, verschwimmen hier die Jahrhunderte, erwacht die Zeit der Scheiterhaufen und Türkenkriege, während in der Nachbarstadt Lethbridge, keine 30 Meilen von Wilson, der Film »Saturday Night Fever« bestimmt schon die 15. Woche läuft. Für meine Mitmenschen hier ist die Welt so fremd und feindlich geblieben, wie eh und je, so kann, was von außerhalb der Gemeinde kommt, von »da draußt«, nichts Gutes bedeuten.

Kein Wunder also, daß man mir hier im Bruderhof Wilson einen so kühlen Empfang bereitet hatte, als mich ein Lastwagen voller Gefrierfleisch an einem schneeverwehten Januartag vor dem Kuhstall der Kolonie absetzte. Da stand ich nun, ich Weltmensch, fremd und frierend bei minus 30 Grad, keine Menschenseele weit und breit, nur das stumme Glotzen des Holsteiner Milchviehs. Aus den Schornsteinen der Häuser trieb der Wind grauen Qualm in die gottverlassene Winterwüste aus Eis und Schnee. Sonst regte sich nichts. Das Dorf schien sich totzustellen, und doch fühlte ich aus jeder dunklen Fensterhöhle mißtrauische Blicke auf mich geheftet. Verlegen versuchte ich mich möglichst natürlich zu benehmen, hantierte an meinen Schnürsenkeln, die gar nicht offen waren, betrachtete interessiert die Kühe, stellte mich meinen unsichtbaren Beobachtern vor. Es dauerte eine Ewigkeit, bis sich das

Kuhstalltor einen Spalt weit öffnete und eine Hand mich herbeiwinkte. Es war die Hand des Weinsedels Johannes, der sich gerade mit einem verdreckten Haufen schwarzgekleideter Gestalten an einem geplatzten Wasserrohr zu schaffen machte. Eisiges Schweigen, als ich mit meinen beiden Überseekoffern den Stall betrat. Nach einer Weile taute Johannes ein wenig auf. »Aus Deitschlond kummst«, fragte er, »jo hot dich der Katholr denn herfohn glost?« Ich erklärte, daß die Kirchen, auch die katholische, heute nicht mehr so stark seien wie noch zu Jakob Hutters Zeiten, zumindest werde bestimmt niemand mehr wegen seines Glaubens gefoltert oder gar verbrannt.

»Und wer hot dir des Deitsch glernt?« Daß Deutsch, ihre »hailiga Sprach«, auch in Deutschland gesprochen wird, konnten die Männer im Kuhstall kaum fassen.

Sprache und Glauben sind für die Hutterer eng miteinander verbunden und unterscheiden sie gleichermaßen von ihrer Umwelt. Im Gottesdienst wird im musealen Hochdeutsch der hutterischen »Lehrbichl« gepredigt, die seit dem 16. und 17. Jahrhundert von den Predigern während der langen Winterabende in gestochener altdeutscher Schrift kopiert werden, wobei immer wieder leichte Sprachkorrekturen durch den Einfluß neuerer Bibelübersetzungen vorgenommen worden sind. Zur Erschaffung des Menschen am sechsten Schöpfungstag – »und Gott schuf den Menschen ihm zum Bilde« (1. Moses 1,27) – heißt es in der »Lehr«, die vermutlich der Urahn Peter Riedemann im 16. Jahrhundert verfaßt hat: »Mit Anzeig, das, so er den himmlischen Bilden, das ist, allen gläubigen, frommen und gerechten Seelen alles untergibt und zu beherrschen befiehlt, doch alles durch göttliche Anweisung und Wirkung und niemand aus eigener Wahl etwas führnehmen soll, sondern wie er alles in rechter Ordnung gestellt hat und auch wir, so wir anderscht als die Welt sein Werk wirken in rechter Ordnung, seines Angebens und allezeit beweisen sollen, daß ja einer den andern die Hand biete und wir also zur Vollkommenheit eingeführt werden.«

Kompliziert wie die langatmigen Bandwurmsätze des Hutter-Hochdeutschs ist auf andere Weise auch die Umgangssprache. Ihre Grundlage ist eine Mischung aus verschiedenen oberdeutschen Mundarten, vor allem Kärntnerisch, Tirolerisch und Bayrisch, doch lassen sich auch hessische und schlesische Sprachspuren feststellen. So ist noch heute, nach fast einem halben Jahrtausend, herauszuhören, woher die verfolgten Wiedertäufer stammen, die Jakob Hutter damals in seinen Brudergemeinden zusammenschloß. Ebenso läßt sich der Leidensweg des »göttlichen Volkes« anhand der Lehnwörter aus den alten und neuen Gastländern nachvollziehen, von denen seine Sprache nur so wimmelt: »Gasa« sagen die Hutterer auf rumänisch für Kartoffelsuppe, »Gugurutz« ist Türkisch und bedeutet Mais, die russischen Worte »Tschaikele«, »Tschainikel« und »Tschabadan» heißen Möwe, Teekanne und Reisekoffer.

Am meisten wurden in den letzten hundert Jahren natürlich englische Worte »eingehuttert«: »Stämps« sind Briefmarken, »Mätschstankele« Streichhölzer, und zum Kaufmannsladen sagen sie kurz »Stur«. Muß die Gemeinde viele Dollars für eine neue Maschine bezahlen, dann »spentet die Gmah viel Tolr«, benimmt sich der kleine Andreas nicht so wie er soll, dann mahnt Großvater Jacob: »Ändi, behäf di«, plagen einen Hutterer viele Sorgen, so hat er »plenti trubbel«.

Auch die stundenlange Kuhstall-Inquisition, die der Weinsedel Johannes und sein schwarzer Haufen zu meiner Begrüßung veranstalten, wurde in einem bayrisch-österreichisch-englischen Sprachgemisch geführt: » Wos is dei Glauben? Sind dei Eltern gesund? Host daham a Tiwi? Bist getauft? Wos ist dei Beschäftigung? Host noch Gschwistrich? Rauchst Toback? Wost beim Militär? Bist mim Luftschief kumme? An was fir an Ärport ises Luftschief niedergonge?«

Die Befragung dauerte Stunden, wobei es die schwarz gekleideten Männer besonders interessierte: »Wos hot dich hergfiert und wos willst bei uns?« Diese Frage brachte mich in arge Verlegenheit. Wie sollte ich diesen scheuen, mißtrauischen Menschen erklären, was mich zu ihnen geführt hatte, was ich hier wollte? Wie sollte ich ihnen klarmachen, daß ich zufällig bei Erich Fromm, dem bekannten amerikanischen Psychoanalytiker, auf die Hutterer gestoßen war, die er in seinem Buch »Haben oder Sein« als »religiöse Gemeinschaft« bezeichnet, die mit der Kibbuzim-Bewegung in Israel, den französischen »Communeautées de Travail« und so radikalen Humanisten wie R. W. Emerson, Albert Schweitzer, Ernst Bloch, Ivan Illich und Erhard Eppler, trotz manchmal völlig widersprüchlicher Konzeptionen, seiner Meinung nach in folgenden Punkten übereinstimmt:

- daß die Produktion den Menschen und nicht den Erfordernissen der Wirtschaft zu dienen habe;
- daß ein neues Verhältnis zwischen Mensch und Natur hergestellt werden müsse, das auf Kooperation und nicht auf Ausbeutung beruht;
- daß der wechselseitige Antagonismus durch Solidarität ersetzt werden muß;
- daß das oberste Ziel aller gesellschaftlichen Arrangements das menschliche Wohlergehen und die Verhinderung menschlichen Leids sein müsse;
- daß nicht maximaler Konsum, sondern vernünftiger Konsum, der das menschliche Wohl fördert, erstrebenswert sei;
- daß der einzelne zu aktiver Mitwirkung am gesellschaftlichen Leben motiviert werden solle.

Bis dahin hatte ich von den »Hutteriten«, wie Fromms Übersetzer die Hutterer nennt, noch nie etwas gehört. Ich wurde neugierig und fand dann in der Bibliothek ein Buch aus dem Jahre 1927 mit dem Titel »Der Kommunismus der mährischen Wiedertäufer«. Die längst verstorbene Autorin Lydia Müller schreibt darin, diese Hutterer lebten noch heute in Nordamerika und an ihrer zurückgezogenen Lebensweise habe sich seit dem 16. Jahrhundert grundsätzlich nicht viel geändert.

Nun sprach man schon zu der Zeit, als ich das las, viel vom »alternativen Leben«, und auch ich hatte die Konsumgesellschaft satt, auch ich fühlte mich wohlstandsmüde. Längst war ich nach meinem Studium in den Sog von Besitz und Erfolg geraten, war stolz auf meinen gesicherten Arbeitsplatz als Reporter bei der angesehenen Wochenzeitung »Die Zeit« und schämte mich nicht meines fetten Bankkontos. Persönliche Krisen, zum Beispiel Schwierigkeiten mit der Freundin oder ewig ungelöste Probleme mit der Mutter, verdrängte ich durch harte Arbeit und wurde meinem Vater von Jahr zu Jahr ähnlicher, der sich nach einer schwer erarbeiteten Karriere mit 65 Jahren schließlich das Leben nahm. Ich hatte Angst, so weiter zu leben wie bisher, ging zu meinem Chef und kündigte (feigerweise nicht, ohne mich einer eventuellen späteren Wiedereinstellung zu vergewissern). Ich wollte einen Ausbruchsversuch wagen in eine völlig fremde Welt, in der es andere Werte gab, andere Ziele, andere Hoffnungen und die doch in ihrem Ursprung mit mir irgendwie verwurzelt zu sein schien. Nachdem ich meine Wohnung aufgelöst hatte, flog ich fünf Tage nach Silvester in den Westen Kanadas, dorthin, wo die Hutterer nach meinen vagen Kenntnissen siedeln mußten. In Lethbridge, einer kleinen Provinzstadt 300 km südlich von Calgary, fragte ich im Bürgermeisteramt nach den Wiedertäufern und bekam die Adresse der Wilson-Kolonie.

So war es abgelaufen, aber wie sollte ich all das nun den Hutterern selbst erklären? Erich Fromm war ihnen vermutlich kein Begriff, und von Karriereängsten und Problemen mit Frauen wollte ich schon gar nicht reden. Niemand hätte mich verstanden. Also sagte ich, daß ich einfach gekommen sei, um das huttrische Leben kennenzulernen. Ein Jahr hätte ich mir Zeit genommen und sei bereit, mich ganz und gar einzugliedern in die Gemeinschaft, mitzuarbeiten, mitzubeten, mitzusingen – eben alles direkt zu erleben, um dann aus eigener Erfahrung später vielleicht einmal ein Buch über meine Erlebnisse zu schreiben.

Das gefiel Weinsedel Johannes gar nicht: »Für wos willst'n du dos Bichl schreibn?« fragte er skeptisch, »willst Geld mit uns mochn?« Der Gedanke, daß da jemand »aus der Welt« kommt, um aus blankem Eigennutz mit Gottes Auserwählten Geschäfte zu machen, sich an ihnen zu bereichern, dies war ihm und den anderen Brüdern sichtlich zuwider. Ich versuchte ihnen klarzumachen, daß mir das Geld gar nicht so wichtig sei, da könnte ich zu Hause in Deutschland wohl mehr verdienen, in fester Anstellung, bei gutem Gehalt. Nein, worauf es mir eigentlich ankäme, sei die persönliche Erfahrung, das direkte Kennenlernen dieses kleinen, schon fast vergessenen Volkes, von dem ich hoffte, vieles zu lernen, was ich in der Welt nicht lernen könne. »Mir schickn nemp vom Hof, der willich ist«, sagte Johannes nach langem Zögern zu mir, »mir wollens mit dem Predigr ibrdenken.«

Und damit drehten sich Männer wieder dem undichten Wasserrohr zu und setzten ihre Reparaturarbeiten fort, die sie während unserer Unterhaltung vernachlässigt hatten. Ich hockte mich auf einen meiner Überseekoffer und beobachtete sie. Wie in einem Operationssaal schien hier jeder ganz genau zu wissen, wann er wo anzufassen hatte, und noch ehe mir die Zeit lang wurde, war die Wasserleitung wieder dicht.

Nun ging der Weinsedel mit mir zu seinem Großvater, dem altehrwürdigen Johannes Wurz, genannt Johannesvetter, Oberhaupt aller Dariusleut-Gemeinden, ein Patriarch mit langem weißen Bart. Johannes empfing mich auf einer grob geschreinerten Holzbank sitzend, gleich neben dem rauschenden Gasofen. Die Füße steckten in dicken Filzpantinen, die Hände hielten eine schwere Bibel. Auch hier, wie im Kuhstall, kein Händedruck, kein Willkommensgruß, nur Schweigen und skeptische Blicke.

Die ganze Fragerei begann nun von vorne, und die Frauen im Nebenraum, zu dem die Tür weit offen stand, spitzten die Ohren. Der Prediger wollte aber über alles noch viel genauer Bescheid wissen als die Leute im Kuhstall, wobei es ihm auf ganz überraschende Details ankam. Zum Beispiel, wieviele Menschen in das »Luftschief« hineinpaßten, das mich nach Kanada gebracht hatte, ob nur Frauen an Bord bedient hätten oder auch Männer, und »wieviel Peilots es braucht, um des Luftschief zu treiben«. Erst am Ende kamen wir dann auf mein »Begehren«, in Wilson zu leben. Johannes sagte, wenn ich mich an die strenge Gemeindeordnung halten könne, und das werde man ja bald herausfinden, hätte er »in Gottes Nomen« nichts dagegen, es mit mir zu probieren.

Als der Greis sein heiliges Okay endlich ausgesprochen hatte, hätte ich jubeln können. Gottes auserwähltes Volk akzeptierte mich, wenn auch mit Vorbehalt. Die weite Reise war nicht umsonst getan. Doch in diese Freude mischte sich auch eine ahnungsvolle Beklemmung: Ein Jahr in Gottes Arche, ein Jahr ohne Augenlust, Fleischeslust und hoffärtiges Leben – sollte das nicht zu viel sein für einen sündigen Weltmenschen wie mich? Zum Glück ahnte Prediger Johannes nicht, was in diesem Augenblick in mir vorging.

Er gab einige Anweisungen im schnellen, für mich noch unverständlichen Huttrisch an die Männer im Raum und auch an die Frauen nebenan. Ein paar junge Burschen brachten mich daraufhin in eine kleine schindelgedeckte Holzbaracke am Rande der Kolonie, dem »Buchbindeheisel«, wo ich neben Papierpressen und Leimtöpfen mein Quartier beziehen durfte.

Ich bekam ein breites Doppelbett in mein Zimmer gestellt,

eine neugebundene Bibel als Lektüre, Waschgeschirr mit Handtuch und selbstgekochter Seife; Tisch, Stuhl und Kleiderkiste standen schon vorher in meinem Raum. Mehr braucht ein Hutterer nicht. Mein Plumpsklo vorm Haus, das »Gagheisel«, wurde aus einer riesigen Schneewehe freigeschaufelt. Sollte es mit dem Stuhlgang bei zwanzig bis dreißig kanadischen Minusgraden nicht gleich klappen, versprach mir der Hauswirt Jakob abführende Backpflaumen, »getricklette Zweschen«.

Damit ich kein schlechtes Vorbild für die noch ungetauften Jugendlichen der Kolonie abgeben konnte, kam noch vor dem Abendgottesdienst der Sohn des Säckelmanns, der Schäfer Samuel, um mir die Haare auf Einheitslänge zu scheren. Während er mir die Ohren und das »Gnack« im Nu freischnitt, aber nicht etwa »schindlig«, also in Stufen, sondern »kontig« wie eine kantige, preußische Topffrisur, zitierte er, quasi als Rechtfertigung, 1. Korinther 11,14: »Lehret euch nicht die Natur, daß es einem Manne eine Unehre ist, so er das Haar lang wachsen läßt.« Auch die Frauen kamen, zehn bis fünfzehn auf einen Schlag, vor allem aus Neugierde (»Host scho a Görlfränd?«), aber auch, um maßzunehmen für meine handgeschneiderte hutterische Garderobe.

Kaum hatte man mich in »Insches«, »Zoll« und »Jahd« vermessen, da tönte von draußen der durchdringende Ruf: »GEBEET!« Die Frauen verließen sofort mein Häuschen, und ich folgte ihnen auf den Fersen. Wir reihten uns ein in einen langen Gänsemarsch schweigender Hutterer, der von Prediger Johannes, dem Hirten der Gemeinde, angeführt wurde. Die Prozession zog durch einen engen Schneegraben zum täglichen Gottesdienst ins Schulhaus. Eisiger Wind war aufgekommen, der die weiten Röcke der Mädchen wie Fahnentuch flattern ließ. Die Männer drehten die Köpfe gegen die Böen und hielten mit der Hand ihre Hüte.

Meinem Alter entsprechend, bekam ich einen Platz auf der vorletzten Bank zugewiesen, zwischen dem 30jährigen Schmied Benjamin und dem drei Jahre älteren Georg, seines Zeichens Schuster und Schweineboß. Wie in Trance erlebte ich dann mein erstes Abendgebet im süßlichen Mief eines schlecht gelüfteten Klassenzimmers. Ich hörte den kreischenden Gesang, den die schrillen Frauenstimmen von links und die Kinder von vorne ohrenbetäubend dominierten. Ich sah die starren Blicke der vollbärtigen Gerichtsbrüder, die am Kopf des Raumes den Gläubigen zugewandt saßen, biblische Gestalten, kaum voneinander zu unterscheiden, ich hörte die beschwörende Predigt des würdigen Johannes, ohne ein Wort zu verstehen, doch sein mahnender rechter Zeigefinger, der unablässig zur Zimmerdecke deutete, machte auch mir klar, um was es ging. Ich fiel mit den anderen nieder zum Gebet der neun langen Strophen und spürte kaum, wie meine Knie schmerzten.

Erst jetzt wurde mir bewußt, daß mich diese 11 000 Kilometer weite Reise von Deutschland hierher nicht nur in ein anderes Land, sondern auch in eine andere Zeit gebracht hatte. Hier in der Brudergemeinde Wilson war die Uhr seit Jahrhunderten stehengeblieben, von einer »göttlichen Ordnung« festgehalten, Kaisern, Sultanen, Zaren, Päpsten und Präsidenten zum Trotz. Ich fühlte Befremden und Vertrautheit zugleich, wie ein uralter Mann, der nach Jahrhunderten an den längst vergessenen Ort seiner Kindheit zurückkehrt. An der Tafel hinter dem Prediger stand etwas in schöner alter deutscher Schrift, so wie ich es noch als Abc-Schütze gelernt und bald wieder verlernt hatte. Und die Kopftücher der Frauen erinnerten mich an meine schlesische Großmutter, die selbst in den heißen Nachkriegssommern nie ohne »Tiechl« auf die Straße gegangen war. Irgendwie war ich hier, in der »Arche Gottes«, mir selber, meinen Ursprüngen, auf der Spur.

Verstärkt wurde dieses Gefühl direkt im Anschluß an das Gebet, als ich zum Abendbrot an einem der drei langen Männertische Platz nahm, eingekeilt wieder zwischen Schmied und Schweinehirt. Auf meinem Plastikteller lagen drei gekochte Entenköpfe mit glasigem Blick, die es nach dem Gebet zu essen galt, zusammen mit einer deftigen »Katufflsupp« und süßlichem »Zwiebock«. Zuerst löffelte ich die Suppe und beobachtete meine Nachbarn, wie die wohl mit den »Antenkepf« fertig wurden. Sie gabelten das Backenfleisch aus dem Schädel, nagten den Hals bis auf die Wirbel frei, um dann, wie die Nußknacker, mit den Backenzähnen die Schädeldecke der Enten in Stücke zu brechen. Da alle, Männer wie Frauen, etwa zur gleichen Zeit zubissen, entstand ein Lärm, als brächen die Stämme eines ganzen Eichenwaldes. Mir verging der Appetit, aber ich wußte, worauf es ankam. Um keinen schlechten ersten

Eindruck zu hinterlassen, knackte auch ich einen Schädel und lutschte das Hirn, für das ich in einem Spezialitätenrestaurant viel Geld bezahlt hätte – hier schmecke ich weichgekochte Fußknorpel. Zum Glück hatte ich keine Zeit mehr, mich an meine übrigen »Antenkepf« zu machen, denn schon falteten wir die Hände, und der Säckelmann Jakob sprach als der Älteste im Speisesaal das Schlußgebet: »Lob, Preis und Dank für Speis und Trank. Gottes Segen hat uns gespeiset leiblich, Herr, speise uns auch viel mehr geistig durch Jesum Christum. Amen.«

Noch unter dem Schock der Entenspeise brachte man mich zum Prediger Johannes, der wie üblich nicht mit der Gemeinde aß, sondern daheim mit seinem Sohn Jerg, seinem Stellvertreter. (Wie ich später noch herausfinden sollte, sind diese privaten Mahlzeiten das einzige Privileg, das ein Hutterer-Prediger genießt. Die Nahrung selber ist die gleiche wie die der anderen Gemeindemitglieder.) Johannes hatte noch eine ganz spezielle Frage zu meinem Wohnort in Deutschland. An seinem letzten Entenkopf nagend, wollte der Alte wissen, wo denn eigentlich »das Loch« in Hamburg sei, ob ich schon davon gehört oder es vielleicht schon mal gesehen hätte? Erst verstand ich gar nichts. Welches Loch? »No, des Loch, wo die bese Tuchtr eini ist«, sagte der Prediger. »Welche böse Tochter?« fragte ich und überlegte, ob der Greis noch alle Sinne beieinander hatte. Statt einer Antwort sangen mir Johannes und seine versammelte Familie ein Lied vor, eben das Lied von der »besen Tuchtr«:

> »Eine Stadt will ich Euch nennen, / Die liegt in Hessenland, / Hamburg heißt sie mit Namen, / Ist manchem wohlbekannt. / Da wohnt ein Bürger fromm und gut, / Sein Handwerk ein Radgießer, / Ward reich und wohlgemut.
>
> Sein Name heißt Jerg Schneider, / Ward er allda genannt, / Hat im Ehestand gelebet / Bis vierunddreißig Jahr, / Thät fromm und gottesfürchtig sein / Und hat mit seinem Weibe / Ein einzig Töchterlein.«

Dieses Töchterlein, so erzählt das Lied in neunzehn langatmigen Strophen, gehorchte mit den Jahren seinen Eltern nicht mehr. Es wollte sich nicht »biegen« lassen, »lief alle Bubengassen aus, und trieb groß Sünd und Schand«. Als das Mädchen dann einen »Hanslinger« gegen den Willen der Eltern sogar heiraten will, geschah, was geschehen mußte:

»Die Tochter hob an zu zittern / Und zu beben wie ich sag, / Da fing es an zu prasseln / Und ward ein groß Gebrach, / Da kam ein dicker Rauch sehr warm, / Da ist die Tochter versunken / Elend, bis unter die Arm.

Sie thät wie Schwefel brennen, / Nach Schwefel es grausam stank, / Der Vater ist zugelaufen, / Ihm ward sehr angst und bang, / Ein Gasbock drang zu ihr herein, / Er brennt von lauter Feuer, / Leckt sie mit der Zunge sein.

Darauf die Tochter verschwunden / Samt den feurigen Gasbock. / Vor Schrecken man nichts sahe, / Denn nur das selbe Loch, / Darin die Tochter versunken war, / Kläglich höret man schreien / Ihre Stimme etlichs Mal.«

Noch vor zwei Tagen hatte ich in Hamburg gefrühstückt, einer Stadt, die zum Erstaunen der Hutterer am Elbestrand und nicht im Hessenland liegt. Nun erfuhr ich, daß diese Stadt nicht nur das Tor zur Welt ist, sondern daß sich dort auch der Eingang zur Hölle befinden mußte. Niemand konnte mir an diesem Abend glauben, daß ich vom schwefligen hanseatischen Höllenloch noch niemals etwas gehört, gesehen oder gerochen hatte – von der Reeperbahn erzählte ich lieber nichts. Prediger Johannes sah mich mit zweifelnden, fast verwirrten Augen an. Sein Weltbild schien für einen Augenblick etwas erschüttert. Überhaupt waren wir alle überbeansprucht voneinander, die Hutterer von mir und ich von ihnen. Wir hatten eine Pause nötig, um die vielen fremden Eindrücke zu verkraften, und so gingen die auserwählten Kolonisten an diesem verschneiten Januarabend noch früher schlafen als sonst.

Um neun Uhr lag ich in meinem Federbett, nachdem ich noch schnell einen Eimer Wasser zum Waschen aus dem Küchengebäude geholt hatte, dem einzigen Haus neben dem Kuhstall, das hier im Dorf fließendes Wasser hat. Eigentlich wollte ich noch meine ersten Eindrücke ins Tagebuch schreiben, aber dazu war ich zu müde. Das leise Rauschen des Gasofens begleitete mich in einen tiefen Schlaf. Es war wie ein Versinken in die Nacht, wie ein langer Fall in das Dunkel eines grundlosen Brunnens. Je tiefer ich stürzte, desto bedrückender wurde das Schwarz um mich, desto schneller ging es hinab. Ich spürte massige, schwere Körper an mir vorbeifliegen, ohne sie zu sehen. Um nicht mit ihnen zusammenzustoßen, nahm ich meine Beine in die Arme, machte mich so klein wie nur irgend möglich, wollte mich verkriechen in dieser Finsternis. Mir wurde heiß in meiner Enge. Schweiß floß in meine Augen, Tropfen, die mich blendeten wie Scheinwerfer auf nächtlicher Landstraße. Durch gleißendes Licht und tote Finsternis stürzte ich blind, benommen vom rasenden Fall, gelähmt von der Angst vor dem Aufprall, der nicht kommen wollte, obwohl er unabwendbar schien. Statt dessen hörte ich plötzlich das Sturmgeläut einer fernen Glocke.

Als ich die Augen öffnete, war es um mich so finster wie in meinem Traum. Der Gasofen rauschte noch immer. Die Leuchtzeiger meiner Armbanduhr standen auf 7 Uhr – Frühstücksbeginn. Ich mußte das Weckläuten vor einer halben Stunde verschlafen haben. Als ich Minuten später in der Küche erschien, ungewaschen, den Schlaf noch in den Augen, kam mir die Gemeinde schon aus dem Speisesaal entgegen. Aber Rachel Wurz, die hagere Küchenchefin und Mutter von neun Kindern, hatte das geahnt und für mich Teller und Tasse, Zwieback und »Jäm« auf die Anrichte neben dem Ofen gestellt: »Mußt di erscht gwehne«, entschuldigte sie mein Zuspätkommen.

Während ich frühstückte, wuschen die Frauen das Geschirr. Im Kreis standen sie um eine große Aluminiumwanne, Schulter an Schulter, einige in Gummistiefeln, alle unter Schneeflockentüchern, und tuschelten und lachten, als hätten sie was getrunken. Vielleicht, überlegte ich, wirkte auch meine Anwesenheit irgendwie erheiternd. Mir tat diese Fröhlichkeit gut nach den beklemmenden Eindrücken vom Vortag. Ich aß die weichen Zwiebackbrötchen mengenweise, sie schmeckten mir besser als Entenköpfe. Rachel sah das und nickte zufrieden. »Host Hunger leidn missen in Deitschlond?« fragte sie bewegt, »bei uns brauchst di nit bange, s' gibt olla Tog Flasch.« Ihre Mütterlichkeit wärmte mich. Es wird nicht viele Orte auf der Welt geben, dachte ich dabei, wo man einfach so hereinschneien kann, unangemeldet und wildfremd, wo man nach kaum einem Tag bereits ein eigenes Dach überm Kopf hat, mit einem warmen Bett, wo die Maßkleider schon in

Arbeit sind und morgens das Frühstück vorsorglich auf dem Küchentisch für den Langschläfer warm gehalten wird.

Selbst an einen festen Arbeitsplatz für mich hatten die Hutterer gedacht. Noch während ich meinen Zwieback kaute, kam Weinsedel Johannes in die Küche, um mir zu sagen, daß ich bis auf weiteres morgens im Kuhstall helfen sollte. Dazu gab er mir ein paar gefütterte Filzstiefel, die breiter waren als lang, derbe Arbeitshandschuhe aus der Lederwerkstatt einer Nachbarkolonie und eine schwarze Schiebermütze mit Schild und Ohrenklappen, auf hutterisch-russisch »Katuss« genannt, in der ich mir vorkam wie ein Berliner Zeitungsjunge aus den zwanziger Jahren. Stiefel und Handschuhe paßten gut, die Mütze saß zunächst etwas stramm auf dem Schädel, doch Johannes meinte, daß der »Schwitz« sie schon dehnen würde.

Voller Optimismus stapfte ich also mit meinem neuen Schuhwerk durch den treibenden Schnee zum Kuhstall, entschlossen, mich im Dienste der Gemeinschaft zu bewähren. Der Nordwind biß mir so grimmig ins Gesicht, daß die Augen tränten, doch auf diesem kurzen Weg machten mir die 30 bis 40 Grad unter Null richtig Spaß. Ich genoß es, wie die Eisluft beim Einatmen die Innenwände meiner Nasenlöcher für Sekunden gefrieren ließ. Besser als der hanseatische Winter mit Schneematsch und Regen, dachte ich.

Im »Kuhschtel« empfingen mich drei bärenstarke Kerle im Alter zwischen Junge und Mann mit skeptischem Grinsen. Es waren der lange Heinrich und seine beiden Vettern Samuel und Andreas, die die gleichen Filzstiefel, Handschuhe und Schiebermützen trugen wie ich. Ich rieb mir die kalte Nase und sagte etwas verlegen »Hallo!« Statt meinen Gruß zu erwidern, reichte mir Heinrich einen verdreckten Mistkratzer und fragte rhetorisch: »Konnst schoffen?« Daß ich Weltmensch, noch dazu ein Großstädter, hier in Gottes Arche etwas schaffen, ihr nützlich sein könnte, glaubte so recht keiner der drei, und mein erster, vergeblicher Versuch, die festgefrorenen Kuhfladen von den Holzbohlen loszukratzen und durch die schmalen Ritzen des Fußbodens zu stoßen, schien ihnen recht zu geben: Ich rutschte erst mal aus und landete der Länge nach hart auf meinen Ellenbogen im Dreck. Blamiert lag ich da, doch meine Arbeitskollegen hatten ein Einsehen mit mir. Sie führten eifrig vor, wie man mit rechtem Griff und rechtem Schwung die

Fladen vom Fußboden löst, und genossen dabei sichtlich ihre ländlich-hutterische Überlegenheit. Auch ohne meine Mithilfe war der Stallboden in knapp fünfzehn Minuten sauber. Heinrich öffnete das hohe Stalltor und pfiff nach seinem Hund. »Bring sa, Berry!« rief er der schwarz-weiß-gefleckten Promenadenmischung zu. Da schoß der Hund mit kurzen, schnellen Sätzen durch den Pulverschnee in weitem Bogen zu den dreißig Kühen, die an der Ausfahrt der Kolonie etwas verloren in der Kälte standen, die Hinterteile gegen den Wind gekehrt. Als die Herde Berrys heiseres Gebell hörte, brachte sie ihre schweren Leiber langsam auf Trab und eilte mit schwingenden Eutern am Kuhstall vorbei in Richtung auf ein umzäuntes Gehege, dorthin, wo sich eine haushohe Heumiete türmte. Ich fand es merkwürdig, daß die Tiere sogar zum Füttern getrieben werden mußten, aber vielleicht erkaltet bei diesen arktischen Temperaturen selbst die Lust zum Fressen.

Mit Samuel und Andreas kletterte ich nun auf die Miete, grub oben auf ihrem Heuplateau die Ballen aus dem frischen Schnee und warf sie herunter, direkt in die Futterkrippe. Dort stand Heinrich, schnitt die Hanfstricke durch, mit denen das Heu zusammengebunden war, und verteilte die »Bäls« gleichmäßig in den Trögen. Anschließend luden wir noch ein Fuder Heu auf den Anhänger eines Traktors und fuhren damit hinaus aus der Gemeinde, durch das grelle Weiß der winterlichen Prärie, zu dem braunen Fleischvieh, das irgendwo in der Kälte überwinterte. Die warmen Leiber eng aneinandergepreßt, empfingen uns die 130 »Herforts« mit dampfenden Nüstern, eine kleine dunkle Oase aus muskulösem Fleisch und zottigem Winterfell inmitten der kanadischen Schneewüste. Es schien mir fast unglaublich, daß diese Kreaturen hier schutzlos überleben konnten, bei Nachtfrösten um 50 Grad minus. Aber die Jungen meinten, das sei gut für die Tiere, das mache sie »taff«.

Und »taff« sein, robust und widerstandsfähig, danach strebten auch meine Begleiter. Ganz provokativ ließen sie bei dieser Fahrt zum Vieh die Ohrenschützer hochgeklappt, so als ginge es zur Frühjahrsaussaat. Ich dagegen mußte meine Nase immer wieder mit den Händen warm massieren, sonst wäre sie mir noch vor der Rückkehr zur Kolonie jämmerlich erfroren. Die Knaben sahen das und lächelten selbstgefällig. Sie schienen es darauf angelegt zu haben, mir zu demonstrieren, daß der Auserwähltheitsanspruch der Väter auch für sie gilt, und zwar nicht erst im Himmel, sondern schon hier auf Erden. Dies wollten sie sich und mir beweisen, indem sie besser den Kuhmist kratzten, sich vom frostigen Fahrtwind nicht beißen ließen und schließlich gleich zwei Heuballen auf einmal vom Wagen wuchteten, wo ich meine liebe Mühe mit einem hatte.

Meine Anwesenheit mußte eine ungeheuer provokante Herausforderung für die drei sein, denn auch nach inzwischen sechs Wochen Ausmisten und Füttern hat der alltägliche Arbeitswettbewerb zwischen dem Team der Auserwählten und mir Allerweltsmenschen kaum an Schärfe verloren. Im Gegenteil: Ist die Morgenarbeit getan, schlägt meistens das Rauhbein Heinrich vor, mit Fingerhakeln, Schneeballwerfen oder Klimmzügen die Kräfte zu messen. Fällt ihnen dann gar nichts mehr ein, ruft einer plötzlich: »Wer isn des erscht on dr Gluckn – du odr mir?« Und schon jagen wir los, wer als erster die Glocke vor der Küche berührt, hat gewonnen. Ist es einer meiner drei Konkurrenten, so hat er stellvertretend für alle Hutterer gewonnen, bin ich's, gibt es einen Punkt für die Welt. Natürlich führt das schwarze Kollektiv haushoch vor mir Einzelkämpfer.

Jeden Morgen wird gegen 8.30 Uhr in der Küche »gelunscht«. Wir treffen dort wie immer den Schweinejerg mit seinen zwei halbwüchsigen Lehrlingen Samuel und Martin, in deren Umgebung man nur zu deutlich riecht, woher sie gerade kommen. Neben ihnen sitzt Georg, ein 2½-Zentner-Koloß, der es glatt mit jedem seiner 300 Mastbullen aufnehmen könnte. Auch mein Hausfriseur ist da, der Schäfer Samuel, samt Hund und Helfern, und Jakob meldet, geschwätzig wie immer, aufs Ei genau die Legeleistung seiner 2850 Hennen.

Nach der kurzen Zwieback-Vesper werden dann im Nu aus Bauern Handwerker. Georg bindet Besen, Martin näht Sättel, Samuel und der Schweinejerg machen Schuhe, Jakob repariert in der »Schmitten« die Lichtmaschine eines gigantischen Traktors. Ich wandele mich nach meiner Arbeit als Kühefütterer zum Schusterlehrling. In den ersten zwei Wochen meiner Ausbildung rollte ich unter der geduldigen Aufsicht des Schäfers mit der flachen Hand feine Hanffäden auf meinem Oberschenkel zu reißfestem Nähgarn. Anschließend mußte ich den Faden mit imprägnierendem Bienenwachs kräftig abreiben, bevor ich ihn mit einem Stück Pech hutterisch einfärben konnte. Mit diesen etwa vier Meter langen Fäden, belehrt mich Samuel, werden Schuhschaft und Brandsohle zusammengenäht.

Nachdem ich in den folgenden Wochen leichte Flickschustereien zu meistern gelernt hatte, mache ich nun, sechs Wochen nach meiner Ankunft, bereits mein erstes Paar Kinderschuhe, halbhohe Schnürstiefel der Größe I – nach deutschem Maß Größe 28. »Die Kinder, die san nit so paticklich«, sagt der Schäfer, die nehmen es nicht krumm, wenn mir eine Naht mal nicht ganz grade von der Hand geht. Hauptsache, die Absätze aus abgefahrenen Autoreifen sind gleich hoch, »sunst laufen's sich kripplig«.

Das Betriebsklima hier im »Schusterheisel« ist ausgezeichnet. Leistungsdruck ist kaum zu spüren. Zwar müssen jährlich ein paar Schuhe pro Koloniebewohner neu gemacht und ebenso viele alte repariert werden, aber der kanadische Winter ist lang, und da haben Jerg, der hier als »Boß« die Verantwortung trägt, sein zweiter Mann Samuel und die drei Lehrjungen viel Zeit zum Plaudern, zum Mittagsschlaf von zwölf bis eins und natürlich immer mal wieder zum Lunschen in der »Kuchl« mit »Koffie« und »Zwiebock« und »Schutenhonkelich«. Nie arbeiten wir länger als 2½ Stunden hintereinander.

Die drei Lehrlinge werden durch Jerg und Samuel mit der Autorität ihres Könnens angeleitet. Selten höre ich ein scharfes Wort, auch wenn die Jungen zu spät kommen oder in der Ecke sitzen und einfach mal albern sind. Dennoch, oder gerade deswegen, lernen sie hier schneller ihr Handwerk als draußen in der Welt. Vom Herbst, nachdem die Ernte in den Scheuern ist, bis zum Säen im Frühling dauert gewöhnlich eine Hutter-Ausbildung, dann kann der Lehrling sogar für die sehr »paticklichen« Frauen die Schuhe machen, wo es wirklich auf den Millimeter ankommt.

Drei Tage klebe, nähe und nagele ich an meinen Kinderschuhen, dann sind sie endlich fertig, und Samuel holt seinen vierjährigen Sohn Martin aus der »Klana Schul«, dem Kindergarten, zur Anprobe. Die Größe paßt, die Reifenabsätze sind beinahe gleich hoch, Martin wird sich nicht »kripplig« laufen in seinen neuen Sonntagsschuhen. Ich kann mich nicht erinnern, jemals so stolz auf meine Arbeit gewesen zu sein wie in diesem Moment, als ich den kleinen Kerl in meinen Schuhen durch die Werkstatt stiefeln sehe. Sein Vater hat mir beigebracht, meine Hände zu gebrauchen, durch ihn bin ich fingerfertig geworden, auf so greifbare Weise nützlich. Bisher konnte ich mal grade eben einen Nagel in die Wand schlagen, jetzt bin ich ein Schuhmacher!

Durch Martins neue »Sunntigschiech« ging auch ein wenig von der Distanz verloren, die zwischen den Hutterern und mir noch immer bestand. Rein äußerlich ist zwar schon längst kein Unterschied mehr auszumachen, seitdem ich Tag für Tag meine maßgeschneiderte Huttertracht trage, samt Hosenträgern, Janker und breitkrempigem Hut überm Mittelscheitel. Ich ließ mir sogar einen schütteren Bart wachsen, obwohl eigentlich nur verheiratete Männer das tun. In Anbetracht meines Alters riet mir Prediger Johannes aber doch zum »Bort«, denn welcher Hutterer heiratet noch, wenn er die Dreißig mal überschritten hat? Die innere Distanz zu meiner Umgebung aber schien lange unüberbrückbar. Obwohl ich dauernd unter Leuten war, fühlte ich mich oft schrecklich einsam und verlassen, von der Außenwelt, meiner Welt, abgeschnitten wie ein Schiffbrüchiger auf einem Floß. Kein Mensch konnte hier begreifen, daß ich Unverheirateter schon einmal mit einer Frau zusammengelebt hatte »wie Mann und Weib«. Ungläubig hörte man, daß ich seit Jahren nicht mehr in der Kirche war, aus der ich schon im Alter von 20 Jahren austrat, staunend nahm man zur Kenntnis, daß mein Vater als Soldat getötet hatte und meine Eltern geschieden sind. In der göttlichen Arche Wilson erschien mir das alles selber fast unglaublich. Immer wieder erzählten mir die Jungen beim Kühefüttern von schrecklichen Gerüchten, die über mich in der Kolonie umliefen: Ich sei ein Heiratsschwindler, der Frau und Kinder in Deutschland verlassen habe, ein Bankräuber, der sich vor der Polizei verberge, schließlich gar ein Spion des Vatikans. Ganz offen fragte mich der Prediger eines Abends, ob ich »a Flinten«, ein Gewehr, im Koffer hätte, und begründete seine Sorge: »Mußt wissn, mir hom Witwen und Waiselan in dr Gmah.«

Das Mißtrauen des Hutterers versteht, wer sein Weltbild kennt: »Draußen sind die Hunde und die Zauberer und die

Hurer und die Totschläger und die Abgöttischen und alle, die liebhaben und tun die Lüge« (Offenbarung Johannes 22,15). Und nun kommt da »a Mensch, a Englischa«, aus der schlechten Welt, zu allem Übel auch noch einer aus Hamburg, der sich ganz der göttlichen Ordnung unterwirft, um später ein »Bichl« zu schreiben, der jeden Tag fleißig die Kühe füttert, nie beim Gebet fehlt und der jetzt sogar Schuhe machen kann, »grad so wie a Huttrischer«. Jeder Dienst an der Gemeinde ist ein Gottesdienst, und so sind die Schuhe, die ich für Martin gemacht habe, in den Augen aller ein gutes Werk, das gegen alle bösen Gerüchte zu sprechen scheint. Wir kommen uns also näher, trotz der Jahrhunderte, die zwischen uns liegen.

Sonntags besuchen mich meine älteren Klassenkameraden aus der Sonntagsschule manchmal sogar in meinem »Buchbindeheisel«. Heinrich, Samuel und Andreas sind fast immer vorneweg, doch anders als morgens im Kuhstall beim Mistkratzen und Viehfüttern, sind sie hier bei mir keine Kraftmeier, sondern eher neugierige Kinder. Alles, was ich in meinem Koffer aus der Welt so mitgebracht habe, interessiert sie brennend. Meine Wanderstiefel mit den roten Schnürsenkeln, das Plastikbesteck aus dem »Luftschief«, mein Tagebuch, mein Deo-Roller. Alles wird angefaßt, berochen und ausprobiert. Die Rasierwasserflasche ist in kurzer Zeit halb leer, und mein Buchbindehaus riecht Sonntag nachmittags oft wie ein türkisches Bad. Gerne streift Heinrich meine schwedischen Wollhandschuhe über und übt sich heftig im Schattenboxen. Die Jungen kommen mir vor wie wilde Indianer, und ich spiele Kolumbus. Daß dieses Bild der zivilisationsfremden Rothäute nicht ganz korrekt sein kann, dämmert mir erst, nachdem Heinrich und Konsorten mir gegenüber ihre Vorbehalte weiter abgebaut haben und ich nun von Dingen höre, die der strenge Schullehrer wohl mit mehreren Dutzend Rutenhieben ahnden würde.

Großspurig berichtet mir Heinrich zum Beispiel, daß er heimlich ein altes Transistorradio besitze. Nachts, wenn alles schläft, hört er unter seiner Decke die Sportnachrichten. Deshalb hat er auch die Tabelle der kanadischen Eishockey-Liga ziemlich genau im Kopf. Sein Lieblingsteam: die »Edmonton Oilers«. Als wolle er sich vor mir sündigem Weltmenschen profilieren, erzählt er mir auch unter dem Siegel der

Verschwiegenheit, wie man als Hutterer an solches Teufelswerk kommt: Man stellt rund um die Kolonie Fuchsfallen auf und fängt in einem Winter im Schnitt zwei bis drei Tiere. Die wertvollen Felle bringt man dann einem eingeweihten Nachbarn der Gemeinde, der sie für gutes Geld verkauft und seinen hutterischen Lieferanten mit ein paar mageren Prozenten vom Erlös glücklich macht. Statt mit Dollars zahlen die Nachbarn manchmal auch mit alten Schlittschuhen, mit Taschenlampen oder, wie in Heinrichs Fall, mit einem gebrauchten Radio, dessen Batterien allerdings schon seit Wochen leer sind. Erst wenn der nächste Fuchs in Heinrichs Eisen tritt, wird er wieder die Sportnachrichten hören können, und das kann noch dauern.

Doch diese kleinen Nebengeschäfte auf eigene Rechnung betrachten die jungen Hutterer als vertretbar, da sie als Ungetaufte noch keine vollwertigen Mitglieder des auserwählten Volkes sind. »Solang mir jung sein, tun mir dos Lebn gnießn«, sagt Heinrich mit einem Augenzwinkern. Auch der Lederriemen seines Schullehrers konnte den 21jährigen anscheinend bisher nicht vom sündigen Leben abhalten. Grundsätzlich läßt er aber nichts auf seine Gemeinschaft kommen. »Mir Huttrischen sein recht«, sagt er, »mir sein die Besten«. Ein bißchen klingt das so, als rede er von den »Edmonton Oilers«, und auf meine Frage: »Wieso die Besten?« antwortet er spontan: »No, weil mir Gmahschoftr san.« Gemeinschafter sein heißt für ihn, nicht allein und gegeneinander zu leben und zu arbeiten, sondern im Gegenteil, »zamm und firnandr«. Daß dabei viel mehr herauskomme, das sehe man ja schon beim Füchsefangen, die jage man nämlich nicht alleine, sondern immer im Team, das sich dann den Gewinn auch christlich teile. Dies ist für die Jungen das Geheimnis, warum ihnen das Jagdglück holder ist als vielen weltlichen Nachbarn. Und welche Bauern der Umgebung können sich so moderne Maschinen leisten – sechs Mähdrescher, sieben Traktoren, eine Schmiede mit allen technischen Raffinessen und einen Schweinestall mit automatischer Fütteranlage? Wer sonst macht so solide Schuhe, so haltbare Besen, so gutes Leder? Wer hat die stärksten Ochsen, und wer erntet den besten Weizen? – »Mir Huttrischen«, antwortet Heinrich auf die selbstgestellten Fragen, und seine Begleiter aus der Sonntagsschule nicken zustimmend. So ähnlich wie Heinrich habe ich junge Kibbuzniks in Israel von ihren Kommunen schwärmen hören. Es war der elitäre Stolz einer Minderheit, der sich da zeigte. Nur gut, denke ich, daß dies der Schullehrer Samuel oder gar Prediger Johannes nicht hören, was Heinrich da eben von sich gab. Denn solides Schuhwerk, starke Traktoren und fette Schweine sind für die beiden sicher keine Argumente. Das sind in ihren Augen alles »zeitliche Dinge«, niedrig, irdisch, vergänglich. Huttrisches Leben aber gründet sich auf das »Geistliche«, auf den Glauben, das Ewige, Himmlische, also auf das Gegenteil. Auch wenn diese Art der Gemeinschaft den wirtschaftlichen Ruin zur Folge hätte, für einen rechten huttrischen Christen ist sie die einzig mögliche Lebensform. So wie in Ungarn während des Dreißigjährigen Krieges, als die Kolonisten begehrte Opfer der plündernden Soldateska waren, die bei ihnen immer mehr holen konnte, als auf den einzelnen Höfen. Selbst die sozialen Pluspunkte, die die Gemeinschafter für sich verbuchen können – keine Arbeitslosigkeit, keine Kriminalität, keine alleingelassenen Alten und keine ausgestoßenen Geisteskranken –, sind für sie bare Selbstverständlichkeiten, normale Formen menschlichen Umgangs, die der Außenwelt nur deshalb bemerkenswert erscheinen, weil in ihr »dr Teifl los ist.«

Beim Schafescheren, Tage drauf, erlebe ich den Kontrast zur Umwelt am eigenen Leibe. Es ist Anfang März, die Sonne schielt zum ersten Mal schon beim Wecken in mein Buchbindeheisel und gibt einen ersten Vorgeschmack auf den noch fernen Frühling. Nach dem üblichen Blitzfrühstück und nach der Viehfütterung treffen sich alle Frauen und Männer im Schafstall. 300 Tiere, die wolligen Leiber dicht aneinandergepreßt, stehen in ängstlicher Erwartung. Weinsedel Johannes, der Arbeitsorganisator, verteilt die elektrischen Schermesser an die jungen »Mannsleit«. Die stellen sich in einer Reihe unter das grelle Neonlicht. Jeder greift sich ein Tier aus dem dampfenden Wollhaufen, klemmt es zwischen die Beine, und schon schnippeln die »Klippr« durchs zottelige Fell. Mit Schafsgeduld läßt sich das Vieh die Wolle in langen Streifen von der Haut schneiden, erst am Bauch, dann am Rücken, zuletzt an Hals, Nase, Ohren. Sobald ein Schaf kahl ist und ganz nackt und, an einigen Stellen etwas blutend, ins Freie flieht, sammelt eines der Mädchen die Wolle, die fast schon aussieht wie irische Pullover, vom Boden auf. Andere Frauen binden die fettigen Zotteln auf langen Holztischen mit Hanfstricken zu kürbisgroßen Knäueln zusammen. Dann wirft Rachel, die drittälteste Tochter des Brotschneiders Johannes, die Ballen mit viel Schwung in den riesigen Jutesack, der in einem etwa vier Meter hohen Holzgerüst hängt. Dort oben stehe nun ich unter den holzbraunen Dachbalken, fange, was mir die hübsche Sechzehnjährige zuschmeißt, und trete die Wolle so fest, daß auch gut anderthalb Zentner in einen Sack hineingehen.

Den ganzen Tag scheren, bündeln und treten wir, daß uns der »Schwitz« nur so herunterrinnt. Von meinem Hochstand aus sehe ich mit städtischem Entsetzen, wie Samuel den älteren weiblichen Tieren, denen man nach ihrer Schur deutlich ansieht, daß sie nicht trächtig sind, einfach ein Ohr mit seinem Taschenmesser abschneidet und sie so kennzeichnet für die Schlachtbank. Ich sehe auch die »Klana-Schul-Ankela«, die Kindergärtnerin, mit ihren 15 Zöglingen hereinspazieren, kleine »Mandel« und »Dindla«, alle zwischen zweieinhalb und sechs Jahren alt, mit roten Backen und großen Augen, einer den anderen fest an der Hand. In ihrer hutterischen Tracht, die sie schon als Säuglinge, als »Duttelbobele«, übergezogen bekommen, sehen die Kleinen für mich immer so aus, als kopierten sie die Erwachsenenwelt, als spielten sie Vater, Mutter, Kind. Staunend stehen sie in dem Schafschurtreiben. Für sie ist das lebendige Gemeinschaftskunde. Bald werden die Kinder mithelfen dürfen, so begierig, wie es ihre schulpflichtigen Geschwister schon tun, die in den Unterrichtspausen herbeilaufen, um ausgerissene Schafe zu fangen oder verstreute Wolle einzusammeln – erste Bewährungsproben der Jugendlichen, die dann mit dem 15. Lebensjahr, nach der 8. Klasse, als vollwertige Arbeitskräfte zu den »Leit« kommen. Brüder und Schwestern der Glaubensgemeinschaft aber werden sie erst mit der Taufe.

Zum Lunschen endlich erscheint der alte Hauswirt und Säckelmann Jakob, in beiden Händen zwei Gallonen »Blemelwan«, selbstgemachter Wein aus Löwenzahnblüten. Er ist der einzige in der Kolonie mit einem Schlüssel zum Weinkeller unter der Küche, schon dadurch gleich nach seinem älteren

Bruder Johannes, dem Prediger, der wichtigste Mann auf dem Hof. Zum Blümchenwein gibt es »Käspei«, sündhaft süßer Käsekuchen mit Vanilleeis. Das grenzt schon fast an Fleischeslust. Wir setzen uns zum Essen auf meine vollgestopften Säcke, Männer hier, Frauen dort, die kleinen Krümel irgendwo dazwischen. Alle haben vergnügte Gesichter. Draußen strahlt die Sonne vom weiten, offenen Präriehimmel auf die schneeverpackten Rockies hinten am Horizont. Klein Martin ist, von den vielen Eindrücken erschöpft, im weichen Schoß seiner Mutter Anna selig eingeschlafen. Jeder bekommt sein Stück Kuchen von Jakob in die Hand gedrückt. Der Wein schmeckt »heelisch guet«. Wie könnte es Menschen besser gehen! Zum Abschluß des Lunschens erhebt sich Jakob, nimmt seinen Hut vom Kopf und dankt mit dem 85. Psalm der Kinder Korah: »Ach, daß ich hören sollte, was Gott der Herr redet, daß er Frieden zusagte seinem Volk und seinen Heiligen, daß in unserem Lande Ehre wohne; daß Güte und Treue einander begegnen, Gerechtigkeit und Frieden sich küssen; daß uns auch der Herr Gutes tue und unser Land sein Gewächs gebe. Amen.«

Hutterische Existenz ist sich immer ihres göttlichen Auftrags bewußt. Das Diesseits und das Jenseits sind jederzeit miteinander verbunden, das eine ist auf das andere bezogen, die Gemeinde ist das Bindeglied zwischen Himmel und Erde. »Wir lebn im Vorhof zum Paradeis«, sagt Jakob immer, und sieht man sich um in diesem Stall, wo jeder seinen Kuchen und Martin seinen weichen Schlaf hat, wo »Gerechtigkeit und Frieden sich küssen«, dann zweifelt man nicht an seinen Worten. Die Brudergemeinde Wilson – sie ist wirklich das »neue Jerusalem«, »die Hütte Gottes bei den Menschen« (Offenbarung 21,2,3). Wer könnte hier im Schafstall daran zweifeln?

Ich frage mich, warum die Menschen hier so zufrieden sind mit sich und ihren Nächsten, trotz ihrer biblisch verankerten Ängste vor Schuld und Sühne, trotz dieser Welt, die für sie ein Jammertal ist, ein Ort der qualvollen Entbehrung, und trotz eines Lebens, in dem »man zuvor leiden muß, ehe man kommt zu Ehren« (Sprichworte 15,33) – woran liegt das? Die Antwort klingt paradox: Nicht trotz, sondern wegen der Ängste, des Jammers und der Pein sind die Hutterer glücklicher als mancher Erdenbürger draußen, der sein Leben lang hinter dem Glück herjagt, der alles darf und vieles hat, und der am Ende doch arm und verzweifelt ist. Die Brüder und Schwestern glauben nur durch das erduldete Leiden auf Erden zum Seelenheil im Himmel zu gelangen, was freilich früher, zu Zeiten der blutigen Glaubensverfolgung, der Marter und des Hungers leichter war als heute, da vor allem der Bauch schmerzt von Eis und Käsekuchen. »Heit lebn mir im Specksock«, klagt der Weinsedel. Weil aber bei Matthäus 7,14 geschrieben steht, daß nur der ins Paradies gelangt, der über den schmalen und steinigen Pfad der Entbehrungen geht, so werfen sich die Hutterer selber Steine auf ihren Lebensweg, damit er auch ja ein Leidensweg wird. Also knien wir morgens nach dem Aufstehen, abends beim Gottesdienst und zur Nacht vor dem Schlafengehen auf blankem Boden und beten, »bis mir's im Kreitz spiern«. Die Frauen knebeln sich das Haar oft so fest, daß ich junge Mädchen beim Zöpfen schon weinen sah, und der Verzicht auf das Vergnügen des Schlittschuhlaufens, eines ausgiebigen genußvollen Essens oder bunter Blumen in der Wohnstube wird als fast lustvolle Qual empfunden.

Am schmerzlichsten aber empfinde ich die unzureichenden sanitären Einrichtungen, das Fehlen von fließendem Wasser im Haus. Längst hätten sich die Kolonisten Bäder und Wassertoiletten leisten können, denn ihre Gemeinde hat genug Geld für viel teurere Melkmaschinen und Mähdrescher. Aber es bleibt beim gemeinschaftlichen Waschhaus und bei den kleinen hölzernen »Gagheisel« vor jedem Haus mit einem niedrigen Sitz für die Kinder und einem höheren für die Erwachsenen – »das bese Flasch muß leidn«.

Schlimmeres Leiden als bei stürmischer Nacht ins unbeheizte, oft schneeverwehte Plumpsklo zu stapfen und dort die Hose herunterlassen zu müssen, bei arktischen Temperaturen, die Wasser in Minuten zu Eis gefrieren lassen – größere Körperqual ist mir bisher im Leben kaum widerfahren. Der vulgäre Spruch von der Stange Wasser, die man abstellt, wird bei minus 30 Grad fast zur greifbaren Alltäglichkeit, von größeren Geschäften ganz zu schweigen. Ohne Jakobs abführendes Trockenobst wäre ich sicher eines Nachts einfach festgefroren. Schlimmer können auch die Mönche der Geißler-Bewegung nicht gelitten haben, die sich im Mittelalter selber mit dornenbesetzten Geißeln auspeitschten und dabei die Worte schrien: »Steh auf durch der reinen Marter Ehre, und hüte Dich vor der Sünden mehre!« Auch die Hutterer kennen dieses »Sprichel«.

Damit der Geist eines jüngsten Tages auferstehen kann, muß das »bese Flasch« leiden, es muß »niedrig« gehalten werden. Körper und Seele stehen im dauernden Widerstreit, wobei die körperliche Selbstzucht helfen soll, daß die schlimmen Höllenqualen erspart bleiben, die der sündige Genußmensch im nächsten Leben unweigerlich zu erleiden hätte. Aber andererseits sind die Freuden, die den Frommen im Himmel erwarten, unvorstellbar groß: »Wenn jetzt ein Mensch nur eine einzige Stund' daselbst sollte sein«, heißt es im Text einer Riedemannschen Predigt, »so würde er alle Wollust und Völle dieser Welt gern verlassen, damit er nur der himmlischen Freud ein Mitgenoß möcht werden. Ein Tag über den Sternen wird besser sein als hier in diesem Jammertal tausend mal tausend. Denn daselbst wird kein Nacht mehr sein, auch die Sonn wird keiner mehr bedörfen, denn der Herr wird selbst das Licht sein.«

Das Leiden lohnt sich also. Gerne verzichten die Auserwählten auf das, was für ihre weltlichen Nachbarn, die Rancher und Farmer das Leben überhaupt erst lebenswert macht; vom Fernseher bis zu den »Quick Trips« nach Las Vegas oder Miami. Die Vorfreude aufs Jenseits wird im himmlischen Vorhof Wilson schon als viel schöner erlebt, als alle Scheinfreuden der Konsumwelt zusammen genommen. Dies so handgreiflich zu erleben wie hier im Schafstall, läßt selbst meine Ablehnung gegen manche Bereiche des hutterischen Lebens, von der Kinderzüchtigung bis zur Benachteiligung der Frau, in den Hintergrund treten. Außerdem bin ich ja nicht hier, um mahnend meinen kritischen Finger zu heben, sondern um mitzuerleben und zu verstehen.

Gegen Abend, nur noch wenige Schafe warten zitternd auf ihre Schur, geschieht dann noch etwas ganz harmloses, was ich aber trotzdem nie vergessen werde. Rachel, die Schöne mit dem weich geschwungenen Mund, von der ich nun schon den ganzen Tag die Wollpakete zugeworfen bekomme, sie schaut mich plötzlich länger als bisher an, blickt mir lächelnd in die Augen, man stelle sich das einmal vor! Zwei, drei Sekunden blickt sie zu mir herauf und lächelt, viel zu lange fast für eine Heilige. Ich vergesse einen Moment lang, meinen Wollsack zu treten, und halte mich an dem Bündel fest, das sie mir gerade hochgeworfen hat. Bin ich im Himmel?

Von diesem Rachel-Blick, der einmalig bleibt, lebe ich nun hier in Wilson; er läßt mich glücklich sein in meinen Träumen.

Frühling

Karneval des auserwählten Volkes

Der erste Frühlingsbote kam schon bei Eis und Schnee zu uns in die Wilson-Kolonie. Ich fand ihn gleich nach dem Wecken zusammengekauert in der Ecke meines Plumpsklos, vom stürmischen Wetter recht zerzaust, aber sonst anscheinend gesund: eine Amsel, die ihrem Schwarm wohl vorausgeflogen war und nun auf bessere Tage wartete. Ich verpflegte den Vogel mit Brotresten, die ich vom Brotschneider Johannes zugesteckt bekam, und benutzte vorübergehend das »Gagheisel« meines Nachbarn Georg, des zweiten Predigers. Doch dann mußte der fette, grauschwarze Kater aus der Scheune Wind von der Sache bekommen haben, denn statt meiner Amsel fand ich eines Morgens nur ein paar blutverschmierte Federn. Und der Frühling ließ weiter auf sich warten.

Erst mit der schon recht kräftigen Aprilsonne sackt endlich der meterdicke Schneepelz in sich zusammen, unter dem das Land sechs Monate seinen festen Winterschlaf gehalten hat. Die mächtigen Eiszapforgeln schwitzen im grellen Mittagslicht zu kleinen Glaswarzen zusammen, um dann im Nachtfrost wieder mächtig zu wachsen. Schmelzwasserbäche sammeln sich in jeder Bodenmulde und bilden Pfützen, Teiche, selbst große Seen. Vom Flugzeug muß die Prärie jetzt aussehen wie eine finnische Seenlandschaft. Unsere Kolonie versinkt fast in Wasser und Schlamm. Beim Viehfüttern läuft der Morast in unsere kniehohen Gummistiefel, die Kühe waten bis zum Euter im eigenen Mist, selbst die PS-starken Traktoren mit Allradantrieb bleiben hoffnungslos stecken. »Land unter« in Gottes Arche. Aber das Chaos verläuft wie immer ordnungsgemäß. Jedes Wetter hat in diesem großen Land dramatische Züge, besonders so ein Jahreszeitenwechsel.

Sobald sich auf den weiten Weiden rund um die Kolonie die ersten schneefreien Inseln breitmachen, fahl und ausgebleicht von langer Winternacht, zieht es die Schuljungen heraus aus der Enge der Gemeinschaft. Gleich nach dem Nachmittagsunterricht holen sie sich ihre frisch geschmierten Eisenfallen, satteln die kleinen, zähen Präriepferde, und zu zweit oder zu dritt auf einem Pferderücken geht es hinaus zur »Goffer-Jogd«. »Goffer«, englisch »gopher«, sind laut Brehms Tierleben »Taschenratten«, eine nordamerikanische Mischung aus Wühlmaus und Wiesel. Auf diese schädlichen Nager, die im Herbst das Getreide gleich tonnenweise verputzen, haben es die »Buam« abgesehen. Sorgfältig stellen sie ihre Fangeisen vor die Rattenlöcher und pflocken sie an einer Kette fest in die frisch getaute Erde. Zur Tarnung wird noch vertrocknetes Gras über die »Träps« gestreut, und dann ist auch schon wieder Zeit zum Umkehren, denn der Prediger wartet nicht mit seinem Gebet.

Spannend wird es dann am nächsten Tag. Wer hat was gefangen? Den zwölfjährigen Joschua trifft das Jagdglück als ersten. Ein dicker braun-grau gestreifter »Goffer« klemmt mit beiden Vorderläufen zwischen den zackigen Eisenbügeln. Umringt von seinen Klassenkameraden, zieht Joschua den Pflock aus der Erde und schlägt damit der schrill kreischenden Ratte zwei-, dreimal kräftig ins Genick. Das Tier ist tot, »s'ist gor«, wie die Jungen meinen. Doch bevor sie zu den »Träps« der anderen gehen, reißt Joschua seinem Opfer noch mit der bloßen Hand den dünnen, etwas buschigen Schwanz ab.

Oben: Abseits der großen Straßen liegt die Brudergemeinde Waterton am Fuße der kanadischen Rocky Mountains, knapp 30 Meilen nördlich der Grenze zu den USA. Hinter den Wellblechscheunen, den Stallungen und Werkstätten befindet sich der Wohnbereich mit dem Schulhaus, der Küche und den vier langgestreckten Häusern für die zehn Familien.
Unten: Nach dem täglichen Gebet gehen die Brüder und Schwestern der Kolonie zum Abendbrot. Der strengen Hierarchie entsprechend, lassen die Frauen den Männern den Vortritt, und die Jüngeren folgen den Älteren. Im Hintergrund der Gemeindevorstand, die »Hirten«, die das »Heilige Volk« im Auge behalten.

Doppelseite:
In einer Reihe hacken die Frauen das Unkraut im Zuckererbsenfeld, in den »Zuckerstrankeln«. Als Sonnenschutz tragen die »Waibr« luftige Hauben.

Den abgerissenen Schwanz stopft er in ein leeres Marmeladenglas, denn für jeden getöteten Schädling bekommt der Hutter-Nachwuchs einen Kaugummi vom Schullehrer. »An Schwonz, an Gumm«, rechnet Joschua. Er erinnert sich, im letzten Frühjahr auf etwa drei Kaugummis pro Woche gekommen zu sein, das sei so der allgemeine Durchschnitt.

In dieser Kaugummi-Entlohnung sieht der Lehrer allerdings keinen Widerspruch zum Paulus-Wort »Niemand suche seinen eigenen Nutz, sondern den Nutz eines anderen« (Philipper 2,4). Fast als wolle er sich entschuldigen, erklärt er mir: »Kinder sein Kinder«, und meint, daß man sie erst vom egoistischen, triebhaften Geschöpf zu »rechten Christenmenschen«, also zu Hutterern, erziehen müsse. Der »Gumm« soll nur die ersten Arbeiten zum Nutzen der Allgemeinheit etwas versüßen helfen – mehr nicht. Sobald die Jungen mit fünfzehn Jahren aus der Schule zu den »Leit« kommen und in das Arbeitsleben der Kolonie integriert werden, ist dann auch Schluß mit persönlichen Gratifikationen. Dann gilt der alte Hutter-Leitspruch: »Jedr gibt, wos'r konn, und kriegt, wos ihm Not ist.«

Aber bis dahin haben der Lehrer Samuel Wurz und seine Frau Sarah, die Schulmutter, viel Arbeit mit ihren Zöglingen. Ihre Erziehungsrichtlinien sind alt und haben sich in Jahrhunderten bewährt. Die Urahnen Peter Riedemann und Peter Walbot schrieben die Ordnungen nieder, an die sich Samuel und Sarah noch heute halten. In Walbots »Schuel Ordnung« aus dem Jahre 1568 heißt es in der Präambel: »Hierinnen sind verzeichnet etliche nothwendige Punkten, wie die fürgestellten Brüder und Schwestern samt ihren Gehilfen in Schulen in der Zucht und Pfleg der Jugend beständige Ordnung halten sollen. Erstlich sollen sie stets eingedenkt sein, warum sie von Herren und den Seinen zu den Kindern geordnet sein. Auch sollen Schulmeister und Schulmutter, weil an ihnen die Ordnung der Schul gutes Theil steht, fein friedsam und vertraulich miteinander sein, auch rathsam und eine steife und beständige Ordnung

Johannes, der Besenbinder, macht an einem Wintertag etwa 30 »Bäsn«, die seine Gemeinde zum größten Teil an andere hutterische Höfe weiterverkauft oder gegen Leder, Wein und Kleinvieh eintauscht.

in allerlei Pfleg der Jugend führen, denn fleizig und auch friedsam sein macht gute Ordnung – Unfried und Unfleiz macht Unordnung.« Als der Scherenschleifer Walbot diese Zeilen schrieb, waren die Hutterer die einzigen, die in Europa die allgemeine Schulpflicht für Jungen und Mädchen praktizierten – 200 Jahre vor dem Alten Fritz. Heute sind sie die letzten, die in Kanada ihre eigenen, einklassigen Zwergschulen unterhalten, um die Kinder nicht in die staatlichen Schulen schicken zu müssen.

Schon früh beginnt das Schulleben eines jungen Hutterers. Zwar folgt man heute nicht mehr der Anweisung Riedemanns, der in seiner Schrift »Von der Kinderzucht« ausdrücklich anordnet: »Sobald die Mutter das Kind der Brüsten entwohnet, so gibt sie es in die Schul«, aber mit Vollendung des dritten Lebensjahres kommen die Kolonie-Kinder in den Kindergarten, die »Klana-Schul«.

Jeden Morgen, kurz nach sieben Uhr, versammeln sich in der Wilson-Gemeinde acht Mädchen und vier Jungen zum Frühstück in ihrer kleinen Schule, einem flachen Häuschen gleich neben dem Entenstall. Sie setzen sich um einen langen Holztisch, an dem die Sitzbänke festgeleimt sind. Die schneeweißen Kunststoffplatten, mit denen der ganze Raum bis unter die Decke verkleidet ist, verleihen ihm die sterile Atmosphäre eines Krankenhauswartesaals, nur ohne Lesezirkel-Illustrierte. Am Kopf des Tisches thront die kugelrunde Predigerfrau Sarah Wurz, selbst Mutter von sechzehn schon erwachsenen Kindern, wie ein Riese unter lauter Zwergen. Sie ist eine der drei »Klana-Schul-Ankela«, Kindergarten-Tanten, die sich hier bei der Aufsicht des Nachwuchses jeden Tag abwechseln. Wie Sarah, sind alle »Ankelas« um die 60 Jahre alt. Das »Kinder-Sorgen« ist für sie eine Altersbeschäftigung, weil der Back- und Kochdienst mit den Jahren zu schwer geworden ist. Die Tischordnung der Kinder, das Speisegebet, ihr Singsang beim Sprechen, die Hosenträger der Knaben, die Kopftücher der Mädchen – alles ist hier wie bei den Großen, nur eben ein paar Nummern kleiner. Hutterisches Puppentheater.

Nach dem Spiegelei mit Marmeladenzwieback wird entsprechend dem Lehrplan gesungen, der in deutscher Schönschrift auf einer kleinen Tafel an der Wand hängt. Weil heute »Mittwuch« ist, singen sie das Mittwochs-Lied:

»Trotz den Teufel, trotz den Drachen / Ich kann ihre Macht verlachen / Trotz den schweren Kreuzesjoch / Gott, mein Vater lebet doch.
Trotz den bitteren Todeszähnen / Trotz der Welt und allen denen / Die mir sind ohn Ursach Feind / Gott im Himmel ist mein Freund.
Laß die Welt nur immer meiden / Will sie mich nicht länger leiden / Ei, so frag ich nichts danach / Gott ist Richter meiner Sach.
Will sich mich nur von sich treiben / Muß mir doch der Himmel bleiben / Wenn ich nur den Himmel krieg / Hab ich alles zur Genüg.
Welt, ich will dich gerne lassen / Was du liebst, das will ich hassen / Liebe du den Erdenkot / Lasse mir nur meinen Gott.
Ach Herr, wenn ich dich nur hab / Sag ich allem andern ab / Legt man mich gleich in das Grab / Gnug Herr, wenn ich dich nur hab.«

Die Kinder jubeln die Zeilen, wie eine heitere Frühlingsweise. »Teufel«, »Drachen«, »Erdenkot« – solche Begriffe gehen ihnen ganz fröhlich über die Lippen, alle haben sie mehr Spaß an den Lauten, als an den Worten. »Todeszääähhhne!« plärrt der Saal, und ich schaue in zwölf weit aufgerissene, zahnluckerte Kindermäuler. Nach dem Mittwochs-Gesang wird ein Osterlied geübt, das gar nicht enden will. Tante Sarah sagt vor, die Schüler kreischen nach. Alle sitzen sie aufrecht und gerade, die Hände brav gefaltet. Aber unter dem Tisch schwingen ihre kurzen Beinchen wie wild hin und her und sorgen für den nötigen Bewegungsausgleich. Die hutterischen Rituale, vor allem geduldiges Sitzfleisch, sind wohl auch das wichtigste, was die »Mandl« und »Dindla« im Kindergarten anerzogen bekommen. Dies werden sie bald brauchen, denn rund 450 Stunden (werktags eine, sonntags drei, an hohen Feiertagen bis zu sechs) verbringt ein Hutterer im Jahr auf den harten Bänken beim Gottesdienst. Gezüchtigt wird in der »Klana« fast nie – es genügt, wenn Sarah Wurz die »liabe Ruthen« mal drohend vom Kleiderhaken nimmt und ruft: »Gebt's Rua, sunst kriagts«, und die Kleinen geben für die nächsten fünf Minuten Ruhe, damit sie's nicht kriegen.

Eine Stunde Gesang wird mit zwei Stunden Spielen im

Garten belohnt – auf Leid folgt Freud. Auf Wippen, Schaukeln und Rutschen vergnügen sich die Kinder in der warmen Frühlingsluft, doch richtig lustig wird es erst, wenn die »Ankela« gegen elf Uhr das Mittagessen aus der Küche holt. Dann ist man für die zehn kostbarsten Minuten des Tages ganz ohne Aufsicht und sich selber überlassen. Schäfer Samuels Martin ist wie immer der erste, der, sobald Sarah um die Ecke verschwunden ist, die Hose runterläßt. Stolz zieht er sein kleines »Fegela«, sein Vögelchen, aus der türkisfarbenen Unterhose und pinkelt einen schönen goldenen Bogen von der Terrasse des Kindergartens hinab auf die Wiese. Er, der da vor Vergnügen quietscht, ist der jüngste seiner Gruppe, aber im Pinkeln macht ihm keiner was vor. Salomon, Samuel und Joschua stellen sich sofort neben ihn und eifern ihm nach. Aber nicht nur die Mandl zeigen, was sie können. Auch Sarah läßt es sich lustvoll aus der Hocke rinnen, und Martha, die sicher lieber ein Junge geworden wäre, zeigt sogar dem etwas gehemmten Heinrich, wie man bei leichter Grätsche das Kreuz ganz durchdrücken muß, damit auch was kommt. Selten habe ich die Kinder so ausgelassen und zugleich so konzentriert gesehen, wie bei diesem Geschäft. Freud hätte da seine Freude gehabt. Sobald die Aufseherin mit dem Essen im Henkelmann zurückkehrt, sind blitzartig die »Hosentierdl« wieder zu, die Röcke sausen runter. Es wird wieder geschaukelt und gewippt, als sei gar nichts gewesen. Doch der stille Triumph über die Erwachsenenwelt steht noch beim Mittagessen allen in den glühenden Gesichtern.

Um zwölf Uhr ist in der kleinen Schule anderthalb Stunden Mittagsruhe. Auf stoffbezogenen Schaumgummimatten liegen die Kinder in zwei Reihen nebeneinander, Jungen und Mädchen wohlweislich durch einen schmalen Gang getrennt. Jeder hat sein Kopfkissen, sein »Pulschtr«, Decken braucht man nicht, der Raum ist immer noch geheizt. Die alte Sarah schläft auf einem Extrabett, wie eine Drohne mit gespitzten Ohren. Wer weiß, was hier wohl los wäre, wenn man das kleine Volk auch in den Betten unbeaufsichtigt ließe – kaum auszudenken!

Auch nachts schlafen die Hutterer-Kinder selten allein. In der Familie des Weinsedels Johannes etwa packt Mutter Maria ihre »Zwelfa« in vier breite Betten. Miriam, 14 Jahre alt, schläft mit ihren elf- und zwölfjährigen Schwestern zusammen, und Martha, acht, Maria, sechs, und Katharina, fünf, teilen sich ein anderes Bett. Nebenan bekommt der älteste Sohn Elias seinen erst einjährigen Bruder David wie ein warmes Kuscheltier in die Arme gelegt, ebenso der zehn Jahre alte Johannes den zweijährigen Andreas. Ist dann auch der dreizehnte Nachwuchs erst einmal auf der Welt, so wird er in einer Wiege im Schlafzimmer der Eltern bleiben, solange ihn Maria ein gutes Jahr lang stillt.

Jetzt ist mir auch klar, warum ich, obwohl doch ganz allein, ein großes Doppelbett in meinem Buchbindehaus habe. Die Rolle des Alleinstehenden, bei uns zu Haus mehr und mehr die Regel, gilt in der Kolonie-Gesellschaft als Ausnahme. Deshalb werden auch keine schmalen Einzelbetten in der Tischlerei geschreinert mit Ausnahme des »Totenbetts«. Jedem sein eigenes Bett zu geben, wäre bei diesem Kindersegen reine Platzverschwendung. Außerdem ist es bekanntlich wärmer im Bett zu zweit oder zu dritt.

Nach drei Jahren in der kleinen Schule weiß das Hutter-Kind, worauf es im Leben ankommt: Die Mädchen gehorchen den Jungen, die Jüngeren den Älteren, die Schüler dem Lehrer, der Lehrer dem Prediger, und der Prediger gehorcht Gott. Aus einem eigenwilligen, von allen verwöhnten und gehätschelten Kleinkind ist ein Mensch geworden, der beginnt, sich als Gruppenmitglied zu empfinden, als Miniatur-Gemeinschafter, der außer beten, fromme Sprüche plappern und goldene Bögen pinkeln zwar noch nicht viel kann, aber begierig ist, wie die Großen eines Tages Traktor zu »treiben«, Brot zu backen oder Schafe zu scheren.

Vom Schullehrer Samuel bekommen die Kinder der »Klana« während des Schulbetriebs wenig zu sehen. Obwohl er formal auch für ihre Erziehung verantwortlich ist, überläßt er die tägliche Arbeit hauptsächlich den drei Alten und schaut nur gelegentlich mal durch den Türspalt nach dem Rechten. Seine ganze Sorge gilt der Deutschen-Schule für die sechs- bis fünfzehnjährigen Jungen und Mädchen. Was er dort zu tun hat, steht klipp und klar in der »Schuel Ordnung« des Urahns Walbot: »Der Schulmeister soll die Buben und Dürnen, welche sind unser großer Schatz, den uns Gott vertraut hat, zum Lernen anhalten. Er soll sie verhören, ihnen schreiben lehren und es überlesen. In Besonderheit soll er ihnen die zehn Geboten und die Bibel fleizig einbilden, daß sie auch wissen und verstehen, wie Gott die Frommen liebt und selig hat, die Boshaften hasset und strafet mit ewigem Feuer.«

Samuel hat seine 28 Zöglinge in zwei Gruppen eingeteilt: In die »Groußa«, die das deutsche Abc schon beherrschen, und in die »Klana«, die es noch lernen müssen. Nach dem üblichen Gebet und Gesang, deren Texte sich von denen des Kindergartens nur unwesentlich unterscheiden, treten erst die kleinen Analphabeten, drei Mandl und drei Dindla, vor Samuels Katheder. Jedes Kind hält sein Lesebuch, die »Fibel«, in den Händen. Im Chor lesen sie erst silbenweise: »E-u, eu, r-e, re – eure. E-l, el, t-e-r-n, tern – Eltern. S-i-n-d, sind. G-u-t, gut. Eure Eltern sind gut.« Nachdem der Satz sechs- oder siebenmal in Buchstaben, Silben und Worten zerlegt und wieder zusammengesetzt wurde, fragt der Lehrer nach dem Sinn des Gelesenen: »Wos mantn dos?« Ratlose Gesichter. Hochdeutsch ist hier die erste Fremdsprache, also muß Samuel alles ins Hutterische übersetzen: »Enkra Elten sein guet.« Jetzt hat jeder begriffen. »›Eltern‹ mant Votr und Muetr«, kapiert auch der sechsjährige Paul. »Jo, dos mants«, bestätigt der Lehrer und streicht ihm lobend über die Haare. Während der Leseübung sitzen die älteren Jahrgänge hinten in ihren Schulbänken und schreiben in Schönschrift hutterische Lieder ab. Jeder muß nach einer halben Stunde mindestens fünf Strophen vorlegen können. Samuel macht Stichproben und achtet dabei vor allem auf das allgemeine Schriftbild. »Scheen« muß es aussehen und »rein«, der Inhalt ist sowieso festgelegt.

Da meldet sich der Abc-Schütze Paul und ruft: »Gagheisel!« – er muß mal. Samuel läßt ihn gehen, denn die Schulordnung sagt klipp und klar: »Ein Schulmeister soll die Buben morgens und abends, auch des mittags einmal lassen zu ihrer Noth-durft gehen miteinander und selbst hinachschauen. Doch soll er den Kindern dazwischen auch nicht wehren, ihrer Noth nach hinaus zu gehen. Dan die natürlich Noth-durft last ihr kein Gesatz geben, so ist es aber der Natur auch schädlich, lang zu verhalten. Desgleichen soll es auch mit den Dürnen gehandelt werden und nicht ohne Sorg sein.« Auf das »selbst hinachschauen« verzichtet der Schulmeister diesmal. Statt dessen überprüft er, was die Älteren als Hausarbeit auswendig gelernt haben: Bibelprosa, seitenweise vorgetragen im ermüdenden, mir kaum verständlichen Hutter-Sing-Sang, ohne Punkt und Komma: »AlsgehorsameKinderstelleteuchnichtgleichwievormalsdaihrinUnwissenheitnachdenLüstenlebtet.« Das »Einbliden« der Bibel, wie es die Ordnung vorschreibt, ist also vor allem ziemlich stupides Kopieren und Memorieren der Heiligen Schrift. Wird schon mal Wissen nachgefragt, zum Beispiel wie das nun war mit dem Sündenfall, dann sind die Fragen und die Antworten immer die gleichen:

Lehrer: »Wer hot'n die Äpfel obgrießen, Martha?«
Martha: »No, die Äfa.«
Lehrer: »Wer hot'n gsogt, sie sull die Äpfel obraißen, Sarah?«
Sara: »Die Schlonge hot's gsogt.«
Lehrer: »Wer hot'n gsogt, sie sull niet, Judith?«
Judith: »Dr himmlische Votr.«
Lehrer: »Wos wätn sen passiern, wenn sie wern obraißen, Greta?«
Greta: »Sie wern sterbn.«
Lehrer: »Hot dr Odom und die Äfa gfulget, Susanna?
Susanna: »Na, hom sie net.«
Lehrer: »Warum homs net gfulget, Theresa?«
Theresa: »Weil's hom wellt klueg sein und wissen, wos guet und wos bese ist.«

Es ist kein Zufall, daß Samuel nur die Mädchen zum Sündenfall befragt und die Jungen derweil unbesehen ihre Löschpapierkugeln drehen läßt. Denn es war ja die Eva, die mit dem Wunsch, klug zu sein, uns das Erdenelend beschert hatte. Und klüger soll in Samuels Unterricht auch niemand werden, da sei Gott vor, sondern nur frommer. Dies geschieht allein durch das Wort Gottes und, sofern dies nötig ist, durch die Rute, »denn soll der Weinberg des Herrn einst gute Frucht tragen, so muß man ihn behauen!« Die 400jährige Ordnung sagt genau, wie dies zu tun ist: »Der Schulmeister soll ihrer Straf, wo er kann suchend zuvorkommen mit Warnung und Drohung – so es denn nicht helfen will, die Ruthen gebrauchen ohne Zorn und sie nicht um die Köpf mit der Faust noch mit der Ruthen, auch in Sondernheit gar aller Dinge nicht um der bloßen Pein schlagen, auch sonst mit der Hand oder Faust auf den Rucken, sondern an das gebührliche Ort mit der Bescheidenheit der Ruthen . . . Die Zucht soll in Gottesfurcht geschehen mit Unterschied gegen den Großen, Schalkhaftigen, Verlogenen, Diebischen und Unzüchtigen mit Ernst und nach dem Verdienst ihrer That, auch das nicht im Winkel oder Verborgenen, sondern vor allen Kindern, auf das die anderen Furcht daraus lernen.« Und so greift Samuel mindestens einmal am Tag nach dem Bibelunterricht oder im Anschluß an die gemeinsamen Mahlzeiten zu dem abgewetzten Lederriemen und verteilt in göttlicher Furcht seine strammen Hiebe. Grausame Kindesmißhandlungen, wie sie in meiner Welt tausenfach geschehen, kommen hier bei aller Glaubensstrenge allerdings nicht vor.

Die Aufzucht der Kinder, »wahrlich eines der allernotwendigsten Dingen, so man in der Welt verrichten kann«, ist göttlicher Auftrag der Gemeinde, und der Lehrer wird vom Gemeinderat der Kolonie dazu auserwählt. Die Eltern spielen bei der Kindererziehung nur eine untergeordnete Rolle, und die Väter greifen selten zum Lederriemen, sondern melden es lieber dem Lehrer, wenn sich ihre Kinder mal nicht »behäft« haben. Aber dennoch verfügt Samuel Wurz nicht über die alleinige Erziehungsgewalt in der Wilson-Kolonie. Es gibt da noch eine kleine, etwas mollige Person, eine Miß Thomson, die hier ohne Kopftuch herumläuft, auch ohne weiten Trachtenrock, statt dessen mit Dauerwellen, enger Bluse und Jeans. Sie leitet als staatlich geprüfte Lehrerin mitten in der Hutter-Gemeinde die »English School«, die ihrem Kollegen Wurz ein Dorn im Auge ist. Die Hutterer durften nach dem Ersten Weltkrieg nur unter der Bedingung in Kanada einwandern, daß sie sich der staatlichen Schulpflicht des Landes unterwarfen. Also stimmten sie der Errichtung einer »weltlichen« Schule auf ihrem Gelände zähneknirschend zu, um die Kinder nicht in die öffentlichen Lehranstalten der Nachbarschaft schicken zu müssen. An jedem Werktag vormittag kommt Miß Thomson, die »Titscherin«, aus dem 30 Meilen entfernten Lethbridge mit ihrem feuerroten Chevi zum Unterricht angefahren und löst Samuel punkt 8.30 Uhr am Katheder ab. Der macht dabei stets so ein saures Gesicht wie ein Gärtner, dem die Kuh gerade durchs Tulpenfeld trampelt, ohne daß er etwas dagegen unternehmen könnte. Mit einem mürrischen »Morning« drückt er ihr die Klinke der Klassentür in die Hand und überläßt seinen jungen Weinstock fünf Stunden lang dem pädagogischen Counterpart und damit der »weltlichen Weisheit, Kunst und Übung, die vom Gettlichen nix rechts versteht«.

Sobald die Tür hinter Samuel zugefallen ist, kommt Leben in die Schule. Zunächst schieben die Kinder mit viel Getöse ihre Schulbänke durch das Klassenzimmer und setzen sich nach Altersgruppen geordnet statt nach Geschlecht. Die Lehrerin stellt einen Globus vor die Tafel, »our good old world«, und hängt bunte Bilder der kanadischen Provinzen an die Wände, obwohl doch die Bibel ausdrücklich vorschreibt: »Ihr sollt euch keine Götzen machen, noch Bilder« (3. Moses 26,1).

Eigentlich sind Bilder bei den kanadischen Hutterern auch ein striktes Tabu. Man nimmt das Gebot so ernst, daß selbst auf reguläre Führerscheine verzichtet wird, um sich nicht fotografieren lassen zu müssen. Beim Autofahren dient den Strenggläubigen eine provisorische Fahrlizenz, die jedes Vierteljahr umständlich verlängert werden muß. Und bei Verwandtenbesuchen in den Vereinigten Staaten (dort nehmen es die hutterischen Gemeinden mit den Paßbildern nicht so genau) bekommt der Zöllner statt regulärer Pässe nur den Geburtsschein, also ja kein Bild, vorgelegt.

Die Strenge des Bilderverbots bekam auch mein Freund, der Fotograf Timm Rautert zu spüren, als er mich im Frühjahr – und später noch einmal im Herbst – bei den Hutterern besuchte. Timm wollte für das geplante Buch über mein Leben in der Gemeinschaft der Auserwählten Fotos machen, doch es dauerte mehr als 14 Tage, bis er es wagen durfte, die Kamera überhaupt aus dem Koffer zu holen. Vorangegangen waren langatmige Diskussionen mit den Brüdern darüber, ob es nun Sünde sei »Bildl obzunehme« oder nicht. Es genüge kaum, über die heilige Gemeinschaft zu schreiben, sagte der Fotograf, Papier sei ja geduldig und große Worte könne jeder machen. Deshalb müßten Abbildungen in das Buch, damit der Leser in Deutschland mit seinen eigenen Augen sehen könne, daß die Hutterer heute noch immer so wie früher nach dem alten Glauben lebten, allen Verfolgungen zum Trotz. Diese weltliche Argumentation bestach die Heiligen. Der Prediger fand es richtig, »dos die Leit in Deitschlond sehn, wie ma a rechts christlichs Lebn fiert«. Andererseits war an Moses Gesetzen auch nicht herumzudeuteln. Also einigten sich die Brüder nach heftigen Debatten im Gemeinderat auf einen salomonischen Kompromiß und entschieden, die Fotografiererlaubnis weder zu genehmigen noch zu verwehren . . . Sie übersahen es weise, wenn Timm Rautert gelegentlich mal mit schlechtem Gewissen auf den Auslöser drückte, was selten genug geschah, denn der Timotheus, wie die Hutterer ihn biblisch nannten, mußte auch kräftig mitarbeiten auf dem Hof. Neben dem Zäuneziehen, Kühe füttern und Ferkel kastrieren blieb ihm da »zum Glück« wenig Zeit für seine eigentliche Arbeit.

Im Englischunterricht der Miß Thomson aber bleibt es nicht bei äußerlichen Veränderungen wie der gemischten Sitzordnung oder den Bildern an der Wand. Alles ist einfach anders, seitdem die Lehrerin hier das Sagen hat. Die gerade gehörte Geschichte vom Sündenfall, behauptet die Miß, ist nur biblische Legende, weil der Mensch angeblich vom Affen abstammt. Ihrer Meinung nach ist die Erde Milliarden Jahre alt, viel älter also, als Samuel und die Bibel behaupten: nämlich 2000 Jahre von der Schöpfung bis zur Vernichtung Sodom und Gomorras, plus 2000 Jahre bis zur Geburt Christi, plus noch einmal knapp 2000 Jahre bis heute, was zusammen höchstens ein Alter von 6000 Jahren ergibt. Und nun soll hier jeder Stein vor der Tür tausendfach so viele Jahre zählen wie das biblische Weltenalter? Für die Kinder kaum zu glauben! Und dann meint Miß Thomson, die Sonne drehe sich nicht um die Erde, obwohl Salomon, der Sohn Davids, ausdrücklich verkündet: »Die Sonne geht auf und geht unter und läuft an ihren Ort, daß sie wieder daselbst aufgehe« (Prediger 1,5). Nein, alles falsch, die Erde dreht sich, die Sonne steht, die Kinder sind verwirrt. Wer, fragen sie, lügt hier, wer sagt die Wahrheit?

Die kurze Unterbrechung zwischen deutscher und englischer Schule ist für sie täglich eine Zeitenwende, ein Sprung über Jahrhunderte, von der Voraufklärung in die Gegenwart, vom Mittelalter ins Atomzeitalter. Gab es vor 8.30 Uhr nur einen Weg und ein Weltbild, so sind es nach der Pause schier unzählige; war die Welt bisher ein Synonym für das Böse an sich, so ist es nun eine gute, eine schöne Welt, in der es sich zu leben lohnt – für Erfolg, für Ansehen, für Reichtum und für irdisches Glück: eines wie das andere nach hutterischer Überzeugung reine Todsünden. Vom Lebenslohn der Täufer, dem himmlischen Glück, ist jetzt kaum noch die Rede.

Nachdem ich als Gast zwei-, dreimal den Unterricht sowohl von Samuel als auch von seiner Kollegin verfolgt habe, frage ich mich, wie es in den Kinderköpfen wohl aussehen muß, welch ein Durcheinander dort herrscht, wieviele Ungereimtheiten in den kleinen Köpfen! Täglich bricht eine fremde Welt in die strenge, aber überschaubare und klar geordnete Heiligen-Gemeinschaft, spülen die Wellen des Sündenmeeres in die Arche. Rette sich, wer kann! Aber so ganz ernst können die Kinder die junge Frau in den Jeans (»ihr Weiber sollt nicht die Kleider der Männer tragen«, 5. Mose 22,5) freilich nicht nehmen. Sie weiß ja noch nicht einmal, wie man »rechtes Deitsch« spricht oder schreibt. Sie raucht in der Pause, geht auch mal am Wochenende zum Tanzen ins verderbte »Schenkhaus«, sie läuft leidenschaftlich gern Schlittschuh und spielt auf der Mundharmonika »buhlige« Lieder im Western- und Country-Stil – alles Dinge, die ihren Schülern die ewige Verdammnis bringen würden. Die Lehrerin glaubt denn auch selber, daß sie hier im Grunde gar nicht recht hingehört. »Wenn ich meinen Lehrplan erfülle«, sagt sie in einer Pause zu mir, »und diese Kinder zur Kritik erziehe, zu neugierigen, offenen Menschen, dann stürze ich sie zwangsläufig in große Konflikte mit ihrer Umwelt.« Kritik, Neugierde und Offenheit passen einfach nicht in die Enge der Brudergemeinden, wo nur Platz ist für Gottesgehorsam und fromme Bescheidenheit. Die böse Neugierde, daß haben die Kinder gerade zum wiederholten Male gehört, hat schon die Eva dazu getrieben, vom Baum der Erkenntnis zu naschen, und als die Juden die Gesetze des Herrn auf dem Berg Sinai mißachteten, regnete es zur Strafe Feuer vom Himmel.

Aus diesen Fehlern ihres auserwählten Vorgängervolkes haben die Hutterer gelernt. Deshalb setzt Samuel die Konfliktschwelle zu seiner weltlichen Kollegin auch ganz niedrig an, wie der Fall »Jessy« zeigt: Als nämlich »Jessy«, die Hündin der Lehrerin, eines Tages Junge warf, berichtete Miß Thomson am nächsten Tag ihren Schülern das Ereignis. Die Kinder kamen nachmittags nach Hause und erzählten in der ganzen Kolonie herum: »Der Titscherin ihr Hund hot fünf Klana kriegt.« Samuel hörte das und bat die erst 28jährige Frau am nächsten Tag, über »solche Ding« nicht zu sprechen, das sei nichts für huttrische Kinder. Die Lehrerin wandte ein, »solche

Dinge« kämen doch täglich und überall vor, in der Landwirtschaft zumal. »Mag sein«, antwortete Samuel, »aber wir reden nicht darüber, schon gar nicht mit unserem Nachwuchs.« Besondere Probleme hat Miß Thomson damit, sich bei den »kids« auch ohne Rute Respekt zu verschaffen, denn das kanadische Erziehungsrecht verbietet es ihr zu schlagen. Die Schüler aber sind es gewöhnt, daß auf ein Vergehen die »Deitschen« folgen. Zuerst versuchte sie es mit gutem Zureden, dann stellte sie die Sünder in die Ecke, sie verklebte sogar den besonders Vorlauten den Mund mit Tesafilm – alles vergebens. In ihrer Verzweiflung wandte sie sich dann doch schließlich an Lehrer Samuel und meldete die Sünder. Das zog. Von nun an war endlich Ruhe.

Auch ich hatte mit den Hutter-Kindern meine Erziehungsprobleme. Die Schuljungen wollten schon bald wissen, was ich denn für einer sei und wie weit man es mit mir eigentlich treiben könne. Viel Respekt flößte ich ihnen durch meine Ungeschicklichkeiten im landwirtschaftlichen Alltag leider nicht ein. Ich konnte ja nicht einmal reiten. Zuerst riefen die Mandl »Tratznamen«, also Spottnamen wie »Longa Miechel« oder »Olta Homburger«, ungestraft hinter mir her. Als ich mir dann sogar Kartoffeln nachschmeißen ließ, ohne sofort mit Prügel zu antworten, statt dessen aber mit den Übeltätern ein »ernstes Wort« reden wollte, da hielten mich die Kerle vollends für verrückt. Bis ich mir endlich nach Wochen ein Herz faßte und dem kleinen Paul nach einem erneuten Kartoffelbeschuß vor der ganzen Klasse so heftig den Hosenboden mit einem frischgebrochenen Ast verbleute, daß er tagelang nicht ruhig sitzen konnte. Ich war wirklich wütend und kannte mich selbst nicht wieder. Ich schämte mich vor mir selber, weil ich meinen eigenen liberalen Erziehungsgrundsätzen zuwidergehandelt hatte. Zu allem Übel war die Wirkung meines Handelns auch noch erstaunlich positiv. Statt mich zu hassen, erzählte mir Paul schon am nächsten Abend stolz, wie viele Taschenratten er gefangen hatte. Heute bin ich sein Freund. Ich hatte auf eine Art und Weise reagiert, die er gelernt hatte zu begreifen, auf die er sich einstellen konnte. Erst jetzt waren er und seine Klassenkameraden in der Lage, mich zu akzeptieren, der Graben zwischen uns war zugeschüttet.

Selten ist die Spannung zwischen deutscher und englischer Schule so spürbar wie jeden Freitag, wenn »Drama« auf dem Stundenplan der Lehrerin steht. Dann werden die Bänke an die Wände geschoben, und alle setzen sich im Kreis auf den Fußboden. Miß Thomson gibt das Thema: »Heute stellen wir uns vor, wir lebten auf dem Mars.« Sie muß wohl gerade »Starwars« (Krieg der Sterne) gesehen haben, denn dies Drama beginnt, indem sie mit kantigen Arm- und Beinbewegungen in den Kreis marschiert und sich dabei so vorstellt: »Mein Name ist R 1245. Ich bin ein Roboter.« Die Kinder stellen sich nun auf und machen erst zögernd, dann immer ausgelassener nach, was ihre Lehrerin ihnen da vorspielt. Samuel ist der nächste, der die Marsgeschichte weiterspinnen soll. »Ich bin auch ein Roboter, und ich fliege zur Erde.« Mit weit ausgestreckten Armen fliegen zuerst er und dann alle durchs Klassenzimmer. Ein herrliches Chaos! Als sich die Lage beruhigt hat, folgt Elias: »Ich bin auf der Erde gelandet und gehe auf einer Straße der großen Stadt spazieren.«

Die Stadt, die sich Elias und seine Mitschüler mit weit aufgerissenen Kulleraugen anschauen, ist, das braucht nicht gesagt zu werden, die Präriestadt Lethbridge, ein Babylon für alle Kolonisten, die sodomitische Brutstätte alles Bösen. Hutterer kommen nur dann »ins Stadl«, wenn sie zum Arzt müssen oder wenn Geschäftliches für die Gemeinde zu erledigen ist, mit der Futtermühle etwa, die das Vitaminkonzentrat für die Schweine liefert, oder mit dem genossenschaftlichen Kornspeicher, der das Wilson-Getreide kauft. Kinder fahren nur selten, aber um so neugieriger in die Stadt. Sie hätten da nichts verloren, sagen die Eltern und der Lehrer, denn da sei »die Sind doheim«.

Joschua, der nächste Akteur des Dramas, sieht hier aber keine Mörder, Huren und Knabenschänder, nein, er sieht ein »Candy-shop«, das er jetzt mit den anderen stürmt. Und nun bahnt sich eine Süßigkeiten-Orgie an: Martha rafft sich Schokoladentafeln aus dem Regal, Elisabeth räubert die Eistruhe aus, Johannes sorgt bei den »Gumms« für ein gründliches Tabula rasa. Mit vollen Mündern und Taschen tritt die Klasse den Rückflug zum heimischen Mars an, auf dem es viele Steine, aber nur wenig Süßes gibt.

Es scheinen wirklich andere Menschen zu sein, die hier eine

Stunde lang ihrer Phantasie freien Lauf lassen durften. Miß Thomson sagte mir, daß es am Anfang sehr schwer gewesen sei, bei den Kindern Kreativität und Spontaneität freizusetzen. Im Deutschunterricht wird ja auch vor allem Stillsitzen, Zuhören und eine getreue Wiedergabe des Vorgebeteten verlangt. Da ist es sicher kein Kinderspiel, einfach so vom Sündenfall zum Marsflug umzuschalten.

Eine Kostprobe dieser Umstellungsschwierigkeiten erlebe ich hier jeden Sonntag in der »Sonntigsschul« am eigenen Leibe, wenn auch in ganz anderer Weise. Hatten meine Lehrer während meiner 19jährigen Schulzeit versucht, meine individuellen Fähigkeiten und Begabungen zu fördern, so ist es Samuels erklärtes Erziehungsziel, aus den noch eigenwilligen und ungeschliffenen Kinderpersönlichkeiten gleichförmige »lebendige Steine« zu meißeln, mit denen sich das »geistliche Haus des Herrn« (1. Petrus 2,5) bauen läßt. »Wenn man die Kinder von Jugend auf lehret, ihren eigenen Willen verleugnen und denselben absterben, so ist eine geistliche Pflanzung, solche jungen Reiser und Lämmer durch Gottes Segen zu christlichen Jünglingen und Jungfrauen zu machen.« So steht es in der uralten »Schuel Ordnung«. Also fragt mich der Lehrer während der Sonntagsschule nicht, was ich von dem am Vormittag gehörten Gottesdienst denn so hielte, oder gar, ob ich eigene Gedanken dazu habe – Gott bewahre! Er will nur wissen, was ich »ghert hob bei dr Lehr«, ob ich auch gut zugehört und nicht etwa geschlafen habe, mehr nicht. Aber auch das ist für mich schon eine ganze Menge, denn es macht mir große Mühe, mich für ein »Sprichl« zu entscheiden und diesen Spruch dann auch über die zweistündige Lehr, das anschließende Entenessen und den Mittagsschlaf im Gedächtnis zu behalten, um ihn dann trotz Konfirmanden-Nervosität fehlerfrei daherzusagen.

Was meine Mitschüler da so zustande bringen, ich finde es erstaunlich. Ganze Predigtpassagen schnurren sie nur so herunter, als sei das nichts. Was Hutterer einmal gehört haben, vergessen sie nicht so schnell. Ihr Gedächtnis ist durch das Liederlernen gut trainiert, seit ihrer Zeit in der kleinen Schule. Wann aber habe ich zu Hause, in meiner Schulzeit, schon mal ein Gedicht oder ein Lied lernen müssen? Meine Großmutter konnte noch im hohen Alter Schillers Glocke auswendig, von der ersten bis zur letzten Strophe, aber heutzutage ist das anders. Wenn mich beim abendlichen Zusammensitzen und gemeinsamen Singen die Leute hier bitten, auch mal ein Lied zum Besten zu geben, eines, das man heute in »Deitschlond« so singt, dann komme ich über die Anfangszeilen von »O Tannenbaum« und »Abendstille überall« nicht hinaus. Mit Elvis Presleys »There goes my everything« oder mit »Yellow Submarine« der Beatles täte ich mich sicher leichter, aber solch »hopsig Buhlenlieder« sind hier nicht gefragt. Furchtbar jämmerlich fühle ich mich manchmal bei diesen Liederabenden hier unter der nackten Glühbirne, arm und fast kulturlos.

Woher schöpfen diese Menschen die Kraft, an ihrer eigenen Geschichte, ihrer geistigen Identität so unbeirrt festzuhalten? Ist es nicht ein Wunder, daß sich das kleine Volk der Hutterer nicht schon längst im nordamerikanischen »Melting Pot«, dem Kulturschmelztiegel, aufgelöst hat und aufgesogen wurde von der alles verschlingenden Kraft des American Way of Life, der selbst die ferne hutterische Urheimat drüben auf der anderen Seite des Atlantiks bereits mehr beeinflußt hat als die Bruderhöfe mitten im amerikanischen Westen? Was mich dabei so fasziniert, ist der zeitliche Stillstand im geistigen Leben der Brüder und Schwestern, eine Faszination, bei der sich Bewunderung und Entsetzen mischen. Das besungene Leiden des Michael Sattler ist 1978 in der Wilson-Kolonie so aktuell wie 1527 in Rottenburg am Neckar. Die »Schuel Ordnung« aus dem 16. Jahrhundert hat mit den Jahren nichts an Gültigkeit und Verbindlichkeit verloren. Im Gegenteil: Je älter eine Schrift ist, desto bedeutsamer und gültiger ist ihr Inhalt. Die Zeit scheint stillzustehen in Gottes Hütte, auch wenn sich vor ihren Toren die Welt immer schneller dreht und die Zeitalter sich immer rascher ablösen, von kurzatmigen Moden und Maschen gar nicht zu reden.

Hutterland, eine windstille Oase im Sturm der Weltgeschichte, die zwar durch die Vertreibung immer wieder den Standort wechselte, die aber nie ihre innere Struktur verloren hat (von kurzen Unterbrechungen, wie etwa in Rußland, als die Gemeinschaft aufgegeben wurde, einmal abgesehen). Die historische Kontinuität der Wiedertäufer wird besonders deutlich, wenn man liest, was Hans Jakob Christoph von Grimmelshausen in seinem »Simplicissimus« über eine hutterische Brudergemeinde im Ungarn des Dreißigjährigen Krieges schreibt. Er war dort auf eine Gesellschaft gestoßen, »beides von verehelichten und ledigen, so Manns- als Weibspersonen, die auf Manier der Wiedertäufer allein sich beflissen, unter einem verständigen Vorsteher durch ihrer Handarbeit ihren leiblichen Unterhalt zu gewinnen und sich die übrige Zeit mit dem Lob und Dienst Gottes und ihrer Seele Seligkeit zu bemühen . . . Sie hatten erstlich große Schätze und überflüssige Nahrung, die sie aber keineswegs verschwendeten, kein Fluch, Murmelung noch Ungeduld wurde bei ihnen gespürt, ja, man hörete kein unnützes Wort; da sah ich Handwerker in ihren Werkstätten arbeiten, als wann sie es verdingt hätten; ihr Schulmeister instruierte die Jugend, als wann sie alle seine leiblichen Kinder gewesen wären; nirgends sahe ich Manns- und Weibsbilder untereinander vermischt, sondern an jedem bestimmten Ort auch jedes Geschlecht absonderlich seine obliegende Arbeit verrichten . . . Kein Mann sahe sein Weib, als wann er sich mit derselbigen in seiner Schlafkammer befande, in welcher er sein zugerichtetes Bett, und sonst nichts dabei als sein Nachtgeschirr neben einem Wasserkrug und weißen Handzwel fande, damit er mit gewaschenen Händen beides, schlafengehen und den Morgen wieder an seine Arbeit aufstehen möchte; über das hießen sie alle miteinander Schwestern und Brüder, und war doch eine solche ehrbare Vertraulichkeit keine Ursach unkeusch zu sein. Sie hatten ihre gewissen Stunden zum Essen, ihre gewisse Stunde zum Schlafen, aber kein einzige Minut zum Spielen noch Spazieren, außerhalb die Jugend, welche mit ihrem Präzeptor jedesmal nach dem Essen der Gesundheit halber ein Stund spazieren gehe: Mithin aber beten und geistige Gesänge singen mußte.«

Was der Weltmensch Grimmelshausen da beschrieben hat, das macht ihn für mich hier in der Wilson-Kolonie zum Zeitgenossen. Er schilderte vor 300 Jahren unvergängliche Gegenwart, zeitloses Hutter-Dasein, bis auf einige wenige Veränderungen, die die Erziehung der Kinder seit dem Dreißigjährigen Krieg erfahren hat: Damals schliefen die Schüler noch im Schulhaus unter der Aufsicht des Schulmeisters, seiner Frau und sogenannten Wächterinnen, die darauf zu achten hatten, ob etwa »ein Kind unruhig wird, weil es durstig ist oder krätzig oder ob eins ein unsauber Gewohnheit hat und das Bett netzt – dann soll man's aufheben, weil man nit alles mit der Ruthen in ein gleiche Ordnung bringen kann.« Das Erziehungsmonopol war damals, als die Hutterer noch aktiv in der Welt für ihre Sache missionierten, stärker in den Händen der Gemeinde als heute. Manche Eltern waren noch nicht lange bei den Hutterern, vielleicht sprachen sie auch einen anderen Dialekt, waren ehemalige Protestanten, Katholiken, Mennoniten oder Gefolgsleute von Thomas Münzer. Sie mußten selber noch lernen, wie man den engen Weg durchs hutterische Leben geht, und die Kolonie sorgte Tag und Nacht für die Kinder. Das wurde damals so streng gehandhabt, daß Eltern, die ihren Sohn oder ihre Tochter besuchen wollten, dies nur »mit Wissen und Erlaubnis des Schulmeisters« tun durften. Selbst stillende Mütter wurden auf Distanz zu ihren Säuglingen gehalten. Grimmelshausen beschreibt »Zimmer, in welchen nur Kindbetterinnen waren, die ohne Obsorg ihrer Männer durch ihre Mitschwestern mit aller notwendigen Pfleg samt ihren Kindern reichlich versehen wurden; andere sonderbare Säl hatten nichts anders in sich als viel Wiegen mit Säuglingen, die von hierzu bestimmten Weibern mit Wischen und Speisen beobachtet wurden, daß sich deren Mütter fernerst nicht um sie bekümmern dorften, als wann sie täglich zu dreien gewissen Zeiten kamen, ihnen ihre milchreichen Brüste zu bieten.«

Heute bleiben die Babys und Kleinkinder bis zur Einschulung in der »kleinen Schul« zu Haus bei ihren Müttern, und auch die Schulkinder schlafen daheim. Das Gewicht der Familie hat über die Jahrhunderte etwas zugenommen im hutterischen Leben, eine Entwicklung, die sich auch heute noch fortsetzt. Ganz ähnliche Prozesse sind übrigens in der israelischen Kibbuz-Bewegung zu beobachten, wo ebenfalls mit wachsender politischer Entspannung das Kollektiv immer mehr zugunsten der Kleingruppe an Bedeutung verliert. Am Ende seiner Beschreibung des hutterischen Hofs stellt sich Grimmelshausen noch ein paar Fragen, die mich hier in meinem Buchbindeheisel merkwürdig angehen: »Ein solch seliges Leben führen, wie diese wiedertäuferischen Ketzer«, notiert der Katholik, »hätte ich gern auch aufgebracht ... Aber bald dachte ich: Du bist morgen nicht wie heut ... heute bist du geneigt zur Keuschheit, morgen aber kannst du brennen.«

Selten habe ich einen Frühling so enthaltsam genossen wie

diesen hier in der Wilson-Brudergemeinde. Jeden Morgen überfällt er mich aufs neue, wenn ich mit dem ersten Glockenschlag aus meinem Federbett steige und die weißen Leinenvorhänge zur Seite schiebe: Eine klar gezeichnete, offene Landschaft tut sich mir da auf, eine Reihe kerzengerader Pappeln am Rande der Kolonie im frischen Grün, dahinter die blühenden Wiesen und feuchtschweren Felder. Selbst die tristen Telegrafenmasten der vorbeiführenden Chaussee stören mich nicht mehr. Auf ihren Drähten trifft sich in dieser Frühe immer ein Amselschwarm im flachen Sonnenlicht, als stehe der Herbst vor der Tür. Jeden Tag sehe ich dieses Bild und freue mich über eine Welt, die heute für mich in Ordnung ist. »Da war kein Zorn, kein Eifer, kein Rachgier, kein Neid, kein Feindschaft, kein Sorg um Zeitliches, kein Hoffart, kein Reu! In Summa, es war durchaus eine liebliche Harmonia.« So, wie der Landsknecht Grimmelshausen die ungarische Gemeinde beschreibt, so fühle ich mich morgens am offenen Fenster, in der unbeschädigten Ruhe des hutterischen Frühlings.

Mit dem Wechsel der Jahreszeit hat sich manches verändert auf dem Hof. Nach dem Frühstück gehen meine Arbeitsgenossen Samuel, Heinrich und Andreas mit mir nicht mehr zum Kühe füttern, denn die Holsteiner stehen jetzt draußen auf der Weide und werden nur noch morgens und nachmittags vom Kuhhund »Berry« zum Melken in den Stall getrieben. Stattdessen schickt uns der Weinsedel Johannes hinter die »Schmitten«, die Schmiede, wo der Maschinenpark steht. Tonnenschwere Gerätschaften werden dort für die Frühjahrsbestellung generalüberholt, 25 Meter breite Eggen, 12scharige Pflüge, allradgetriebene Riesentraktoren, für deren Wendekreis mir das Saarland fast zu klein erscheint. Benjamin, der 30jährige Boß der Mechanikerwerkstatt, sagt uns, wo alte Teile ausgewechselt, wo geschmiert und wo Schrauben nachgezogen werden müssen. Bald wird die Sonne die großen Schmelzwasserseen auf den Feldern ausgetrocknet haben, und dann muß alles fertig sein zur Feldarbeit rund um die Uhr.

In den Häusern wirbeln die Frauen mit Putzlappen und Schrubbern und kehren das Unterste zuoberst, getreu ihrem Leitspruch: »Ranlichkat is dr erschta Schritt zur Sälichkat.« Im Speisesaal knien sie in einer Reihe auf dem Linoleumfußboden, Kopftuch neben Kopftuch, und schrubben und schwatzen ohne Ende. Vor dem Fensterputzen werden die weißen Rahmen mit Sandpapier abgeschliffen und neu gelackt. Alle zwei Jahre machen die Frauen dies, obwohl in meinen Augen schon vor dem »Färben« alles wie neu blitzt. Auch die blanken Töpfe, Pfannen und Bestecke hätten es nicht unbedingt nötig, tagelang poliert zu werden, aber was verstehe ich Weltmann schon von Frauenarbeit und Seelenheil.

Der Lehrer Samuel sammelt nach der Schule mit seinen Schülern allen Unrat von den Wegen, den der Schnee den langen Winter über zugedeckt hat. Altpapier und Holzreste werden verbrannt, in »Stantrn«, alten Ölfässern, die hier als Abfalleimer dienen. Kaputte Reifen und Alt-Eisen kommen auf den Schrottplatz hinter der Scheune.

Der Drang zur Sauberkeit und Ordnung ist aber mehr als ein weltlicher Frühjahrsputz. Das Großreinemachen steht auch im Zusammenhang mit den beiden heiligen Ereignissen, die uns jetzt bevorstehen: Der Taufe und eine Woche später dem Osterfest, zwei Höhepunkte im Kalender der Hutterer. Makellos und unbefleckt »wie eine Braut ihrem Manne« soll »die Hütte Gottes bei den Menschen« (Offenbarung 21,3) aussehen, wenn die Täuflinge geistig neu geboren werden und alle Brüder und Schwestern während des österlichen Abendmahls des Heilands gedenken.

In diesem Jahr wollen fünf Kandidaten den »Heiligen Bund mit Gott« eingehen. Es sind Martin Wurz, Sohn der verwitweten Köchin Rachel, Sarah und Maria Hofer, die beiden Ältesten des Brotschneiders Johannes, und Lydia und Sarah, zwei Töchter des stellvertretenden Predigers Georg. Schon lange Zeit bereiten sie sich für diese heilige Handlung vor. Seit sechs Wochen gehen sie nach dem Abendessen schnurstracks in ihre Kammern, um fromme Gelübde auswendig zu lernen und endlose Gedichte in schönster deutscher Schrift abzuschreiben, jeden Vers mit gotisch verschnörkelten Anfangsbuchstaben. Und statt an der Sonntagsschule teilzunehmen, treten sie vor die Gerichtsbrüder, vor die Prediger, den Hauswirt, den Weinsedel und den Brotschneider, damit man sie stundenlang »vermahne, was das Geheimnis der Taufe sei und was sie wissen und tun sollen in Christum«, wie der Prediger zu Beginn jeder Vermahnung sagt. Die aufwendige Vorbereitung ist der Bedeutung der Handlung angemessen, denn es wird nur noch ein Ereignis im irdischen Dasein dieser fünf Täuflinge so wichtig und folgenschwer sein wie die Taufe – ihr leiblicher Tod.

Ein Stück vorweggenommenes Sterben aber ist schon die Taufe selbst. Um nämlich »den Bund eines guten Gewissens mit Gott« (1. Petri 3,21) eingehen zu können, muß der Mensch seine leibliche, »adamische« Geburt überwinden, »den alten Adam ersäufen«, um geistig neu geboren zu werden. Was darunter im Klartext für einen Hutterer zu verstehen ist, trägt der Prediger Johannes seinen fünf Täuflingen an jedem Sonntag aufs neue aus dem »schön lustig Büechlein ettlicher Hauptartikel unseres Christlichen Glaubens« vor, das sein Vorgänger Peter Walbot schon im 16. Jahrhundert zum Thema »Neue Geburt« verfaßt hat, und das seitdem von Prediger zu Prediger handschriftlich kopiert über die Jahrhunderte überliefert wurde. »Liebe Brüder und Gschwistrig«, liest er laut, die starken Brillengläser auf der fleischigen Nase, »du kennst dein angeborene Natur, wozu du Lust hast und wider den Willen Gottes ist. Du bist von Natur stolz und hoffärtig, beweis die neue Geburt und sei fein niedrig, demütig und gehorsam. Bist du geizig von Natur, nimm, was du hast, daran dein Herz hängt, brich den Geiz und sei gabreich. Bist du ein Neidhals, hässig und feindselig, so sei freundlich, laß deine Hundsnatur nicht werken. Bist du von Natur geil und unkeusch, da oft deine Augen voll böser Begierde sind, dein Herz voll schädlicher Brunst und unreinen Gedanken ist, so sei fein züchtig, ehrbar und eingezogen, treib den schädlichen Teufel der Unkeuschheit von dir. Bist du unersättlich in Essen und Trinken, so sei fein mäßig und nicht wie die Böck und Schwein. Bist du von Natur ein fauler Esel, der den Sack, das ist das Kreuz Christi, nicht gern tragt, so sei fein emsig und fleißig in dem Gottesdienst, das ist der Dienst der Gemein. So soll hinfür alle Sünden und Laster in deinem Fleisch gleichwie tot sein und sollen das Feuer der Sünde mit der Asche der Furcht Gottes zudecken und verborgen legen, gleichwie ein toter Mensch, der da gleichwohl noch Fleisch und Blut an sich hat, aber kein Leben. Also soll dein Fleisch getötet sein, und der Satan, der das Feuer anblast, soll abgetrieben und verjagt sein durch den Geist Gottes.«

Was hier so schaurig klingt, ist nichts anderes als die strikte

Auslegung eines biblischen Auftrags: »Weil nun Christus im Fleisch für uns gelitten hat«, schreibt Petrus, »so wappnet euch auch mit demselben Sinn, denn wer am Fleisch leidet, der hört auf von Sünden. Daß er hinfort die noch übrige Zeit im Fleisch nicht der Menschen Lüsten, sondern den Willen Gottes lebe« (1. Petrus 4,1–2), und Römer 6, 3 und 4 heißt es: »Alle die wir in Jesum Christum getauft sind, die sind in seinen Tod getauft. So sind wir ja mit ihm begraben durch die Taufe in den Tod.«

Der Lohn für diese totale Selbstaufgabe des Menschen aber ist so hoch wie ihr Preis, denn wer sich selber überwindet, seine Natur zu töten, der wird im Geist Gottes neu geboren und erlangt damit die Unsterblichkeit, »als die da wiedergeborenen sind nicht aus vergänglichem, sondern aus unvergänglichem Samen, nämlich dem lebendigem Wort Gottes, das da ewig lebt« (1. Petrus 1,23). Für das ewige Leben im Himmel, dem Ziel jedes Christen, ist einem Hutterer keine Mühe zu groß. Allein aber ist der einzelne Mensch zu schwach für ein solches Maß an Selbstüberwindung. Er braucht dazu die Gemeinschaft aller Gläubigen, die »beieinander sollen sein, gleichwie die Bienen in einem Kasten, die Schaf im Stalle oder die Tauben im Schwarm, daß sie von dem höllischen Wolf, das ist der ewige Verfiehrer, bewahrt bleiben«, schreibt Walbot.

Mit der Taufe wird der Mensch ein Mitglied der schützenden »Gmah«, ein »lebendiger Stein im Tempel des Herrn« – gleichmäßig behauen, einer wie der andere –, der sich fugenlos einpaßt in das Ganze. Peter Walbot vermahnt dazu die Taufkandidaten: »Wer sich Gott und seiner Gemein im Tauf schenken will mit Leib und Seel und Geist, so soll er sich untergeben als einer, der nicht mehr sein selbst ist, nicht mehr nach seinem Willen tun handeln, sondern als einer, der sich Gott und seiner Gemein ergeben hat, daß man mit ihm tun und handeln kann, wie es die Gemein zum besten einsieht, und ihn brauchen kann als einer, der sich in die Gelassenheit begeben hat und seinem eigenen Willen absagt.«

Der Begriff der Gelassenheit, obwohl er nirgendwo in der Bibel zu finden ist, hat zentrale Bedeutung im hutterischen Leben. Ein gelassener Mensch hat seine böse Natur überwunden. Haß, Neid, Mißgunst, Eigennutz, Lüsternheit und vor allem ein eigener Wille sind ihm fremd. Nur so läßt er sich eingliedern in den sozialen Organismus der heiligen Herde.

»Denn wie unser Leib viel Glieder hat, aber alle Glieder nicht einerlei Geschäft, denn er hat Augen, Ohren, Mund und Nase, Händ und Füß, die den Leib in Ordnung halten. Wenn nun eines dieser Glieder den Leib nicht wollte in Gelassenheit dienen, wie könnte der Leib bestehen in seiner Ordnung? Also auch im geistigen, in der Gemein und Haus des Herrn: Die Augen, als die Aufseher und Prediger müssen sich lassen brauchen, wie es Gott von ihrem Amt fordert. Die Ohren als die nächsten Diener der Notdurft, als da sind Weinsedl und Säcklmann und die ganzen Gerichtsbrüder, müssen auch in Gehorsam alles tun und ausrichten in ihrem Amt. Die Händ und Füß als die untergebenen Glieder am Leib Christi müssen auch wie die fleißigen Bienen Honig, Wachs und Wasser tragen, das ist Süßes und Saures ausrichten, den Leib, das ist die Gemein, helfen bauen und Alte, Kranke, Witwen und Waiselein ernähren. Kurz: Gott dienen erfordert eine wahre Absterbung des alten Adam und in einem neuen Leben auferstanden sein mit Christo.«

Und was tut die Welt, die lutherischen und katholischen »Maulchristen«? Leben sie nach dem Willen Gottes statt nach dem eigenen? Peter Walbots Ordnung gibt die Antwort: »Am Morgen gehen sie in ihre prachtvollen Kirchen von großem Wert bis 100 000 Taler, versammeln sich in Blindheit und vermeinen Gott zu dienen. Aber ihre Red ist nicht wie ihre Tat. Denn am Tage ziehen sie im Krieg, würgen, töten ein Gläubiger den anderen mit Schießen, Stechen und Brennen. Auf die Nacht dann geht es ins Schenkhaus zum Fressen und Saufen, und ihre Lust ist ungezügelt wie die der Eber und Hengst.« Auch in dieser Hinsicht hat sich seit den Tagen der Vorväter für den Prediger Johannes bis heute nichts geändert.

Die fünf Taufkandidaten können seit Tagen schlecht schlafen, so aufgeregt sind sie. Wird man sie später fragen, wann ihr Geburtstag ist, so werden sie das nicht mehr so genau beantworten können. »Im Januar« oder »im Frühling«, könnte dann die ungenaue Auskunft sein. Ihr Taufdatum aber werden sie auf den Tag wissen, selbst im Grab noch, »domit mir's dem himmlischen Votr kene sogn bam jingsten Tog«, wie mir der Täufling David einmal anvertraute.

Für ihn und seine vier Taufschwestern ist dieser Tag der 8. April. Kreidebleich, wie Angeklagte vor einem Jugendgericht, sitzen die fünf ganz vorn im Schulraum der Wilson-Kolonie, Auge in Auge mit Predigern und Gerichtsbrüdern, im Rücken die Gemeinde, sozusagen im Zeugenstand. Das einzige Requisit, das auf die Besonderheit des Augenblicks hinweist, ist eine mit Wasser gefüllte Milchkanne aus Aluminium, die auf dem mit der weißen Sonntagsdecke bedeckten Gebetstisch steht. Wie zu Beginn jeder Lehr, singen und beten wir erst einmal ausgiebig. Seine Predigt über Matthäus 28, Vers 19: »Darum gehet hin und lehret alle Völker und taufet sie«, leitet Johannes Wurz mit bebender Stimme ein: »Nun, liebe Gschwistrich, die Ursach unserer Zusammenkunft wird uns ja allen wohl bekannt sein, denn wir seien hier, um in der Furcht Gottes noch weiter in unserer Einfalt einen genauen Unterricht geben diesen jungen Seelen, die sich vor etlichen Wochen entschlossen haben, mit Gott und allen Frommen einen Bund aufzurichten und zu welchem wir ihnen behilflich sein wollen.« Es folgt eine langatmige Zusammenfassung aller Vermahnungen, die die Täuflinge in den letzten sechs Wochen haben über sich ergehen lassen müssen. Zweieinhalb Stunden dreht sich dann wieder alles um Kindtaufe, Fleischestod und den Dienst an der Gemeinde, und alle spüren wir die harten Sitzbänke. Die Kinder vorne werden immer unruhiger, obwohl Lehrer Samuel wieder und wieder strenge Blicke wirft. Johannes und mein kleiner Freund Paul laufen kurz hintereinander mit blutig gebohrten Nasen aus dem Raum, und sie kommen nicht wieder. Sich die Nase blutig zu popeln, scheint ein Trick, die langen Lehren etwas abzukürzen. Der Lehrer ist machtlos im Moment, nachher wird es je sechs »Deitsche« geben.

Die Täuflinge aber müssen ausharren. Bevor Johannes zur Milchkanne greift, sagt jeder seinen Taufspruch, der so anfängt:

> »Ach Herr, mein Gott, ich bitt um Gnad, / Daß ich möcht fromm werden vor dem Jüngsten Tag. / Von meiner angeborenen Sünd / Mach mich gesund von dieser Stünd.«

Schon beim ersten der 27 Verse kommt David ins Stocken. Das Gesicht zum Boden gewandt, steht er hilflos in seinem etwas weit geratenen Täuflingsanzug mit schwarzem knielangen Gehrock, weißem Hemd und den üblichen Sonntagshosen. Noch vor zwei Wochen hatte er mir im Schusterhäuschen großspurig erzählt: »No, Taufen, dos is for mir grod so wie Wurscht esse.« Jetzt ringt er mit den Tränen, stottert und stammelt die Zeilen heraus, als sei dies hier schon das Jüngste Gericht und Prediger Johannes der Heiland persönlich. Ihm scheint erst jetzt wirklich bewußt zu werden, daß der »schmale Weg«, von dem bei Matthäus zu lesen ist, für ihn nun noch schmaler und steiniger werden wird. Die Jugendsünden, die bisher mit einem halben Dutzend Hieben oder ein paar Stunden Knien während des Gottesdienstes abgegolten und vergessen waren, dürften jetzt viel schwerer zu büßen sein. In einem Brief hat er seinem Prediger alle Vergehen gestanden: Die regelmäßigen Hockeyturniere im schmalen Gang des Schweinestalls, für die sich David Gasrohre vom Schrotthaufen als Schläger zurechtgebogen hat, den Griff mit Isolierband umwickelt, mit einem Puck aus alten Autoreifen. Dann beichtete er die Schlittschuhrennen auf dem zugefrorenen Abwasserteich hinter dem Kuhstall, während der Mittagspause, wenn die Erwachsenen von 12 bis 13 Uhr schliefen. Auf Anordnung des Predigers lieferte er seinem Lehrer Samuel die »Skäitz«, die Schlittschuh, reumütig ab und mußte mit blutendem Herzen zusehen, wie der Schulmeister sie nach der Sonntagsschule verbrannte.

Auch das wohlgehütete Geheimnis, wie er in den Besitz der Schlittschuhe kam, mußte er verraten, wollte er mit »gutem Gewissen« und reiner Weste getauft werden. Als er während des letzten Winters einmal mit einem Schweinetransport nach Lethbridge zum Schlachthof fuhr, bekam er wie üblich vom Säcklmann einen Dollar als »Zährung«, als Überbrückungsgeld. Jeder hat Anspruch auf den »Tolr«, wenn er für ein paar Stunden die mütterliche Gemeinde verläßt, damit er in der Fremde auch nicht verhungert. Aber David ging nicht zum »Burger King«, um einen »Hot Dog« zu kaufen, er ging in den Gebrauchtwarenladen der Heilsarmee, zum »Sälwaischen«, und kaufte für seine Zehrung ein Paar schon recht abgefahrene Schlittschuhe, die er unbemerkt im Werkzeugkasten des Lastwagens der Kolonie nach Hause schmuggelte. Spätabends, nach dem Abendbrot, flickte er sie dann im Schusterhaus heimlich wieder zusammen, und in der Schmiede gab er den rostigen Kufen einen professionellen Hohlschliff. David ist, daß weiß ich ziemlich genau, nicht der einzige Wintersportler hier in der Wilson-Kolonie. Sicher wird die Lücke, die seine Taufe nun in das Hockeyteam der Auserwählten reißt, bald wieder mit jungen ungetauften Nachwuchsspielern gefüllt werden.

»Ist dir deine Sünden, die du wider Gott gethan hast, von Herzen leid«, fragt der Prediger, nachdem David seinen Vers endlich zu Ende gestammelt hat, »und begehrst du hinfür Gott zu fürchten, nimmer mehr Böses zu tun, eher den Tod zu leiden, dann etwas mutwillig wider Gott zu tun?« Schuldbewußt und unter Tränen kommt die Antwort: »Jo.« »Begehrst dich also dem Herrn im Himmel zu schenken und aufzuopfern mit Leib und Seel und mit allem, was du hast, dich in den Gehorsam Christi und seiner Gemein zu begeben?« »Jo«. »Begehrst du also getauft zu werden?« »Jo«. Also legt der Prediger dem knieenden David die rechte Hand auf den Kopf, gießt aus der Milchkanne das Wasser über seine Haare und spricht: »So taufe ich dich im Namen des Vaters und des Sohnes und des Heiligen Geistes. Der allmächtige Gott, der dir durch den Tod Christi und das Fürgebet seiner Gemeinde ist gnädig und barmherzig worden, der wölle dich mit Kraft aus der Höhe anziehen, einschreiben in das Buch des ewigen Lebens, hinfür fromm und treu erhalten bis in den Tod. Das wünsche ich dir durch Jesum Christum, Amen.«

In diesem Augenblick weinte nicht nur der David. Allen Versammelten steht das Wasser in den Augen, auch mir. Unmöglich, hier noch eine innere Distanz zu halten, mitten unter diesen Menschen, in der Enge des Schulraums, eingekeilt zwischen dem Schweinehirt Georg und dem Schäfer Samuel, denen die Tränen in den Bart rinnen. Noch nie habe ich dergleichen erlebt: daß etwas, was mir eigentlich ganz fremd ist, mich fast abstoßen würde, wenn ich davon nur läse oder hörte, daß dieses Erlebnis mit einem Mal ganz nahe ist, mich fast umrennt. Ich werde einfach mitgerissen von der hutterischen Glaubenskraft, erregt von dieser ehrlichen Ergriffenheit der Männer und Frauen um mich herum. Ihre Tränen sind Tränen der Trauer und der Freude zugleich, denn hier wird ja gestorben und neu geboren in einem. Der alte Prediger hilft seinem Täufling mit beiden Händen wieder auf die Beine, indem er sagt: »Steh auf, mein Bruder. Der Friede Gottes sei mit dir«, um dann die vier Mädchen zu verhören und zu taufen.

David geht derweil mit rotgeweinten Augen zu seinen getauften Brüdern. Von jedem bekommt er einen Kuß auf die Backe, und jeder sagt: »Gott schütze dich.« Auch zu den Schwestern geht er, eine nach der anderen gibt ihm die Hand und sagt ebenfalls: »Gott schütze dich.« Schließlich sind auch die Mädchen getauft und von den Männern mit Handschlag und von den Frauen mit Küssen in der Gemeinschaft willkommen geheißen. Nach dreieinhalb Stunden, endlich, haben die fünf den Bund mit Gott geschlossen. Wir alle haben uns unsere Sonntagsente redlich verdient. Als Nachtisch gibt es zur Feier des Tages, wie beim Schafescheren, »Käspei«, Käsekuchen mit Vanilleeis.

Während meines tiefen, langen Mittagschlafes träumt mir, ich säße im Theater, dem Hamburger Schauspielhaus. Als die Scheinwerfer aufleuchten und der Vorhang hochgeht, sehe ich in die Gesichter meiner hutterischen Brüder und Schwestern, vorne in der ersten Reihe, die Frauen links, die Männer rechts, die Kinder weiter hinten im zweiten Rang. Erst jetzt wird mir klar, was hier gespielt wird: *Ich* stehe auf der Bühne, das Bühnenbild ist *meine* alte Hamburger Wohnung, und die Hutterer sind gekommen, um laut Programmheft »zu sehen, wie man in der Welt so lebt«. Ich beuge mich über die gleißende Rampe und versuche, Prediger Johannes einzureden, daß so ein Theater nichts als Augenlust sei und daß er sich beim Zuschauen doch versündige. Johannes und die anderen aber hören gar nicht zu. Sie blättern in ihren Bibeln und wiegen ihre Oberkörper vor und zurück wie die Juden an der Klagemauer. »Miechel, Miechel, Miechel«, summen sie, dann fällt der Vorhang, und ich wache auf.

Eine Woche später erlebe ich hier in der Wilson-Kolonie Theater als Realität. Es ist Ostermontagmorgen. Gestern haben wir fast sieben Stunden in der Lehr gesessen, vier Stunden vormittags und drei Stunden nachmittags, um die Auslegung des ersten Korinther 10, Vers 1 zu hören (»Unsere Väter sind alle unter der Wolke gewesen und sind alle durchs Meer gegangen«). Prediger Johannes und sein Sohn Georg zogen dabei die Parallele zwischen dem Volk Israel und den Hutterern. Die Juden seien beim Gang durch das Rote Meer getauft worden, hätten das Böse, den »höllischen Pharao«, überwunden, und durch die Entbehrung in der Wüste seien sie zu einer Gemeinschaft zusammengewachsen im Land, wo Milch und Honig fließen. Weil sie aber den Geboten des Herrn nicht Folge leisteten, ein goldenes Kalb anbeteten, und später gar seinen Sohn kreuzigten, verspielten sie auch ihren Anspruch auf die Auserwähltheit und seien seitdem verflucht »bis ins dritte und vierte Glied« (2. Moses 20,5). Die Judenpogrome des Mittelalters, ja selbst Auschwitz, erscheinen den Hutterern noch immer als Strafen für dieses »Verbrechen auf dem Ölberg«. Also haben die Brüder und Schwestern auf die göttliche Weisung ihres Urahnen Jakob Hutter die Erbschaft der Auserwähltheit auf sich genommen, werden statt durch das Rote Meer durch das Wasser aus der Milchkanne vom Bösen getrennt, ihr gelobtes Land ist der Himmel, und die Wüste ist die Erde, das »Tal der Tränen«, in dem sie nicht nur vierzig Tage, sondern ein ganzes Leben aushalten müssen.

Die vierstündige Abendmahlsitzung am Montagmorgen nun bleibt uns Ungetauften erspart. Nur die Gemeindemitglieder, die schon durch das »heilige Bad« der Taufe gegangen sind, versammeln sich Punkt acht Uhr im Schulhaus. Andreas Ehrenpreis, von 1639 bis 1662 Prediger der hutterischen Brüder in Ungarn, begründet in seinem »Sendbrief«, warum nur getaufte Christen hier anwesend sein dürfen: »Und gleichwie aus dem Korn kein Brot werden kann, es werde denn zermahlen und zerbrochen, also auch welche das Abendmahl halten wollen, sollen zuvor durch den Mühlstein des Wortes Gottes (die Tauf) zerbrochen, zermahlen, ihren eigenen Seien und Willen brechen und in eine christliche Dienstbarkeit bringen. Auch wie die Körner sich ganz und gar vermengen und jedes sein Vermögen zusammen zu einem Mehl und Brot geben müsse. Und welches Körnlein noch ganz bleibt, das gehört nicht ins Brot, es wird ausgestoßen und unwürdig gehalten.«

Die Jungen und Mädchen aber, die noch ungebrochenen der Gemeinde, sie treffen sich genau in dem Moment in der Küche der Kolonie, als der Gänsemarsch der Getauften im Schulhaus verschwunden ist. Auf diesen Moment hat die huttrische Jugend ein Jahr lang sehnsüchtig gewartet, denn in den nächsten vier Stunden gehört ihr allein die Kolonie, kein Erwachsener wird die Tischgemeinschaft des Herrn verlassen dürfen, so will es die heilige Ordnung. Ich habe mich in den letzten Tagen oft gefragt, wie die »Mandl« und »Diane« mit diesem Vormittag wohl fertig werden würden. Wie reagiert eine streng gehütete Herde junger Lämmer, wenn Hund und Hirte für ein paar Stunden mal verschwinden? Werden die Tiere friedlich weitergrasen oder laufen sie in den Wald zum Wolf, der sie alle verschlingt?

In der Kolonie sieht es zunächst so aus, als ginge die Sache ganz glimpflich ab: Die Mädchen stehen quietschvergnügt um den Herd und kochen sich Honigbonbons, sogenannte »Kändis«, deren Rezept mir die schöne Rachel bereitwillig mitteilt: »Honig tut ma eini in dere Gfona (Pfanne), dann Buttr, dann laßt ma's kochen, bisses braun werd, und wenn's braun ist, tut ma Soda eini, mixa, dann laßt ma's obkiehle, dann tut ma's recke, dasse scheun gulden wern.« So rechnen und strecken wir denn die braunen, klebrigen Honigklöße mit beiden Händen wie einen Expander, und tatsächlich verfärbt sich die Masse zu süßen Goldklumpen. Dabei fällt mir plötzlich auf, daß sich außer mir gar kein männliches Wesen in der Küche befindet. »Wo sind die Burschen geblieben?« frage ich ein wenig beunruhigt. »Wais ich?« fragt Rachel mit hochgezogenen Schultern zurück, aber das Kichern ihrer Schwestern sagt mir, daß alle sehr wohl wissen, wo sie stecken. Und es dauert dann auch nur noch ein paar Minuten, da sehe ich durch das Fenster, wie sie auf die Küche zumarschieren. Vorne weg stolziert Heinrich mit einem riesigen schwarzen Cowboyhut, hoch wie ein Schornstein und breit wie eine fliegende Untertasse. Im Sturmschritt platzen sie herein, ein meuterndes Regiment ausgeflippter Hilfssheriffs, mit knallrot geschminkten Lippen, Fingernägel silbern, golden und türkis lackiert, mit dicken Lidschatten und glimmerndem Wangenrouge. Make up im Stil einer Kriegsbemalung. Fast alle tragen spitze, hochhackige Cowboystiefel, die hier strikt verboten sind; die Hemden unterm Janker bis zur Brust geöffnet, die Hutkrempen steil zum Himmel emporgebogen – eine Parade der Augenlust, Fleischeslust und Hoffart, ein Hohn auf alles, was der Gemeinde und dem Schullehrer heilig ist, ein babylonischer Aufstand! Der Lehrer Samuel sitzt fest, beim Abendmahl der Auserwählten, keine hundert Meter von hier, die Herde aber ist los!

Für die nächsten dreieinhalb Stunden hat der vierschrötige

Heinrich als der älteste unter den Ungetauften das Steuer der Arche an sich gerissen. Alles hört jetzt auf sein Kommando. Er beauftragt Samuel und Martin, einen Lastwagen aus der Werkstatt zu entwenden, nach Lethbridge zu fahren, um Bier und Likör zu holen. Ein wenig Geld ist noch von der winterlichen Fuchsjagd übriggeblieben, für zwei Kisten reicht es gerade eben. Bis die beiden aus der Stadt zurück sind, behilft man sich mit Blümchenwein, der gallonenweise aus dem Keller herangeschafft wird. Der alte Säckelmann Jakob muß wohl den Weinkellerschlüssel in seiner Abendmahlsaufregung versehentlich zu Hause liegengelassen haben. Die Stimmung war schon ohne Alkohol fast überschwenglich. Einmal im Jahr für vier Stunden ohne Erwachsene, unbeaufsichtigt, frei. Dieses Gefühl wirkt stärker als die härteste Droge. Als dann gegen zehn Uhr auch noch der Wein zu wirken beginnt und der Nachschub aus der Stadt mit zwei schon völlig betrunkenen Lieferanten endlich kommt, da gibt es einfach kein Halten mehr. Der »Blueberry Liquor« kreist, alles brüllt und johlt durcheinander, Honigbonbonklumpen fliegen durch die Luft; Joschua, das erste Alkoholopfer, erbricht sich über dem Spülbecken. In der Ecke hat eine Art Musikkapelle Platz genommen. Samuel (Mundharmonika), Josef (Waschbrett), Heinrich (Kochtopf-Schlagzeug) und Martin (Bratpfannen-Banjo) scheppern laut und grölend immer den gleichen Vers: »We get married in June, have a long honeymoon, and will never be apart.« Heinrich hat den Western-Song abends unter der Bettdecke aus seinem Transistor gehört, und nun tanzen die Jungen und wiegen sich mit schwülstigen Hüftverrenkungen nach dem vermeintlichen Rhythmus der Band, als seien sie vom Leibhaftigen besessen.

Die Mädchen stehen am Herd zusammengedrängt, nippen nur zögernd am Blaubeerlikör, kichern und wispern miteinander; aber ich sehe auch Beklemmung und Angst in ihren Augen, ein reines Vergnügen ist das für sie nicht. Ich kann mich nur zu gut in ihre Stimmung versetzen, denn auch mir ist mulmig. Immer wieder stoßen die Burschen mit mir an, fordern mich zum Tanzen auf, sagen, bei mir Weltmenschen käme es doch gar nicht darauf an, mir sei ja das Fegefeuer eh so sicher wie der »besen Tuchtr aus Hamburg«. Warum da nicht noch ein bißchen das Fleisch kitzeln, bei Bier und Tanz?

Wie gern würde ich da mit auf den Putz hauen, nach über einem viertel Jahr der freiwilligen Askese und eisernen Enthaltsamkeit. Auch der schönen Rachel möchte ich von Herzen gerne mal wieder in die Augen sehen und auf den sanft geschwungenen Mund. Bei Gott, »glusteln« tut mich das Fleisch nach zwei Flaschen Bier wie noch nie vorher bei den Hutterern. Ich hatte mich bisher einfach damit abgefunden, ein Jahr im Kloster Wilson zu leben, mit allen Konsequenzen. Zu vergleichen war mein Schicksal mit dem eines Seemanns, der, sobald der Anker einmal gelichtet ist, ganz ruhig wird. Wie auf offener See, so gab es auch in der Arche keine Versuchung. Ich hatte daher kaum Mühe, mein Fleisch niedrig zu halten, wie man hier sagt. Jetzt aber herrscht hier eine derart aufgedrehte, fast ekstatische Stimmung, daß es mir doch schwerfällt, passiv in der Ecke zu stehen, etwas abseits vom Trubel, ein stiller, wenn auch sympathisierender Beobachter. Das macht Captain Heinrich ein wenig skeptisch. Herrisch winkt er mich zu sich. Ich spiele mit und gehe hin. »Dos du uns jo nit verklagst bei die Olten«, warnt er mich, und ich verspreche, kein Wort den Alten zu sagen über das, was ich hier sehe.

Während die Band weiter ihr »We get married in June« plärrt, stecke ich mal den Kopf aus dem Fenster, um ein bißchen frische Frühlingsluft zu schnappen. Dabei höre ich den Gemeindegesang aus dem benachbarten Schulhaus:

> »Die Demut ist die Pforten / Wohl zu des Himmels Saal / Der Weg nach Christi Worten, / Der dorthin führt ist schmal.«

Ich muß mich jetzt wirklich ins Bein kneifen, um sicher zu sein: Dies hier ist kein Traum, dies ist wahr. Unter den Küchenfenstern versammeln sich nun die Kindergartenknirpse. Auch sie sind heute ohne Erwachsenenaufsicht. Elisabeth, ein etwa zwölfjähriges Schulmädchen, bringt ihnen zwar das Essen und schaut gelegentlich mal nach dem Rechten, aber es wird doch viel Zeit für ausgiebige Pinkelspielchen geblieben sein, heute zur Feier des Tages. Klein Martin jedenfalls ist bester Stimmung. Er und die anderen verlangen jetzt ihren Anteil am hutterischen Karneval. »Kändi, Kändi, Kändi«, rufen sie solange, bis Heinrich der Große sich herabläßt, ihnen ein paar süße Brocken herauszuwerfen. Der Zutritt zur Küche ist ihnen allerdings verwehrt, denn auch die Jugendlichen achten auf Exklusivität. Nur wer schon in die deutsche Schule geht, also älter als sechs ist, darf sich hier austoben.

Kurz vor Mittag erreicht die Küchenorgie ihren Höhepunkt, obwohl Heinrich, der Held des Tages, bereits abgedankt hat und mit grünem Gesicht ins Bett gegangen ist. Völlig betrunken zieht Andreas ein »Playmate of the Month« aus seiner Jankertasche hervor und zeigt seinen Kumpeln das »bese Flasch« wie eine wertvolle Hostie. Die Mädchen ahnen, was da drüben die Runde macht, und alle verbergen ihre Gesichter. Dies ist dann wohl doch zuviel Augenlust für sie. Rachel und ihre Schwester Anna laufen hinaus und verkriechen sich reuevoll in ihrem Haus. Auch wenn die Kirchenväter von diesem sündhaften Treiben nichts mitbekommen, der himmlische Vater, fürchten sie, sieht alles. Er hat sicher auch den Lastwagendiebstahl in der Werkstatt gesehen, den Veitstanz der trunkenen Knaben, Samuels Mundharmonika, und selbst das Taschenradio ohne Batterien in der Hosentasche von Heinrich kann ihm nicht verborgen geblieben sein. Er wird all diese Sünden in sein dickes Sündenregister eingetragen haben, in dem schon so manche eigennützige Fuchsjagd und so manch lustiger Schlittschuhlauf vermerkt sein müßten. Und wehe, wenn eines Jüngsten Tages »das Gericht wird gehalten, und die Bücher werden aufgetan« (Daniel 7,10), »da wird sein Heulen und Zähneklappen« (Matthäus 8,12).

Ein Vorgeschmack des Jüngsten Gerichts bekommt die hutterische Jugend schon heute zu spüren. Nach dem Abendmahl, kurz nach eins, treten die Erwachsenen mit sorgenvollen Gesichtern aus dem Schulhaus. Sie müssen auf Kohlen gesessen haben, bei Brot und Wein, denn ihnen schwante wohl schon Schlimmes. Schließlich waren sie selber mal jung und ungetauft. Wie ich höre, haben solche Ausbrüche der Sünde eine Tradition, die bis zu den Tagen Jakob Hutters zurückreicht, obwohl in den frommen Liedern und Chroniken davon nichts zu lesen ist. Zwar haben die Mädchen kurz vor »High Noon« in der Küche noch schnell die schlimmsten Spuren der Orgie beseitigt, die leeren Flaschen versteckt, den Boden gewischt und den honigverklebten Herd poliert, aber beim anschließenden Mittagessen zeigen die Lücken in den Reihen der sehr mangelhaft abgeschminkten Jungen das ganze Ausmaß des lasterhaften Treibens. Heinrich, Samuel, Andreas und

Jakob liegen volltrunken in ihren Betten. Noch in der Sonntagsschule, drei Stunden später, sind sie so benebelt, daß sie die Wucht der Samuelschen Hiebe gar nicht so recht spüren. Auf Anfrage des Lehrers erklären die Knaben kleinlaut, daß sie sich fortan weder besaufen noch mit Schminkresten anmalen wollen. (Heinrich hatte alte Dosen und Tuben in einer städtischen Mülltonne neben einem »Beauty-shop« aufgegabelt.) Auf unseren Knien geloben wir dann alle zusammen, nie wieder so etwas zu tun, wie heute morgen, denn »nimmer diem, ist die gresta Bues«, nicht mehr tun ist die größte Buße. Das nächste Abendmahl, raunt mir Heinrich dann noch beim Hinausgehen zu, sei genau in einem Jahr. Bis dahin wird er wohl wieder einiges hinunterschlucken müssen.

Für mich war der Aufstand des jungen hutterischen Fleisches ein Schlüsselerlebnis. Als ich die meuternden Jungen veitstanzen sah, bunt bemalt und so schön blau, da spürte ich trotz einiger Beklemmung wegen der drohenden Folgen auch ein Gefühl der Erleichterung. Ich fand zum ersten Mal eindrucksvoll das Wort des Lehrers Samuel bestätigt, »dos mir Huttrischen auch aus Flasch und Bluet san.« Sie sind für mich einfach viel menschlicher geworden, die Auserwählten, seitdem ich auch ihre »Schwächen« gesehen habe. Monatelang blendete mich das grelle Licht der frommen Lebensart, bei der Arbeit, beim Essen, beim Beten und abends beim Singen unter der nackten Glühbirne – nun hatte ich endlich auch mal Schatten gesehen, welch eine Wohltat! Es wäre mir langsam auch unheimlich geworden, mit Heiligen zusammenzuleben statt mit Menschen.

Oben: Etwa 450mal im Jahr gehen die Hutterer in ihr karges Schulhaus zum Gottesdienst. Ihre Predigttexte sind handschriftliche Überlieferungen aus dem 16. und 17. Jahrhundert.
Unten: Mit einem großen W kennzeichnen die Brüder von Waterton ihr Jungvieh beim Kälberbrennen, bevor die Tiere monatelang unbeaufsichtigt auf den riesigen Weiden sich selber überlassen bleiben.

Doppelseite:
Sarah und Susanna schauen zu, wie die große Schwester Maria sich die Haare frisiert (oben links). An jedem Samstagnachmittag waschen die Frauen und Mädchen ihr oft knielanges Haar, kämmen und zöpfen es und verschnüren die Zöpfe, um das Haupt für die nächste Woche wieder unter der »Mitz« und dem »Tiechl« so zu bedecken, wie es die Bibel befiehlt.

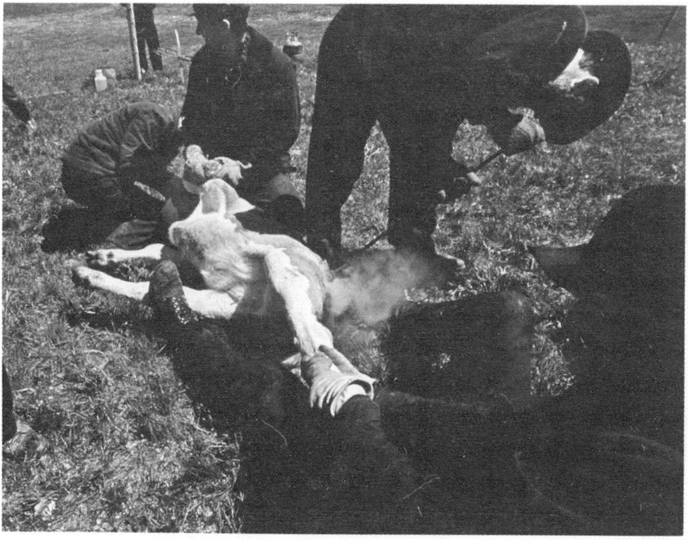

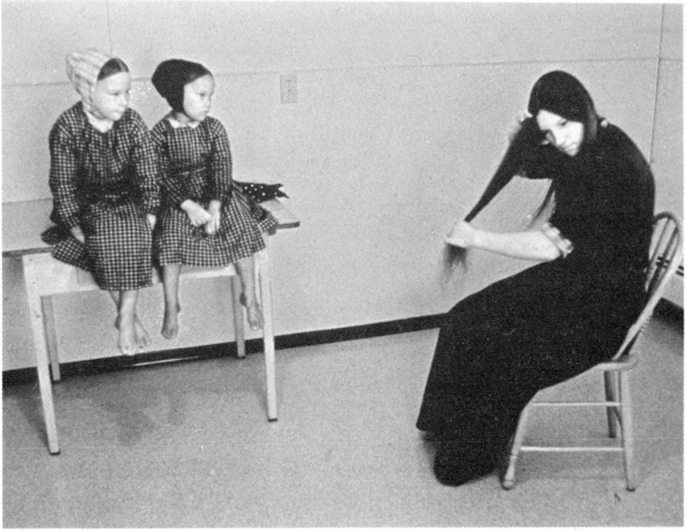

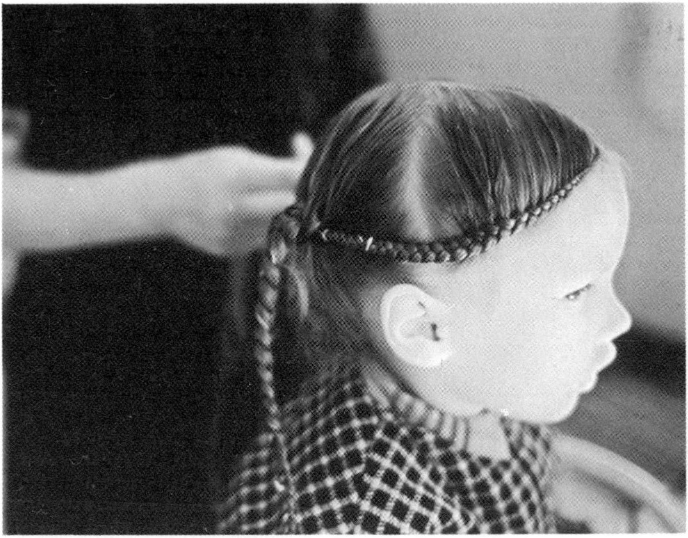

SALE

Die hohen moralischen Anforderungen von morgens bis abends, die strenge Erziehung zur Uneigennützigkeit, Opferbereitschaft und willenlosen Gelassenheit, das konnte bei der Jugend doch nur Spannungen erzeugen, die sich irgendwie entladen mußten. So wie das Volk im Mittelalter seine weltliche und kirchliche Obrigkeit durch den Karneval zum Narren hielt, bevor die entbehrungsreiche Fastenzeit anbrach, so protestierte auch die huttrische Jugend durch die Abendmahlsorgie gegen alles, was den Alten heilig ist. Ihre Fastenzeit, die ein ganzes Erwachsenenleben dauern wird, kommt mit der Taufe früh genug. Der große Gott wird da sicher ein Auge zudrücken, »denn so hoch der Himmel über der Erde ist, lässet er seine Gnade walten über die, so ihn fürchten«, heißt es im 103. Psalm des Königs David, der ja bekanntlich auch nicht alle Zeit auf dem Grad der Tugend wandelte.

Anders aber als die mittelalterlichen Bischöfe in Köln, Mainz oder München, muß Prediger Johannes Wurz in der Wilson-Kolonie heutzutage vor allem mit Konflikten fertig werden, die aus einer völlig fremden, ja widersprüchlichen Umwelt in die Gemeinde hineingetragen werden. Denn trotz ihrer Isolation von der nordamerikanischen Gesellschaft, ihrem zurückgezogenen, eingeigelten Präriedasein abseits der Städte und großen Straßen, können sich die Hutterer die »Welt« immer weniger vom Leibe halten. Auch wenn die Batterien in Heinrichs Transistor leer sind, ist die Hutter-Jugend vom Wilson-Hof nicht immer gänzlich von der Umwelt abgeschnitten. Kommt zum Beispiel der Polizeibeamte und Hobby-Rancher Bill West vom Nachbarhof und bringt seinen defekten Traktor zur Werkstatt der Wilson-Gemeinde, um für wenig Geld seine Lichtmaschine reparieren zu lassen, dann horchen die Buben auf. In der 100-PS-Maschine ist nämlich ein Radio, und nachts um zehn Uhr, wenn alles schläft, bringt

Oben: In die Nachbarstadt Lethbridge, gut eine Stunde von Waterton entfernt, fahren die Gemeinschafter nur, wenn sie zum Arzt müssen oder dringende Geschäfte zu erledigen haben. Doch mancher junge Hutterer nutzt den Gang ins »Stadl«, um einfach mal abzuhauen.
Unten: Von klein auf lernen die Hutterer die frommen Lieder von himmlischem Glück und höllischer Verdammnis, die sie ihr ganzes Leben lang singen werden.

»Radio CFCN – Your friendly voice in the Rockies« die Live-Übertragung vom Eishockey-Entscheidungsspiel der »Montreal Canadiens« gegen die »Boston Bruins«. Das ist Heinrich, der das strahlende Porträt des Nationalstürmers Ron Ellis als Lesezeichen in seiner Bibel zweckentfremdet, allemal eine Tracht Prügel wert. Also stiehlt er sich mit ein paar Eingeweihten aus dem wohlbehüteten Elternhaus, um die Übertragung in der abgedunkelten Schmiede am Traktor-Transistor mitzuverfolgen.

Es kommt auch oft genug vor, daß Sergeant West ein paar hutterische Hilfskräfte zum Schneeschippen, Ausmisten oder Heuführen anfordert. »Liebet eure Feinde« (Matthäus 5,44) gebietet Jesus, und daher kann der Weinsedel Johannes meistens nicht nein sagen, wenn der Wachtmeister anruft. Für die Jugend ist der Job beim Nachbarn eine Gaudi. Mittags sitzen sie im überladenen Living Room des Ranchers, essen »Kentucky fried chicken – finger licking good!« und bestaunen den allmächtigen »Kojak« im »Tiwi«. Der Zeichentrick-Werbespot einer Waschmittelfirma aber beeindruckt sie viel mehr als die Heldentaten des Glatzkopfs. Da sieht man doch tatsächlich, wie ein Elefant mit seinen großen Ohren durch die Luft fliegt, »als wärs a Fegela«, wie ein Vogel. Wenn die Welt solche »Liagn«, solche Lügen, auf dem Bildschirm zeigt, »wie sullst du wisse, wos wohr ist und wos net?« fragt Heinrich. Auch die Mondlandung sei ja im Fernsehen übertragen worden, und einige Brüder haben das vor mehr als zehn Jahren bei Bill West gesehen. Ihren Augen geglaubt aber haben sie nicht, denn wenn Gott gewollt hätte, daß die Menschen sich den Mond untertan machen, dann hätte er sie selber dort geschaffen, so wie hier auf Erden Adam und Eva. Und was ist schon »wahr« in der Welt, was ist »echt«? Die Ritterrüstung in der Ecke neben dem plüschbezogenen Fernseher – sie ist ebenso aus Plastik wie die Blumen im Fenster und die rustikalen »Holz«-Balken an der Decke. Die Hühner auf ihren Tellern kommen nicht aus Kentucky, und »finger licking good« schmecken sie auch nicht, sondern zäh wie Hund, und selbst das rötlich glimmende künstliche Feuer im Kamin ist kalt und tot. Alles ist hier nur Schein.

Die Jungen spüren das, aber dennoch fasziniert sie der grelle Glanz dieser Konsumwelt, und nirgendwo kann man dies stärker erleben als in der Präriestadt Lethbridge nordwestlich der Wilson-Kolonie. Beim Verkauf der Schafwolle darf ich zum ersten Mal seit knapp vier Monaten mit »ins Stadl«. Natürlich muß ich mich erst bei jedem einzelnen der fünf Gerichtsbrüder abmelden und genau »mein Geschäft« erläutern, das ich in der Stadt zu erledigen habe. Falls ich in der bösen Welt abhanden komme, müsse man ja schließlich wissen, wo ich zu suchen sei, erläutert mir Johannes die alte Ordnung. Die Säcke, die ich während der Schafschur im Februar mit der Wolle voll getreten hatte, liegen hinten im Lastwagen. Vorn sitzen der Säckelmann Jakob, der Schäfer Samuel und ich wie schwarze Drillinge. Samuel steuert, Jakob blättert in einem Stoß Rechnungen. Wir fahren über den fast verkehrsfreien »Heiwe for« schnurstracks Richtung Nordwest. Links und rechts dieses »Highway 4« dehnen sich die flachen Äcker und Weiden bis hin zum weiten Horizont. Kein Baum, kein Strauch verstellt hier den Blick. Gäbe es nicht die noch schneebedeckten Rockies drüben im Westen, das Auge fände keinen Halt in den »Plains«, der unendlichen nordamerikanischen Ebene. Hutterer brauchen diese leere Weite als Sicherheitsabstand zwischen sich und den anderen, zwischen der göttlichen Gemeinde und der lasterhaften Welt. Wären sie damals in Mähren geblieben, zur Zeit Jakob Hutters, die Überbevölkerung in Mitteleuropa hätte sie heute längst geschluckt. Hier in Alberta aber ist Platz. Immerhin sind es 30 Meilen zum verruchten Lethbridge, »wo Sind nimmer Sind und Schond nimmer Schond ist«.

Als ich vor mehr als einem Vierteljahr aus Deutschland hier eintraf, da kam mir dieser Ort vor wie eine typische Westernstadt – verpennt und profillos. Öde Villenvororte, der typische Hotelstrip, ein paar Supermarkets, ein paar Banken, die Polizeistation und natürlich »McDonald's«, »Kentucky fried chicken« und »Burger King« im vereinten Kampf um die totale Vernichtung jeder Eßkultur. Lethbridge war einfach stinklangweilig – damals.

Heute, vier Monate später, scheint mir hier der Teufel los. Die Hektik der Menschen, der Lärm der Straße, die schreienden Plakate, der Staubgestank! Erst jetzt wird mir wieder bewußt, wo ich überhaupt bin: im Amerika des 20. Jahrhunderts, dem Babylon der Neuzeit. Jakob fragt mich, ob Hamburg auch so groß sei wie »Läbritsch«. Ich nicke und verschweige, daß es 40mal größer ist.

In einem finsteren Fabrikhof packen wir unsere Wollsäcke auf eine Waage. 4100 Pfund addiert ein Mann in rotkarierten Hosen. Er verschwindet mit Jakob und Samuel im grauen Gebäude. Ich muß auf unseren Lastwagen, den »Track« aufpassen. Nach einer halben Stunde kommen meine beiden Brüder zurück, mit leichter Fahne und einem Scheck über 2200 Dollar. In bester Stimmung zieht der Säckelmann seinen schweinsledernen Geldbeutel aus dem Janker. Samuel und ich bekommen je einen Dollar. »Dos is dei Zehrung, damit' nit verhungerscht«, sagt der Graubart mit Gönnermiene. Es ist der erste Geldschein, den ich seit meiner Ankunft bei den Hutterern in die Hand bekomme. Ein komisches Gefühl. Geld, um das sich doch sonst alles dreht, es war ganz aus meinem Bewußtsein verschwunden, spielte einfach keine Rolle mehr. Ich habe ja in Wilson alles, was ich »zur zeitlichen Notdurft« brauche, Essen, Arbeit, Kleidung, ein Dach überm Kopf. Vom Geld bin ich hier völlig frei, materiell unabhängig, die »Muttr Gmah« sorgt für die Zukunft. Und nun ist da also das Wegegeld, die Zehrung. Ich frag mich, was ich von dem grünen Lappen kaufen soll: Ein Würstchen, ein Eis, einen Kaffee, oder soll ich ihn aufsparen? Komische Gedanken.

Dieser Taler ist das einzige legale Bargeld im Besitz eines Hutterers. Die »Mannsleit« fahren im Durchschnitt zweimal im Monat, meist aus geschäftlichen Gründen, in die Stadt, die »Waibr« nur etwa alle zwei Monate, wenn sie mal zum Arzt müssen. Wie wir, kommen alle Hutterer fast ausschließlich am Donnerstag, an »Pfingstig«, nach Lethbridge, um Eier, Schweine, Getreide und im Sommer auch frisches Gemüse an die Großmärkte zu verkaufen. »Thursday is Hutterite Day«, sagen die Einheimischen. Zwar ärgern sie sich, daß am Hutter-Tag speziell Gynäkologen, Augenärzte und Dentisten meist völlig ausgebucht sind, aber im Grunde weiß jeder Stadtbewohner, wie wichtig die »Black Birds« für die Wirtschaft des Landes geworden sind.

Obwohl die Kolonien nur ein bis zwei Prozent der landwirtschaftlich genutzten Fläche der Provinz Alberta bewirtschaften, die fast dreimal so groß ist wie die Bundesrepublik, beträgt ihr Marktanteil bei der Eierproduktion 30 %, bei den Schweinen 25 %, und knapp 10 % aller Brathähnchen stammen aus hutterischen Käfigen. Die Milchproduktion hat sich zwischen 1972 und 1977 von 3,6 auf 5 % des Landes erhöht, bei Enten- und Gänsefedern haben die Hutterer seit Jahren sogar ein 100%iges Produktionsmonopol. Die Brüder orientieren sich bei ihrer Arbeit nicht nur an den Bedürfnissen des Marktes. Sie sind vor allem bestrebt, ein breites Beschäftigungsangebot der Kolonie zu halten (die Arbeitslosigkeit liegt in Kanada bei 9 %, bei den Hutterern bei 0 %), und sie produzieren vielseitig, um von Preisschwankungen nicht zu sehr betroffen zu sein. Sind die Getreidepreise im Keller, verdient man am Rindfleisch; bringen die Eier weniger, erholt sich vielleicht der Schafwollpreis. So halten die Säckelmänner ihre Bilanzen stabil. Die Wirtschaftsstruktur des ganzen Landes profitiert davon. Als sich vor fünf Jahren die Preise für das Schweinefutter verdoppelten, gingen viele Farmer aus dem »Pig Business«, es lohnte sich nicht mehr. Die Hutterer blieben im Geschäft und gelten heute als führende Schweinezüchter.

Ähnlich ist es bei den Enten. Vor drei Jahren gab es noch 10 Dollar für das Pfund Federn, heute sind es nur noch 3,50 Dollar. Den Hutterern ist der Sonntagsbraten wichtiger, sie mästen weiter ihre 1000 bis 1500 Tiere pro Kolonie und Jahr. Außerdem muß Georg, der Besenbinder von Wilson, auch im Sommer etwas zu tun haben, ob das nun Geld bringt oder nicht. Geld ist eben zweitrangig. »Mir Huttrischen, mir schaffn nit für den Tolr, mir schaffn für unsre Gmah«, heißt hier die Wirtschaftsdevise. Aber gerade diese Ökonomie des verteilten Risikos, die sich nicht am Marktgesetz von Angebot und Nachfrage orientiert, ist besonders rentabel. Durch ihre Größe, Vielseitigkeit und Sparsamkeit sind die Brudergemeinden dem normalen Einfamilienbetrieb weit überlegen. Hutterer haben genügend billige Arbeitskräfte, sie konsumieren keine Überschüsse und können sich so neueste Technologien leisten, die auf ihren Großbetrieben auch optimal einsetzbar sind.

Die göttliche Gemeinde, von Jakob Hutter vor 450 Jahren institutionalisiert, erweist sich gerade heute als zeitgemäße Wirtschaftsform, die der modernen Entwicklung zur Massenproduktion viel eher gerecht wird als die »weltliche« Konkurrenz. Auch wenn die Brüder und Schwestern den technischen

Fortschritt der sonst so verhaßten Welt nutzen und dabei ein hohes Risiko eingehen, vergessen sie nicht das Alte und Bewährte. Die teuersten Mähdrescher, 25 000 Dollar das Stück, stehen in Wilson neben der vorsintflutlichen Besenbinderei, Frauen bedienen in der Tracht des 16. Jahrhunderts brandneue Melkmaschinen, der Schäfer Samuel verfüttert die verfeinertsten Vitaminkuren an seine Lämmer, und seine Frau Anna macht mit den andern »Waibrn« dạs Sauerkraut für die Kolonie nach Art der Urahnen: »Schneit Kohl in' Trog, gib a bissela Solz, schitt haßes Wossr dribr, dann sperr zu und wort, bisses guet ist.« – Hutterland: das technisierte Mittelalter.

Ob das Bündnis zwischen alt und neu allerdings noch lange halten wird, fragt sich inzwischen manch besorgter Prediger. Noch vor 50 Jahren gab es heftige Debatten unter den Vorstehern, ob das Automobil nun vom Teufel sei oder nicht. Mit dem Argument, daß alles gut ist, was der Gemeinde dient, entschied man sich für den Fortschritt und kaufte den ersten schwarzen Kleinlastwagen der Firma Ford. Damit war ein Stück der selbstgewählten Isolation gegenüber der Welt aufgegeben, denn die 30 Meilen zwischen Lethbridge und der Wilson-Kolonie bedeuteten früher eine halbe Tagesreise – heute fährt man eine knappe dreiviertel Stunde, und wenn man es eilig hat, wie die durstigen Abendmahlsünder am letzten Ostermontag, dann schafft man es sogar in 30 Minuten. Außerdem blieb es nicht beim Auto. Dreschmaschinen wurden angeschafft, Stromgeneratoren, elektronische Schweißgeräte, Kühlschränke, Legebatterien, Kunstdünger – alles zum Nutzen der Gemeinde, gewiß. Aber mit jeder technischen Neuerung kommt immer auch ein Stück der bösen Welt in die Hütte Gottes, die Beziehungen zwischen drinnen und draußen werden enger, die Gegensätze beginnen zu verwischen.

Wie intensiv der weltliche Kontakt schon geworden ist, das ist auch am heutigen Donnerstag in Lethbridge unübersehbar. Schwarz vor Hutterern sind die Straßen um den kleinen Stadtpark, dem Treffpunkt der »Gemeinschafter«. An jeder Ecke stehen die »Stadl-Gänger« aus den fünf Dutzend Kolonien rund um Lethbridge, stecken ihre Bärte zusammen und betuscheln die letzten Neuigkeiten – ein Bild, wie aus dem Judenviertel der Antwerpener Altstadt. Auch die Frauen haben sich viel zu erzählen. Aber sie treffen sich lieber in den

Lastwagen und Kleinbussen. Auf die »Gassen« trauen sie sich nur, um schnell was Süßes von der Zehrung zu kaufen oder um einen neugierig-verstörten Blick in die überladenen Regale der Supermärkte zu tun. Eine fremde Welt, die viel Unruhe stiften muß in ihren Köpfen. Das gilt besonders für die jungen Hutterer, für Heinrich und seine Gefolgschaft etwa, die heute mit dem Eiertransport aus Wilson in die Stadt gekommen sind. Ich treffe sie bei »Wolco«, dem größten Kaufhaus am Platz. In der Elektroabteilung stehen sie gebannt vor einer Wand aus Dutzenden von Fernsehapparaten und »watschen« sechs oder sieben Programme auf einmal. Western, Musical, Werbung, Nachrichten und die Kinderstunde synchron zu sehen fällt schon einem Fernsehtrainierten wie mir schwer, auch wenn ich hier nichts hören kann, weil der Ton abgeschaltet ist. Wie verwirrend muß dieses optische Feuerwerk erst für die Jungen aus Wilson sein. Und die gaffen hier nicht allein: Dreißig, vierzig »schwarze« Boys stehen mit offenen Mündern vor der Flimmerwand, atemlos, staunend. Ihre Augen wissen nicht, wohin, werden vom fliegenden Waschmittelelefanten zum brennenden Buschkrieg gerissen, vom Cowboy im Sonnenuntergang zur mathematischen Formel des Schulprogramms, von einem Lichtreiz zum anderen. Wüßte ich jetzt, wo in diesem Laden der Sicherungskasten ist, ich würde sofort den Strom abschalten. Wie werden die Jugendlichen nur mit solchen Stadteindrücken fertig? Der Konflikt zwischen Innen- und Außenwelt, der nicht krasser zu erleben ist als hier vor dem Fernsehgebirge, muß er nicht langfristig zur Selbstzerstörung der Brudergemeinden führen?

Kein Wunder, daß bei manchen Knaben im »Stadl« die Sicherung durchbrennt. Immer wieder nutzen Jugendliche den Stadtbesuch dazu, um einfach abzuhauen. Sie machen dann schnelles Geld als Cowboys auf einer Ranch oder bei der Ölsuche hoch oben im Norden. Jobs finden sie immer, die »Huts« sind als billige und fleißige Arbeiter sehr begehrt. Um die tausend Dollars können sie auf den Bohrinseln verdienen – astronomische Summen für jemanden, der früher zwei Taler Zehrung im Monat bekam. Doch erstaunlicherweise kehren fast alle Wegläufer früher oder später reumütig in die Gemeinden zurück. Egal, wieviele Sünden sie draußen begangen haben – wer beichtet und büßt, dem wird vergeben.

Der 30jährige Johannes Hofer aus der Kily-Kolonie in der Nachbarprovinz Saskatchewan war ganze 15 Jahre in der Welt. Er hat von Alaska bis Saudi-Arabien nach Öl gebohrt und ist jedes Jahr zum Oktoberfest nach München gejettet. »Ich bin gonz ibrm Meer gewe, bin gongen bis ans End dr Welt, und's konnt nit schlecht gnug kumme«, sagt der athletisch gebaute Mann. Zum Glück war er noch ungetauft, so fiel die Strafe ziemlich milde aus: Vier Wochen mußte er jeden Sonntag den zweistündigen Gottesdienst »abknien«. Zudem hatte er ein halbes Jahr Stadtverbot. Heute ist er der Schweineboß und, wie er sagt, zufriedener denn je, obwohl die Ölgesellschaft »Santa Fe« aus Texas ihrem Ex-Driller Hofer noch immer Arbeitsangebote per Eilboten in die Kolonie schickt (»our offer: 4100 $ a month«). Johannes kann das nicht mehr anfechten, nach 15 Jahren hat er die Nase voll von der Welt. »Ich hob glaubt, des Huttrische vergißt sich mit dr Zat«, bekennt er, »finfzehna Johr hob ich probiert mei Gwissen stillen, mit Schnops und mit dr Waibr. Obr wos drin ist in dir, dos kriegst nit auß. Ein Huttrischer ghert in die Gmah, woanderscht do fressn ihn die Welf.«

Wie recht Johannes hat, das wird mir an jedem Donnerstag in Lethbridge nur zu deutlich. Schutzlos sind die Hutterer gleißendem Wohlstand ausgeliefert. Wie die verarmten Indianer des nahegelegenen Schwarzfuß-Reservats wühlen manche von ihnen verschämt in Abfalleimern und Mülltonnen der Stadt nach dem, was die Welt nicht mehr brauchen kann. Es kommt sogar vor, daß sie trotz des 7. Gebots in den Supermärkten und Kaufhäusern die Finger nach den verbotenen Früchten des Konsums langmachen. Der Apfelbaum im Paradies war gegen die süßen Pralinenschachteln oder die bunten Abziehbilder der Eishockey-Helden nicht mal einen müden Blick wert. Jung Heinrich aber findet das alles halb so tragisch. »Spoß muß san«, sagt er vergnügt vor den Fernsehern, »und solong ma jung ist und noch nit getauft, was mocht's?«

Auch ich hab im »Stadl« so meine Probleme. Wie mir zum Beispiel die Finger jucken, wenn ich so an einem Zeitschriftenstand entlangschleiche, fast schon im typisch unauffällig-gleitenden Gang meiner Brüder, und einen Blick riskiere auf die bunten Illustrierten und Magazine. Ich fühle, wie sie nach mir greifen, mich in Beschlag nehmen, die Sensationen des Welttheaters. »Carter in der Krise«, »Aufruhr in Nicaragua«, »Muhammad Ali geschlagen« – mich macht das ganz kribblig. Ich fühle mich wie ein Alkoholiker, der seit vier Monaten trocken ist und nun in einem Schnapsladen Geld für die Telefonzelle wechselt. Ich habe mir fest vorgenommen, keine Zeitung zu lesen, solange ich hier bei den Hutterern bin. Und nun schreien die Schlagzeilen mich so an, daß ich gar nicht anders kann und einfach mal in »Newsweek« und »Time« herumblättere. Ich bin halt auch nur aus Fleisch und Blut.

Plötzlich aber, als ich gerade nach dem »Playboy« greifen will, taucht ein älterer Hutterer aus der Süßigkeiten-Abteilung des Supermarktes auf, sieht mich an, stutzt und kommt auf mich zu. »Dich, Vettr, hob ich noch nia gsehn! Wos für a Gmah gherst denn du?« Ich erkläre, daß ich seit vier Monaten zu der Wilson-Gemeinde gehörte, eigentlich aber aus Deutschland käme. »Wos, vier Monate bist beim Wilson«, sagt der Schwarzbärtige, »do host obr scho guet Deitsch glernt.« Auch er will nicht recht glauben, daß ich schon in Deutschland Deutsch gelernt und gesprochen habe, daß dort alle Menschen von klein auf die Sprache sprechen, genau wie die Auserwählten, nur mit anderem Dialekt. Der breitschultrige Hutterer ist Elias Wurz, der Prediger der Waterton-Kolonie, einer Gemeinde, 60 Meilen im Westen gelegen, direkt im Vorgebirge der Rocky Mountains. Die Watertoner sind mit den Wilsonern eng verwandt. Vor 20 Jahren ist man »voneinander gonge«, als es in der Brudergemeinde Wilson zu eng wurde. Vier Familien blieben auf dem alten Hof, vier zogen auf den neuen. Inzwischen hat sich die Waterton-Kolonie vor drei Jahren schon wieder geteilt. Nun leben dort noch 80 Seelen, und da die meisten Bewohner Kinder sind, mangelt es in der Gemeinde des Predigers Elias an Arbeitskräften – vor allem jetzt, zur Erntezeit.

»Warum kummst uns nit helfe? Die Wilson ham gnueg Leit – mir brauchen jede Hond!« sagt Elias. Noch am selben Donnerstag fragt er den Prediger Johannes, seinen Onkel, auf der Straße neben dem Stadtpark, »ob der Deitschländer nit bei uns orbeten kon?« Der Alte hat nichts dagegen. »Konnst ihn nehme«, verfügt er über mich. Obwohl mich niemand gefragt hat, ist mir das sehr recht. Ich will gerne mal eine andere

Gemeinde kennenlernen, auch locken mich die Rockies, die ich jeden Morgen aus dem Fenster meines Buchbindehäuschen herüberwinken sehe.

Also packe ich meine Koffer und nehme dennoch schweren Herzens Abschied von Wilson. Vier Monate habe ich in dieser Kolonie zugebracht, 115 Nächte – laut Tagebuch – hat das leise Rauschen des Gasofens meinen Schlaf und manchen Traum in meinem Buchbindehäuschen begleitet. Am letzten Abend im Kreise der Gemeinschaft drückt mir der Säckelmann Jakob ein neugebundenes Liederbuch in die Hand, in dem all die Märtyrerballaden stehen, die wir gemeinsam gesungen haben. »Vergieß uns nit und komm wiedr hintr zu uns«, meint der Alte. Auch seine Frau Sarah hat ein Abschiedsgeschenk für mich: Wollene Socken, selbstgestrickt, denn oben in den Bergen von Waterton, meiner neuen Hutter-Heimat, ist es auch Ende April noch recht kalt. Sarah und Jakob standen mir besonders nahe durch ihre selbstverständliche Herzlichkeit. Ich werde sie vermissen, die beiden. Auch von Heinrich und seinen Komplizen trenne ich mich nur ungern. Sie gaben mir auf ihre Weise Einblick in das hutterische Leben. Durch sie lernte ich vieles besser verstehen. Nun müssen sich die Burschen einen neuen Wettkampfpartner suchen, und ich vermute, daß ihnen dieser Gedanke gar nicht behagt. Mit mir Weltmenschen, der sich manchmal so schön dumm anstellte, hatten sie schon ihren Spaß. Nun werden sie wieder unter sich sein.

Gleich am nächsten Morgen geht es mit den Eiern der 2835 Kolonie-Hennen wieder in die Stadt. In der Nähe des Parks, dem Treffpunkt der Brüder, wartet schon Prediger Elias von der Gemeinde Waterton mit dem Schweine-Lastwagen auf mich. Nach kurzer Begrüßung geht es ab nach Westen, 60 Meilen in Richtung Berge. Nur ganz allmählich wird das Land wellig, beinahe übergangslos lösen wir uns von der grenzenlosen Ebene der Prärie und steigen hinauf ins Vorgebirge. Im Reservat der Schwarzfuß-Indianer, durch das unser Weg führt, steht alle hundert Meter eine halbverfallene Baracke, fast verdeckt von schrottreifen Straßenkreuzern. Halbwilde Pferde grasen vereinzelt auf kargen Weiden. Viel Land liegt hier brach. Die »Gälen«, die Gelben, wie die Hutterer ihre rothäutigen Nachbarn nennen, »die sein keine guten Farmer«, meint Elias etwas abschätzig. »Die kenn nur saufn, sonst kenn die nix.« Daß die Indianer Vertriebene sind, entwurzelt und hoffnungslos, das weiß er wohl, doch ihre Lethargie versteht er nicht. »Mir schaffen doch auch«, ist sein einziger Kommentar.

Fünf Meilen weiter dann eine andere Welt: bestellte Äcker, riesige Viehherden, frischgestrichene Getreidesilos und endlich, hinter einer Eisenbrücke, die Waterton-Kolonie. Meine Ankunft in der Gemeinde des Predigers Elias verläuft ganz anders als im Wilson-Bruderhof. Stand ich damals eine Ewigkeit allein und verlassen auf dem Hof, mißtrauisch beobachtet aus dunklen Fensterhöhlen, so bereitet man mir heute einen ganz großen Bahnhof. Kaum, daß Elias den Lastwagen vor der Küche zum Stehen gebracht hat, da strömt das Volk auch schon zusammen, mit Kind und Kindeskind, der Lehrer scheint für meinen Empfang schulfrei gegeben zu haben.

Doch die Fragen, die ich zu beantworten habe, kann ich schon fast auswendig: »Bist du dr Miechel aus Deitschlond? Sind dei Eltern gsund? Bist scho getauft? Host daham a Tiwi? Wost beim Militär? Wos is dei Gschäft? Host scho a Görlfränd? Bist mim Luftschief kome?« Natürlich kennen die Menschen hier in Waterton die Antworten schon längst. Schnell spricht sich alles herum von Kolonie zu Kolonie, nichts bleibt im Hutterland geheim. Aber trotzdem wollen sie alles noch einmal direkt aus meinem Munde hören: Daß ich als Acht-Tage-Säugling getauft wurde, zu Hause einen Fernseher habe, daß ich nie Soldat war, meine Freundin mir Schwierigkeiten macht, ich mit Schreiben mein Geld verdiene und mit einem Flugzeug über das Meer flog, in das die Bevölkerung von drei bis vier Hutter-Kolonien hineinpassen würde, eine schon fast unvorstellbare Menge Leute. »Sabirisch«, raunt es durch die Reihen vor der Küche, was wohl soviel bedeutet wie gigantisch, von sibirischem Ausmaß.

Anders als bei meiner Ankunft in der Gemeinde Wilson, fühle ich mich hier in Waterton gar nicht als Fremder. Viel ist mir schon vertraut, und ich finde mich sofort zurecht. Auf den ersten Blick erkenne ich die langgestreckten Wohnhäuser, den Kuhstall, die Küche, die Schule und das Buchbindehäusl, in das ich natürlich wieder einquartiert werde. Nach meiner Zeit in der Wilson-Kolonie habe ich mich auch an das herrgottsfrühe

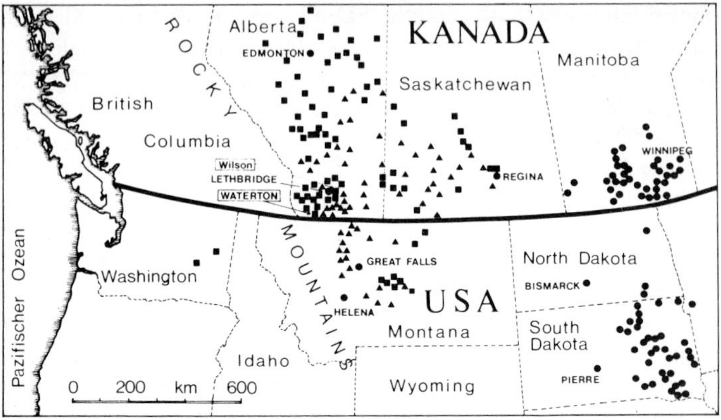

Hutterer-Siedlungen ● – Schmiedeleut ■ – Dariusleut ▲ – Lehrerleut

Aufstehen, an die Entenköpfe zum Frühstück und an das lange Beten gewöhnt. In der Sonntagsschule sage ich brav und angepaßt mein »Sprichel« auf, wenn mich der Waterton-Lehrer Paul Hofer mit der Strenge seines Kollegen Samuel Wurz aus der Wilson-Gemeinde anblickt und fragt: »No, Miechel, wos host ghert heit bei dr Lehr?« Mutter- und Tochter-Kolonie, sie gleichen sich wie eineiige Zwillinge.

Nur das Umland ist ganz anders. Während Wilson in der brettflachen Ebene der Prärie liegt, ist Waterton eingebettet in das Vorgebirge der Rocky Mountains. An den Hängen rund um die Kolonie weiden Schafe, Kühe, Pferde, und auch eine Schweineherde suhlt sich in einer Sandkuhle. Hinter den Stallungen rauscht der Waterton River zu Tal, ein breiter, wilder Fluß, den das Schmelzwasser wie immer im Frühling über die Ufer hat treten lassen. Im Osten sieht man den hochgestauten Waterton Lake, und im Westen drohen die Berge, eine Wand aus grauschwarzem Fels, die Gipfel noch schneebedeckt. Jakob Hutter, der Tiroler Urahn aus dem Weiler Moos im Pustertal, er hätte sich hier wie zu Hause gefühlt.

Weil im hügeligen Waterton der Frühlingsregen schneller abfließt als in der Ebene, kann der Hauswirt Johannes Wurz auch früher auf die getrockneten Felder als sein Kollege und gleichnamiger Vetter unten in Wilson. Und so werde ich schon am nächsten Morgen nach meiner Ankunft zum ersten Mal in meinem Leben auf einen Traktor gesetzt, huttrisch »a Enschein« (vom englischen »engine« = Maschine). Der 40jährige Johannes erklärt mir knapp und präzise, wie man dieses 80-PS-Ungetüm »treibt«, wann man welchen der 16 Gänge bedient, wo die Kupplung liegt und wo die Hydraulik.

Nach zehn Minuten theoretischem Fahrunterricht krieche ich mit einer 20 Meter breiten Egge im Schlepp über ein Meer aus fruchtbar-braunem Mutterboden. Es ist ein herrliches Gefühl, hier oben im weich gepolsterten Fahrersitz zu schaukeln, die Hand lässig am Servolenker, den Acker zu Füßen. Das flache Morgenlicht modelliert aus den sanften Hügeln und weiten Tälern um mich herum anmutige Formen. Keine Überlandleitung und schon gar keine Betonschneise zerschneiden die Weite – hier hat das Auge noch ungestörten Auslauf. Jetzt hätte ich Lust, den lieben Gott einen guten Mann sein zu lassen – den dröhnenden Motor einfach abschalten, aus meinem Cockpit klettern, alle viere von mir strecken unter den jubelnden Lerchen im blauen Westernhimmel . . . Aber es ist weiß Gott keine Zeit zur Tagträumerei. 1500 Acres Land müssen in den nächsten Wochen bestellt werden, eine so gewaltige Fläche, die mir Europäer größer erscheint als die halbe Bundesrepublik. (Die übrigen 1500 Acres, die die Kolonie unterm Pflug hat, sind bereits im Herbst mit Winterweizen besät worden.)

Von früh bis spät egge ich vier Kilometer in der Stunde Spur neben Spur, hügelauf, hügelab, Acker für Acker. Von Montag bis Mittwoch ist es der Hafer, von Donnerstag bis Samstag die Gerste, die ganze folgende Woche der Raps. Von der Städter-Romantik der ersten Stunde ist bald nichts mehr übrig. Der Staub dringt durch die kleinsten Ritzen, die angeblich schallisolierte Kabine des Traktors dröhnt und vibriert zum Gotterbarmen. In diesem Glaskäfig bekomme ich manchmal klaustrophobische Beklemmungen.

Aber zum Glück bin ich ja nicht allein auf weiter Flur. Die »Gmah« ist wie immer und überall zur Stelle. Mit mir fahren noch drei andere Kolonie-Trecker, gesteuert von Christian, Andreas und Georg, den Söhnen des Predigers, des Säcklmanns und des Hühnerchefs. Der 24jährige Christian zieht den 12scharigen Pflug, sein etwa gleichaltriger Onkel Andreas zerkleinert mit der Scheibenegge, dem »Disk«, die Erdschollen, und Georg, mit 20 der jüngste, bringt mit einer gigantischen Sämaschine die Körner in den Acker, den ich dann mit meiner 20-Meter-Egge zu einem feingewebten Berberteppich harke. Andere Männer, der Schmied Jacob, der Schäfer Georg und der Schweinehirt Johannes, fahren mit Lastwagen zwischen den Speichern in der Kolonie und den Feldern hin und her und schaffen frisches Saatgetreide heran. Schullehrer Paul kommt dreimal am Tag während seiner Unterrichtspausen, um uns das »Lunsch« zu bringen. Weinsedel Johannes wieselt mit seinem weißen Kombi, von den Kindern der »Schimmel« genannt, überall herum, damit auch ja nichts schiefläuft. Geht dann meine Egge doch mal zu Bruch, weil ich zu eng wende und über mein eigenes Halteseil fahre oder weil eine Achse den Dauerstreß nicht durchhält, dann ist der »Schimmel« gleich mit Ersatzteilen und Schweißgerät zur Stelle, und nach Minuten fieberhafter Arbeit ist meine »Egne« wieder flott.

Alles muß jetzt schnell gehen, die Zeit drängt, denn 900 Meter über dem Meeresspiegel ist die Wachstumsperiode nur kurz: Jetzt haben wir Mitte Mai, und schon im September kann der erste Frost die Ernte verderben. Da darf nichts dem Zufall überlassen bleiben, den es allerdings für die gottesfürchtigen Hutterer auch gar nicht gibt. Beim Schafscheren in der Wilson-Kolonie habe ich schon einen Vorgeschmack davon bekommen, mit welcher Präzision und Reibungslosigkeit die göttliche Gemeinde ihre großen Gemeinschaftsaufgaben bewältigt. Wie damals, erinnert mich diese Gesellschaft hier an einen fleißigen Ameisenhaufen oder einen emsigen Bienenstock, in dem jeder dem anderen zuarbeitet, pflichtbewußt und unendlich fleißig, zum Wohle des Ganzen. Kein Mensch achtet darauf, wie lange er von früh bis spät auf den Beinen ist, niemand rechnet seine Arbeitsstunden nach, keiner tritt ein bißchen kürzer, nur weil der Weinsedel gerade mal nicht da ist. Je mehr »Schwitz« in der warmen Mittagssonne den Rücken hinunterrinnt, um so besser: »Im Schweiße deines Angesichts sollst du dein Brot essen« (1. Moses 3,19), und wir alle schwitzen ja auch nicht »für den eigenen Tolr«, sondern für »unsr Lond«, für »unsre hailiga Gmah«, für die Witwen und Waisen der Kolonie, mit einem Wort: für uns.

Bei dieser Arbeit, diesem Gottesdienst, gibt es auch keine

Hierarchien, kein oben und unten. Zwar trägt Johannes als Weinsedel die Verantwortung für die Planung und Koordination, aber bevor etwas angepackt wird, bespricht er nach dem Frühstück vor der Küche mit seinen Mannen, welches Feld wohl zuerst bearbeitet wird oder wer ein Ersatzteil aus der Stadt holt. So weiß jeder, was der andere tut, so gibt es dann auch wenig Mißverständnisse und Leerläufe. Der Prediger ist sich nicht zu schade, zwischendurch mal schnell eine verstopfte Wasserleitung in Ordnung zu bringen, sein Vater, Säckelmann Elias, greift wegen des augenblicklichen Personalmangels trotz seiner 72 Jahre wieder zum Hammer, um am Amboß verbogene Bolzen gradezuschlagen. Der hutterische Bienenstock summt vor frommer Geschäftigkeit, und die Frauen kochen Sonderrationen Steaks und Schaffleisch für uns hungrige »Mannsleit« draußen auf dem Felde.

Die weltlichen Farmer in der Nachbarschaft können gegen soviel Gemeinschaftsgeist nicht an. Fast immer ist die Waterton-Kolonie der erste Hof weit und breit, der mit der Aussaat fertig ist. Nachbar Walter Meyer zum Beispiel, dessen Vorfahren einst aus Deutschland eingewandert sind, besitzt einen typischen Familienbetrieb von 700 Acres Weide- und Ackerland, 30 Stück Vieh und drei Pferden. Er hat den Wettbewerb gegen die »schwarze Konkurrenz« nebenan längst aufgegeben und seine veralteten Maschinen verkauft. Wenn die Männer aus Waterton mit dem Säen fertig sind, fahren sie rüber auf das Meyer-Land und bestellen seine Felder. Das kommt ihn billiger und spart die Müh. Sein Sohn hat sowieso keine Lust, den väterlichen Hof zu übernehmen. Und so wird Meyer der Kolonie in einigen Jahren seine Acres verkaufen und sich in der Sonne Floridas zur Ruhe setzen.

Nach 20 Tagen genau sind alle Felder endlich bestellt. Ich liege selig im »Bodetrog«, einer Badewanne im Gemeinschaftswaschhaus. Sechs Kabinen gibt es hier nebeneinander mit je einem Trog, ähnlich den Hauer-Waschkauen in den Zechen des Ruhrgebiets. Heute ist Samstag, und ich genieße mein Wochenendbad, auch wenn es sich, kaum daß ich drinnen bin, sofort zu einer pechschwarzen Brühe verfärbt. Alles Jucken und Kneifen einer langen Arbeitswoche auf dem Trecker wird mit zehn lustvollen Minuten belohnt. Danach fühle ich mich wie neu geboren. Natürlich reinigen nicht nur wir verdreckten Traktoristen uns vor dem heiligen Sonntag. Mittags waren die Frauen und Mädchen in der Wanne. Ab 16 Uhr ist Geschlechterwechsel, und die Männer und Knaben stellen sich vor den Kabinentüren an.

Heute Vormittag haben die Frauen die Holzdielen im Schulhaus auf Hochglanz poliert, den Sonntagsbraten, die »Anten«, aus dem Tiefkühlraum geholt und zum Auftauen im Spülbecken der Küche gestapelt. Die Mütter kämmen und zöpfen nun daheim ihre frisch gewaschenen kleinen Töchter mit fetter Vollmilch, damit die Haare schön fest zusammenkleben und so die Frisur eine ganze Woche nicht aus der Fasson gerät. Susanna, noch keine vier Jahre alt, der das Flechten und Knebeln der Haartracht immer ziemlich weh tut, bekommt wie jeden Samstag zum Trost von ihrer Mutter Katharina, der massiven Ehefrau des Schullehrers Paul, ein auch mir bekanntes Märchen zu hören: »Is amol ä Votr und ä Muetr gewesen, die ham zwa Kindele khobt. Ans is ä Mädl gewe und ans ä Dindla und se ham Hansela gheisen und Gretela . . .«

Der Prediger Elias hat sich schon nach dem Mittagessen in seine »Stubn« zurückgezogen, um das Gebet für den kommenden »Hailigen Obend« und die Lehr morgen früh vorzubereiten. Der stämmige, breitgesichtige Mann, dem der würdige, schwarze Vollbart an den Schläfen bereits zu ergrauen beginnt, sitzt vor seiner »Alma«, dem verschließbaren Bücherregal, in dem die kostbalen Predigttexte, das geistige Fundament der Hutterer, wie ein Schatz gehütet werden. Es sind alte, abgegriffene Bände mit römischen Zahlen auf dem Rücken. Einige hat noch der Urgroßvater in Rußland in deutscher Schönschrift zu Papier gebracht. Die meisten aber mußte Elias an vielen langen Winterabenden im Schein der nackten Glühbirne selber abschreiben, seit er vor zehn Jahren zum Prediger gewählt wurde. Obwohl viele Schriften während der jahrhundertelangen Verfolgungen verlorengingen, teils von Jesuiten verbrannt wurden, teils einfach verschollen sind, gibt es heute noch 600 Lehren und Vorreden im täglichen Gebrauch der Brüder, deren Titel auf den Inhalt hinweisen: »Demutslehr«, »Straflehr«, »Weiberlehr«, »Hochzeitslehr« und »Leichenlehr«.

Für das Abendgebet hat er sich den 104. Psalm vorgenommen: »Herr, mein Gott, du bist sehr herrlich . . . Du lässest

Brunnen quellen in den Gründen, daß die Wasser zwischen den Bergen hinfließen. Daß alle Tiere auf dem Felde trinken und das Wild seinen Durst lösche. Du feuchtest die Berge von oben her; du machst das Land voll Früchte, die du schaffest. Du lässest Gras wachsen für das Vieh und Saat zu Nutz den Menschen, daß du Brot aus der Erde bringest ... Es wartet alles auf dich, daß du ihnen Speise gebest zu seiner Zeit.«

Was aus unserer Saat nun wird, die im hutterischen Boden zu wachsen beginnt, ob sie der Gemeinde das Brot aus der Erde bringen wird, das liegt jetzt in Gottes Allmacht. Allein mit »Schwitz und Orbet«, mit Schweiß und Arbeit, sagt der Prediger, sei eine gute Ernte nicht zu erzwingen. »Mir hom geton, wos in unsrer Mocht steht. Jetzt misse mir beten und worten, ob's guet wird und Gott uns segnen duet mit gutr Frucht.« Einen ganzen Sommer lang werden wir uns nun gedulden müssen, und im Herbst wird man dann sehen, ob Gott seinem Volk wieder einmal gnädig war mit Sonne und Regen im rechten Maß zur rechten Zeit oder ob er es prüfen will durch Dürre und magere Erträge. Wie es auch kommen wird, Elias weiß: »Wos Gott duet, dos ist wohlgeton.«

Sommer

Das Hohelied für meine Rachel

Im Hutterland macht der Sommer den Schullehrer zum Gärtner. Je stärker das Unkraut unter der immer heißer brennenden Sonne wuchert, desto öfter muß Paul Hofer nachmittags die »Deitsche Schul« in den Gemeinschaftsgarten verlegen. Pünktlich um drei Uhr wartet er nicht wie sonst üblich mit der Bibel unterm Arm, sondern mit einem kleinen roten Traktor unruhig darauf, daß die »Titscherin«, seine pädagogische Widersacherin, mit ihren Marsdramen, Abstammungslehren und sonstigen »Weltweisheiten« endlich zum Schluß kommt, damit er seine 28 Schutzbefohlenen auf den Holzanhänger laden kann. Viel Zeit zum Spielen wird den Kindern heute wieder nicht bleiben, denn von der Schulbank geht es direkt ins Gemüse am Rande der Kolonie zum »Jätne«. »Leben ist Arbeit«, zitiert Paul irgendein Bibelwort, »und wer arbeitet, der sündigt nicht.« Daran müssen sich die Hutter-Kinder schon früh gewöhnen.

In seinem »Gortn« ist denn auch genug zu tun. Auf einer Fläche von drei Acres Land sprießt das Grün in langen, geraden Reihen, und ich muß erst einmal meine hutterischen Sprachkenntnisse erweitern, um zu verstehen, wo hier was wächst. Gurken und Tomaten heißen auf russisch »Kratsawitz« und »Bageljana«; wie in Süddeutschland werden Sonnenblumen »Sunnarosn«, Mohrrüben »Mädl« und süße Erbsen »Zuckerstrankl« genannt. Aber statt auf gut bayrisch oder kärntnerisch »Kirbis« oder »Radi« zu sagen, haben sich hier in Waterton aus dem Englischen die Begriffe »Pampkin« und »Rädisches« eingebürgert. Auch das Wort Gemüse kennt der Gärtner nicht mehr. Im besten hutterischen Kauderwelsch nennt er alles, was der himmlische Vater in seinem Garten gedeihen läßt, schlicht »Gortnstoff« (englisch: gardenstuff).

Zwar macht die Gemeinde mit den Früchten des Gartens, zu denen auch Kartoffeln, Kopfsalat, Knoblauch, Zwiebeln und rote Bete gehören, in Einzelverkäufen an die Nachbarn und auf dem Großmarkt von Lethbridge einen jährlichen Umsatz von über 20 000 Dollar, aber die eigentliche Bedeutung seines Gartens sieht Paul natürlich auf geistig-pädagogischem Gebiet.

Zwischen Kürbis und Kohlrabi zeigt er seinen Sprößlingen, daß man das schlechte Unkraut, das »Jot«, durch stetes Hacken niedrig halten muß, damit die guten Früchte wachsen können. »Grad so wie bei die Menschen«, belehrt Paul seine Kleinen, »wer nit von klan auf mit dr Ruthen vom Bese weggeholten wird, aus dem wird nia nix Guets.«

So hat denn das Böse auch kaum eine Chance im Garten des Herrn: Vormittags hauen die Frauen, nachmittags kommen die Kinder mit den Hacken, und in langen Reihen geht es durch die Beete, die »Mandl« auf der einen Seite, die »Dindla« auf der anderen. Mit Eifer ist der Nachwuchs hier bei der Sache. Mir scheint, den Kindern macht die Gartenarbeit unter freiem Himmel mehr Spaß, als die Bibelpaukerei in der Enge des Schulraums. Damit die Älteren nicht zu weit nach vorne preschen, hilft der Lehrer den kleinen Schülern, besonders Georg und Elisabeth, die gerade erst eingeschult wurden und mit dem Tempo der anderen noch nicht Schritt halten können.

Ganz gleich, welches Amt Bruder Paul von der Gemeinde übertragen bekommt, sei es die Arbeit als Lehrer, Gärtner, Gänsezüchter, Buchbinder oder Verpflegungskurier während der Aussaat, der kleine, zähe Mann mit dem schütteren schwarzen Bart versorgt jeden Dienst mit der gleichen Hingabe. Hat er am Abend seinen Schülern im Kinderspeisesaal das »Nochtblin« serviert, »nicht nach Ansehen der Person, sondern nach der Notdurft geben, reichen und austeilen«, wie es die Schulordnung vorschreibt, dann ist für Paul noch lange nicht Feierabend. Erst geht er hinunter zum Fluß, wo seine 1500 Enten in einem großen Gehege ihr kurzes Leben bis zum Schlachttag im Herbst genießen, und schüttet ihnen fünf große Eimer voll Gerste in die Futterkrippen. Nach unserem gemeinsamen Nachtgebet kommt er meist bei mir im Buchbindehäuschen vorbei, um ein paar zerrissene Fibeln zu kleben oder eine Predigt zu binden, die dem Vorsteher aus dem Leim gegangen ist. Dabei plaudert er oft und gern mit mir, fragt: »No, Miechel, wie siksten aus in Deitschlond?« und sagt bewundernd »sabirisch«, wenn ich ihm erzähle, daß es im Hamburger Hafen Schiffe gebe, die größer seien als selbst der Kuhstall der Kolonie. Nie legt sich Paul zur Ruhe, ehe er nicht noch einmal in seinem Garten nachgeschaut hat, ob der Bulle etwa schon wieder ausgebrochen ist und in den Erbsen steht oder die Plastiktüten über den Tomatenpflanzen vielleicht fortgeweht sind, die die zarten Gewächse vor möglichem Nachtfrost schützen sollen. »Dr Gortn«, sagt Paul, »dr ist mei Raich, da sorg ich fir, dos olles guet ist.«

Wie in der Wilson-Kolonie hat auch in Waterton jeder seinen Bereich, in dem er im Auftrage der Gemeinde allein die Verantwortung trägt. Pauls jüngerer Bruder Georg, genannt der »Hiehnerjerg«, ist der Boß im Hühnerstall, sein Schwager Johannes versorgt die Schweine, Schwägerin Katharina leitet die Küche, der Vetter Jakob hat in der Schmiede das Sagen, und im Herbst ist er der Fischer, der die dicken Seeforellen aus dem Stausee holt. Alle unterstehen sie direkt der Aufsicht des Weinsedels Johannes, und der ist wiederum der »Gehilf« des Hauswirts und Säckelmanns Elias, dem »Diener der Notdurft«. Ihre Pflichten und Aufgaben sind in der »Gemein Ordnung« formuliert, die zwischen 1651 und 1873 von den Ältesten niedergeschrieben wurde. Ähnlich der »Schuel Ordnung« ist hier bis ins Detail festgelegt, was ein Amtsinhaber zu tun und zu lassen hat, nichts bleibt dem verteufelten Eigenwillen überlassen.

Die Köchin, »die soll im Schmelzen kein Unmaß brauchen und schauen, daß die Speis sauber und nützlich gemacht werde, auch fleißig und treulich, wie es billig ist. Sonderlich den Kranken soll das ihrige geben werden. Mit dem Geschirr auch fein sauber und nicht grob damit umgehen, daß es nicht zerbrochen und bald verworfen werde. Auch nicht jedermann in die Kuchl gewöhnen, daraus Unordnung und Murren entsteht, sondern daß man gegen die Lästerung gute Verantwortung haben möge.«

Der Brotschneider, »der soll fleißig auf sein Dienst achthaben und dem Volk in der Stuben fleißig dienen mit gutem Willen; zum Tisch tragen Brot, Trank, Salz und Gespeis aus der

Kuchl, auch im Geringsten sich nicht unterstehen, andere Arbeit sich zu richten zu seinem eigenen Nutzen, sondern bei der Stuben bleiben, daß man ihn nicht lang suchen muß. Er soll auch fein kleine Stücklen machen, das geschnittene Brot oder Schnittel fleißig zudecken, daß nicht Mauskrutten oder Spinnen darein fallen. Auch auf die Bäckerin achtgeben, daß sie nicht zuviel fürbacke, sonderlich zur Sommerszeit, daß das Brot nicht verschimmle.« Brotschneider Johannes, der hier in Waterton so nebenbei auch noch über 100 Muttersauen zu mästen hat, sorgt sehr penibel dafür, daß gerade so viele Brotscheiben auf die Speisesaaltische kommen, wie seine Brüder und Schwestern essen können. Hat einer dann mal mehr Hunger als üblich, muß er jede zusätzliche Scheibe durch Handaufheben vom Brotschneider anfordern, und bleibt wider Erwarten Brot liegen, dann verstaut es Johannes sorgfältig in einer Plastiktüte. Brot ist, wie jedes Nahrungsmittel, den Hutterern heilig.

Auch in den Werkstätten herrscht Ordnung: »Dort soll der Fürgestellte auch fein darob achten, daß es fein freundlich und einig zugehe, daß nicht Widerwille, Bitterkeit, Zorn und Feindschaft gespürt werde, sondern fein vertraulich, freundlich und ratsam miteinander sein. Sommerszeiten am Sonntag, Feiertag oder Mittagsstund nicht unnutze Wege herumlaufen, in die Gärten unter die Obstbäume legen oder so. Auf die jungen Lehrlinge fleißig achthaben, damit sie fleißig angewiesen werden, daß sie auch lernen, bewährte Arbeit machen. Wenn sie nicht gehorsam seien, ihnen nicht lang durch die Finger sehen, sondern dem Schulmeister anzeigen.«

Besonders streng werden die Gerichtsbrüder, also der Vorstand der Gemeinde, zur Ordnung gerufen: »Der Weinsedel, des Haushalters Gehilf, dem ist befohlen, das Volk anzuordnen an allerlei Arbeit, auch aufzusehen, daß es vonstatten geht und die Arbeit mit Fleiß und Treue gerichtet werde.

Er soll auch fleißig helfen umsehen, alledem an ihr recht gebührlich Ort tun, als Hauen, Hacken, Sicheln, und damit nichts verloren geh', sondern fein fuglich zu seiner Zeit bei ihm wieder gefunden werden kann. Ein Weinsedel soll auch nicht schlafen gehen, er habe zuvor mit dem Haushalter Rat gehalten, wie morgens früh die Arbeit anzustellen sei.«

Dieser Rat wird hier in der Kolonie nicht ganz ordnungsgemäß nach dem Frühstück statt vor dem Schlafengehen gehalten, und zwar direkt vor dem Kücheneingang. Dort stellen sich die Mannsleut jeden Morgen zueinander, die Hände tief in den Hosentaschen, noch etwas vergrätzt vom frühen Aufstehen, und der Haushalter Elias fragt kurz: »Wos giebt's heit?« Johannes, der Weinsedel, nennt dann in Stichworten das Tagesprogramm, zum Beispiel Zement besorgen für den neuen Kuhstall, der in diesem Jahr noch gebaut werden soll, Eier in die Stadt fahren, einen Traktorreifen flicken und das erste Heu schneiden. Die Arbeiten werden verteilt, und kommen keine weiteren Wortmeldungen, ist der Tagesplan beschlossene Sache. So schweigend, wie man zusammenkam, geht nun jeder seiner Arbeit nach.

Im Laufe des Vormittags besucht der Hauswirt Elias meist selber die Werkstätten, schaut in den Kuh- und Schweinestall oder auf die Felder, um zu sehen, ob alles gut läuft, denn laut Ordnung »soll er allenthalben im Haus aufschauen, wie es geht und steht, auch zusehen, wie alle Notdurft zu rechter Zeit zu Haus gebracht und eingekauft werde zur Gemeinnutzen, daß das Volk versorgt werde. Er soll täglich in den Stall schauen, auch bei Nacht, wie man das Vieh füttert und mit Heu und Stroh umgeht. Auch in die Handwerksstuben, Waschhaus, Backhaus zuschauen, ob man auch die Kerzen ersparen kann, soll man fleißig zusammenrücken. Zu Zeiten soll ein Haushalter selbst in die Kuchl gehen, die Speis kosten und fleißig nachschauen, wie den Kranken, Kindern, Alten und Gesunden alles gericht werde. Dabei nit den Schwestern, weder Köche noch andern scherzlich sein, da man es etwa am ersten in einem Schein anfängt mit Zusammensitzen, unnutzen Reden zur Unzeit, danach bei Möglichkeit mit unkeuschem Greifen um den Hals und anderswo.«

Daß der weißbärtige Elias mit seinen 72 Jahren in der Küche auf der Holzbank herumlungern könnte, ein Gläschen süßen Weines in der Hand, die Köchin Katharina (seine leibliche Schwester!) im Arm, das wäre ganz undenkbar. Der fromme alte Mann ist auch während der alltäglichen Arbeit dem Gebot der Keuschheit (»machet eure Herzen keusch«, Jakobus 4,8) ebenso verpflichtet wie den biblischen Weisungen zur Sparsamkeit (»sammelt die übrigen Brocken, damit nichts umkomme«, Johannes 6,12), zum Gehorsam (»daß du der Stimme des Herrn gehorsam seiest«, 5. Moses 27,10) und zur Nächstenliebe (»liebe deinen Nächsten wie dich selbst«, 3. Moses 19,18). Dies sind für ihn hutterische Selbstverständlichkeiten, und die Ordnung schreiben sie auch nur fest, damit ein für allemal Klarheit herrscht.

Denn die Hutterer haben kein größeres Bedürfnis als das nach Klarheit und Kontinuität. Sie gaben und geben ihnen die innere Sicherheit, sich gegen eine Außenwelt zu behaupten, »für die Sind nimmer Sind und Schond nimmer Schond ist«. Ob in Mähren nach der Reformation, in Ungarn zur Zeit des Dreißigjährigen Krieges, im Rußland der Zarin Katharina II. oder heutzutage im sodomitischen Nordamerika – Hutterer haben ihre Ordnungen und Lehren, an die sie sich halten können, und da ist kaum ein Lebensbereich, der nicht von einem weisen Altvater mit der Bibel abgeklopft wurde. Der schlesische Schuster Peter Riedemann formulierte in seiner »Rechenschaft« nicht nur, was vom »Suhlbad« der Kindstaufe zu halten ist, vom Abendmahl und vom Kriegsdienst, er ordnet auch an, wie ein rechter Christ betet, singt, feiert, trinkt, wem er die Hand zum Gruße bieten darf und warum für ihn die Gütergemeinschaft so wichtig ist.

In den Kolonien dürfen natürlich nur geistliche Lieder gesungen werden, »daß sie auch den Menschen zur Gottseligkeit reizen und bewegen. Wer aber nur aus fleischlicher Lust oder um des Wohlklingens willen singet oder um des Klanges willen gerne höret, der verkehrt sie in fleischliche und weltliche Lieder und singet nit geistlich, sondern buchstabisch, und sündiget, so er es tut, hart wider Gott, weil er sein Wort zur Lust des Fleisches führet und zur Sünde brauche.« Also pressen die Hutterer ihre Lieder inbrünstig aus der Kehle, sie klagen und krächzen eigentlich mehr, als daß sie nach meinem weltlichen Gehör wirklich singen. Weil nichts dem Ohr »glusteln« darf, sind hier auf Erden auch alle Musikinstrumente streng verboten. Im Himmel aber, das wissen die bibelfesten Hutterer genau, wird ihre akustische Enthaltsamkeit mit Posaunen, Harfen und Schalmeien belohnt werden.

Auch durch »Grüßen, Handbieten und Umfahren (Umarmen)« darf dem »Fleisch kein Ursach gegeben werden oder Anreizung zum Sündigen«, schreibt Riedemann. »Der Gruß ist ein Zeichen des Friedens, lieb und göttlicher Einigkeit, damit man sich in der Kirche beweiset, daß man eines Seins, Herzens und Gemüts sei. Denn gleich wie man die Hände ineinander schleußt, beweiset und zeiget man damit an, daß die Herzen also ineinander geflochten seien. Spielern, Trunkenpölzen und dergleichen Leuten«, darf denn auch ein Gruß nicht einmal »angedeutet« werden. Hutterer sind froh, wenn sie in der Stadt den Weltmenschen nicht die Hand zu geben brauchen, denn welcher »Englischa« ist schon kein Spieler, Hurer oder Trunkenbold?

»Das Zutrinken aber ist ein Ursach alles Bösen und Übertretens der Geboten Gottes«, so schreibt der Urahn, »denn aus dem Zutrinken wird Trunkenheit, dadurch der Mensch Seel und Leib verschwendet und verderbet und wird darumb unter uns nit gestattet. Aus solchem Zutrinken, darinnen einer dem anderen gefallen will, übergeht man Gottes Ordnung, vergißt den Schöpfer, dazu auch sein Selbst, und will ein jeder Hahn im Felde sein. ›Wehe denen, die Helden sind Wein zu saufen‹, warnet uns Jesaiah.« Wenn Hutterer ein Glas Wein trinken, dann tun sie es nur der Gesundheit zuliebe. Lehrer Paul behauptet zum Beispiel, ein Gläschen vor dem Schlafengehen, das beruhige seine Nerven und führe zu besserem Schlaf. Und auch der Hauswirt Elias verabreicht beim Schafescheren oder während der Aussaat seinen selbstgebrauten Fusel wie süße Medizin, »weil's guet ist för's Bluet und för's Gemiet.« Alkohol an sich sei ja nichts Schlimmes, sagen die Hutterer, schließlich habe Gottes Sohn selber zu Kanaan Wein gemacht, nur in den Händen der »Weltmenschen« sei er eben von Übel.

Ein Eckpfeiler der hutterischen Ordnung ist das Gebot der Gütergemeinschaft. Riedemann schreibt: »Dieweil nun alle Gaben Gottes, nit allein die geistigen, sondern auch die zeitlichen, dem Menschen darumb geben sein, daß er es nit allein haben soll, sondern allen seinen Genossen, so steht nun der heiligen Gemeinschaft zu beweisen, daß nit einer Überfluß und der ander Mangel habe, sondern geschehe, daß alle gleich seien.«

Die Pflicht zum Gemeineigentum begründet der Schuster damit, daß Nächstenliebe und die Einheit der Gemeinschaft nur dort möglich ist, wo das Privateigentum und damit der

Eigennutz abgeschafft worden sind. »Dann woher kommt Krieg und Blutvergießen, woher kommt viel Zank und Streit, woher viel Neid und Haß, woher viel Uneinigkeit und Spaltung? Das alles kommt vom Eigentumb und Eigenmachen. Denn die Wort ›mein‹ und ›dein‹, diese Wort sein Ursach vieler Krieg gewesen und seins noch heit. Denn wer dem ›mein‹ und ›dein‹, das ist dem Eigentumb, ergeben ist, der ist dem Geiz befreundet und den beiden Töchtern, das sind die Bluteglen des schändlichen Geizwurms, die beide heißen: ›Gib her‹.«

Was die Gemeinschafter »zur zeitlichen Notdurft« an persönlichen Dingen brauchen, das ist seit den Tagen Jakob Hutters und Peter Riedemanns in der »Ordnung vom Teilen« exakt für jede Lebenslage und bis auf das Gramm genau festgelegt. Erwartet eine Frau ihr erstes Kind, so bekommt sie zehn Pfund Entenfedern für »Pulschtr und Decken«, dazu Bettzeug, zwei Yard (ein Yard = 0,91 m) elf Zoll (ein Zoll = 2,54 cm) lang, zwei Yard neun Zoll breit, sechs Yard Windelstoff und eine Wiege vom Tischler. Nach der Entbindung »soll der Wöchnerin die erste Woch alle Morgen ein Tränkel und Eier mit Schmalz gebacken werden, auch eine Muskatnuß. Zwei Wochen bekommt sie zartes Hennenfleisch. Für jede ein Viertel Weizenmehl, danach noch zwei Laib Brot vom Kochmehl. Vier Wochen soll ihnen ein besonders Brot als Krankenspeis gereicht werden, nebenbei. Die übrigen zwei Wochen auch alle Morgen eine Suppen. Daneben soll sie nicht genötigt sein, Saures zu essen oder mit allerlei Speis sich zu füllen, was der Jugend etwa möcht schaden; sonderlich sich hüten vor kaltem Wassertrinken übermäßiger weis.« Zu all diesen Extras kommen dann noch 165 Eier, 12 Pfund Zucker, vier Pfund Backpflaumen und eine Sonderration »Blemelwan« für den treuen Ehemann.

Ist das »Bobela« nach drei Jahren zum Kleine-Schul-Kind herangewachsen, so steht einem Jungen »fürs erste mal zu: zwei Yard Hosenzeig, zwei Yard Jankerzeig, zwei Yard Einfutter, halbes Yard Säckzeig (Leinen für Hosentaschen) und zwei Yard Handtuchzeig (Taschentuchstoff), und fürs Leibl (Weste) 18 Zoll Vorderteil, 18 Zoll Rücken, ein Yard 18 Zoll Einfutter. So geschieht's alle Jahr, bis die Kinder sechs sein.« Die Menge des ausgeteilten Stoffs wächst natürlich mit dem Buben. Für die langen, warmen Winterunterhosen erhält ein Dreijähriger 2¼ Yards Baumwollstoff, wer älter als sechs Jahre ist, bekommt 2½ Yards, und ab dem zehnten Lebensjahr sind es genau drei. Wenn ein Knabe mit 15 Jahren aus der Schule entlassen wird und zu den Leit kommt, so gibt ihm der Hauswirt laut Ordnung »Messr, Gobl, Lefel, Schlisselkosten, Schlochtemessr, Hondschiech, Stiefel, Schmiergumpen, olla dra Johr a Huet.« Die Mädchen bekommen statt Werkzeugkasten, Schmiergumpe und Hut »Schare« (Schere), »Triebel« (Nudelrolle) und 32 Zoll »Tiechelzeich« für die Kopftücher. Auf das »Milichstiechela«, den Melkschemel, wird verzichtet, weil die Kolonie eine automatische Melkmaschine besitzt. Auch die dicken Pelzsäcke für die Pferdekutschen und die Spinnräder sind inzwischen ersatzlos aus der Teilordnung gestrichen worden, seitdem der Fortschritt sich in den göttlichen Archen breitmacht.

Zweimal im Jahr wird das Material für die Kleidung in der Küche ausgeteilt. Alle Frauen sitzen dann um einen großen Tisch, Katharina, die Köchin, führt das Wort und die Schere. Sie hat eine große Liste mit Namen und Alter aller Gemeindemitglieder. Auf dem Fußboden stapeln sich die Stoffballen. Die schwarzen sind für die Männertracht, die dunkelblaubraunen oder grünen für die der Weiber. Aus dem weißgepunkteten Stoff werden die Schneegestöber-Kopftücher gemacht, aus den türkis-rosa und giftgrünen Baumwollrollen die warme Unterwäsche für beiderlei Geschlecht – Farbenfreude ausnahmsweise dort, wo sie das Auge nicht »glusteln« kann.

Köchin Katharina schneidet für jeden Bruder und jede Schwester das »Zeig« zu. Jede Mutter empfängt das »Packel« ihrer Familie, und je mehr Kinder sie hat, desto größer ist ihr Haufen. Die jungverheiratete, kinderlose Anna kann die Sachen für sich und ihren Christian leicht unter den Arm nehmen, die rundliche Lehrersfrau Katharina muß für ihre neun Kinder zwei große Fuhren mit dem Handkarren wegschaffen. Und weil es bei so vielen Kindern auf eines mehr oder weniger nun nicht mehr ankommt, liegt auf Katharinas Wägelchen auch meine Kleiderration: »vier Yard Hosenzeig, vier Yard Jankerzeig, drei Yard Einfutter, 32 Zoll Leiblzeig, fünf Yard Hemden, fünf Yard Schwitzgfat.«

Wie selbstverständlich hat die Köchin beim Teilen an mich gedacht, denn »jedr kriegt, wos ihm not ist« – dieser

Hutterer-Grundsatz gilt auch für mich. Längst habe ich ein paar Gummistiefel vom Hauswirt erhalten, dazu neue Handschuhe und einen schönen Hutter-Hut für die Feiertage. Wie jedem Erwachsenen über 15 Jahre zapft Elias auch mir zu Beginn des Monats im Weinkeller unter der Küche mit leicht geröteter Nase eine Viertel Gallone seiner gelblichen Hausmarke aus einem der bauchigen Fässer in meinen handgelöteten Henkelmann – »nur zur Gsundheit«, wie er immer wieder mahnend betont, als wüßte er aus eigener Erfahrung, wie man sich an den Stoff gewöhnen kann.

Kein Aspekt des hutterischen Lebens fasziniert mich so, wie die Verdammung des Eigentums, und nirgendwo ist der Kontrast zur gesamten übrigen Welt so stark wie hier. Denn mögen sich die kommunistischen Staaten auch Gleichheit und Brüderlichkeit auf ihre Fahnen geschrieben haben, von der Hoffnung, daß mit dem materiellen Wohlstand auch das Glück und die Erfüllung des Lebens erreicht wird, lebt man im Osten wie im Westen. Die einen träumen vom Mercedes, die anderen vom Trabant – das ist der Unterschied, eine Alternative aber ist es nicht. Die bietet in diesem Fall der Tuchscherer Peter Walbot, indem er 1577 in seinem »Artikelbuch« über die »Gemainschafft der Güetter« schreibt: »Je mehr Eigentumb die Menschen haben, je mehr mangelt es ihnen. Dan wer vill sucht, dem geht vill ab, und der vill begeert, dem mangelt noch vill mehr.« Besitz macht also nicht frei, er bindet. »Denn wo euer Schatz ist, da ist auch euer Herz« (Matthäus 6,21), darum kann der Mensch »nicht Gott dienen und dem Mammon« (Matthäus 6,24). Eigentum und Wohlstand, für die Welt rundum das eigentliche Lebensziel, sind für Peter Walbot »ein Krankheit und böse Beschweren«, deren Ursache der Egoismus und Eigennutz der Menschen ist. Allein die Gelassenheit ist die richtige Medizin, um dieses Übel der »adamischen Natur« zu besiegen. »Wo wir unser Herzten nit ledig und gelassen stellen, und unsere Hendt nit abhalten und waschen von Geitz und Aigennutz, so können wir nit hail werden.« Das eigene Ich muß also erst einmal durch die Taufe überwunden werden, damit der Mensch zu seinem wahren Selbst findet. Wie auch Jesus sagt: »Denn wer sein Leben erhalten will, der wird es verlieren; wer aber sein Leben verliert um meinetwillen, der wird es erhalten« (Lukas 9,24).

Die Hutterer haben sich, um mit Erich Fromm zu sprechen, klar für das Sein und gegen das Haben entschieden. Sie stellen die Allerweltsweisheit »Hast du was, bist du was« auf den Kopf und sagen: »Nur wer nix hot, der wird des Lebens froh.« Für die Brüder und Schwestern in Waterton ist »das Nichthaben die Voraussetzung des Seins« (Erich Fromm).

Der Geist der Uneigennützigkeit, den ich Wohlstandsmensch nun schon seit einem halben Jahr täglich erlebe, er vor allem macht mir das Leben hier in der Kolonie so überraschend leicht. Ob nun beim Teilen, bei der Arbeit, während des Essens oder abends im Kreis der Brüder und Schwestern – ich spüre wie Grimmelshausen vor 300 Jahren »kein Naid, kein Hader, kein Mißgunst«. Es ist, als schluckten die Gemeinschafter jeden Morgen eine Valium-Tablette, so gelassen verbringen sie ihr Erdendasein. 86 Menschen, die meisten von ihnen noch dazu miteinander verwandt, wohnen hier am Waterton River in sechs Häusern auf engstem Raum zusammen, aber dennoch erlebe ich selten Streit. Tätlichkeiten sind unter Erwachsenen einfach undenkbar und kommt es dann doch einmal zu Meinungsverschiedenheiten, fällt selten mal ein verletzendes Wort. Welche Ruhe geht von den Frauen aus, wenn sie in ihrer dunkelfarbigen Tracht über den Hof schreiten, die Gartenhakken anmutig über der Schulter, als schwebten sie über die Wiese. Wie entspannend ist es, Lehrer Paul dabei zuzuschauen, wenn er mit liebevoller Akribie und grenzenloser Geduld seine Bücher bindet, aus denen er mir dann gern in seiner etwas zähflüssigen Sprechweise seitenweise vorliest, einfach so aus Freude am frommen Wort.

Auch als ich gleich nach der Aussaat einmal mit leichtem Fieber ins Bett mußte, erfuhr ich hutterische Gelassenheit am eigenen Leibe. Ich war schon am frühen Abend kurz eingeschlafen, und als ich erwachte, sah ich die ganze Kolonie in meinem Buchbindehäuschen schweigend versammelt. Der alte Elias, neben seinen sechs Söhnen, die Frauen mit ihrem Strickzeug, die kleinen Schul-Pinkler, sie alle waren gekommen, und keiner sagte ein Wort. Sie schauten mich einfach an, nahmen Anteil an meinem Leid, als läge ich im Sterben. Aber die Schwere meiner Krankheit war niemandem wichtig. Hauptsache, ich blieb nicht allein, ein ganz unvorstellbarer Zustand für einen Hutterer, schmerzlicher als die größte Pein.

Also saßen sie stumm um mein Bett, meine Brüder und Schwestern von Waterton, ohne eine Spur von Aufdringlichkeit oder penetranter Neugier. Niemand hatte es eilig, keiner wurde ungeduldig, selbst die Kinder nicht. Wenn ich langsam meinen Kopf drehte und mich umschaute, dann sah ich im Zwielicht des Abends ein großes, dunkles Ölgemälde schweigender Menschen aus einer anderen Zeit. Ich genoß ihr Mitgefühl und stellte mich ein wenig kranker, als ich eigentlich war. Wem es bei den Hutterern schlecht geht, der kann mit der besonderen Solidarität der anderen rechnen. Schon dies ist ein Unterschied zur Welt draußen, wo nur der Starke zählt. Sicher hat man mich auch gleich in das Nachtgebet mit eingeschlossen, denn schon am nächsten Morgen war ich wieder gesund.

Der Sommer hat lange auf sich warten lassen in Waterton. Seitdem aber nun die Saat im Acker und im Garten aufgeht, knallt die Sonne so heiß auf das Land, daß mir die Vorstellung schwerfällt: Hier lagen vor zweieinhalb Monaten noch über zwei Meter Schnee! Paul und seine Schüler müssen jetzt jeden Abend mit einem großen Tankwagen die Beete begießen, und auf den Weiden rollen nachts automatisch getriebene Beregnungsanlagen, 200 bis 400 Meter lange Rohre auf riesigen Rädern, damit das Gras nicht über Tag zu Stroh verbrennt.

Oben: Schweineschlachten bei 35° C unter Null. Zum Abbrühen werden die Tiere ins kochende Wasser getaucht und dann mit runden Schabern entborstet.
Unten: An jedem Monatsanfang verteilt der Hauswirt Elias den aus Löwenzahnblüten selbstgebrauten Wein. Jedes Gemeindemitglied ab 15 Jahren bekommt einen Liter »Blemelwan«, in Flaschen abgefüllt, den die Kinder für die Großen im Weinkeller abholen.

Nächste Seite:
Im Herbst, während der Fischsaison, stehen die Knaben der Kolonie vom Schulschluß bis zum Abendgebet am Ufer des neuen Stausees und angeln. Der kleine Heinrich zeigt stolz seinen Fang, über den sich die Köchin freuen wird.

Übernächste Seite:
Oben: Im eigenen Speisesaal essen die Jungen und Mädchen von Waterton. Ihr Schullehrer Paul (rechts) schneidet das Brot und gibt jedem, »wonach ihm not ist«.
Unten: Von halb zwölf bis ein Uhr mittags halten die Kleinen im Kindergarten »Ruh«. Rechts liegen die Mädchen, links die Jungen, und in der Mitte sorgt die Wärterin Elisabeth dafür, daß niemand sich muckst.

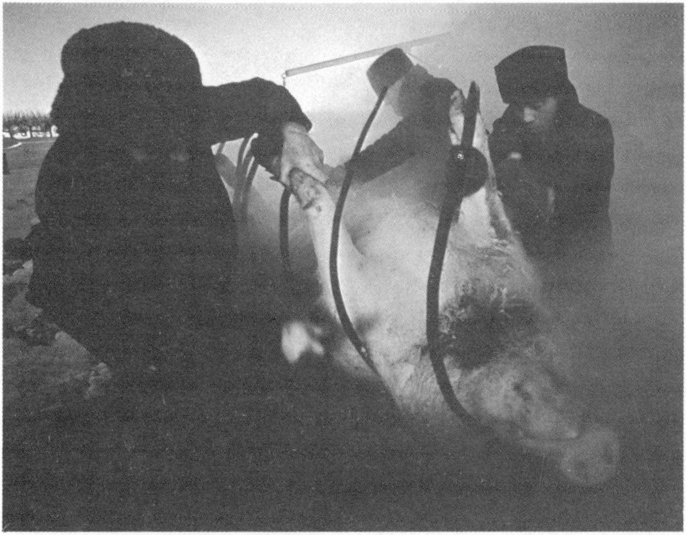

Zum Glück ist der Waterton-Stausee vom letzten Schmelzwasser aus den Bergen noch immer fast randvoll, so daß es den Pflanzen also an nichts mangelt – weder an Wasser noch an Wärme.

Leider ist auch an Pestiziden und künstlichem Dünger kein Mangel hier in der Kolonie. Wie alle Farmer und Rancher des Landes, versprühen auch die Hutterer die chemischen Insektentöter, Unkrautvertilger und Vitaminkuren kubikmeterweise auf Feld und Flur. Mit dem Umweltschutz kann der Weinsedel Johannes so wenig anfangen wie seine weltlichen Nachbarn. Die Erde ist sowieso ein Jammertal, das bald »verbrennen wird mit allen Werken, die darauf sind« (2. Petrus 3,10). Warum soll man sie dann noch schützen? In ihrer modernen Wirtschaftsführung machen die Hutterer die einzige Ausnahme bei der künstlichen Besamung ihres Viehs. Johannes geht soviel Fortschritt dann doch »widr die Natur«, und so führen die beiden Kraftbullen der Kolonie ein gutes Leben in Waterton. Daß aber die Hühnerhaltung in Hunderten von Käfigbatterien etwa auch unnatürlich sein könnte, darauf kommt Johannes nicht. Hier herrscht dann wieder der oft gehörte Grundsatz: Was der Gemeinde nützt, heiligt die Mittel.

»Macht euch die Erde untertan«, sagt Moses (1,1,28), und diesem Rat folgen die Hutterer so resolut und rücksichtslos wie der Rest der Welt. Lehrer Paul findet nichts dabei, vergiftetes Vogelfutter um das Sonnenblumenfeld zu streuen, damit sich die Stare daran den Tod holen, die abends in ganzen Schwärmen einfallen. Mein Vorschlag, eine Vogelscheuche aufzustellen, ist ihm zu »old fäschend«, zu altmodisch. – Welch ein Wort im Munde eines Hutterers, der auf nichts anderes so stolz ist wie auf seine 450jährige Glaubens- und Lebenstradition.

Diese Widersprüche ihrer Existenz haben sich auch im Bewußtsein der Hutterer niedergeschlagen, das wird mir

Oben: In der »Deitschen Schul« müssen die hutterischen Kinder vor allem fromme Sprüche aus der Bibel hersagen.
Unten: Wer sein »Sprichel« nicht gut genug gelernt hat, den legt der Lehrer nach dem Unterricht gleich über, denn »wer die Ruthe schonet, der hasset seinen Sohn«, heißt es bei König Salomon.

immer deutlicher, je länger ich mit ihnen lebe. Da sagen mir Frauen, daß es eigentlich »anzivileist« sei, ohne Wassertoilette zu leben, da höre ich den Brotschneider von einem elektrischen Brotmesser schwärmen, dessen Anschaffung zum Glück bisher am standhaften Widerstand des sparsamen Säckelmanns scheiterte. Die Welt gewinnt bei aller Scheußlichkeit zunehmend auch verlockende Züge für das Hutter-Volk, und dieser Gegensatz könnte in kurzer Zeit die Archen ins Schlingern bringen. Seit die ersten Autos von den Auserwählten erworben wurden, hat die Welt in den Kolonien Fuß gefaßt, die »Abschaidung« von der sündhaften Umwelt, ein Fundament hutterischen Lebens, sie reduziert sich immer mehr zur räumlichen Distanz, die nur allzu leicht überwunden werden kann. Mit dem Herzen lebt da schon mancher Hutterer insgeheim mehr im »Stadl« als in in seiner Gemeinschaft.

Unvergeßlich ist mir da noch die Abendmahlsfeier in der Wilson-Kolonie, der fast orgiastische Küchentumult mit Honigbonbons und Blaubeerlikör neben der frommen Brot- und Weingemeinschaft zum Gedächtnis des Herrn. Damals grölten Heinrich und seine Leute immer wieder ein Lied: »We get married in June, have a long honey moon.« An diese Zeilen muß ich gerade jetzt oft denken, da in der Kolonie ein Gerücht die Runde macht: Pauls Nichte Sarah, die Tochter seines ältesten Bruders Johannes, so flüstern sich die Frauen die erregende Neuigkeit zu, habe einen »Boyfränd«. Der junge Mann, Josef Gross soll er heißen, war im letzten Sommer aus der Nachbarprovinz Saskatchewan gekommen, um seine Tante zu besuchen. Aber das war nur der übliche Vorwand, unter dem alle heiratswilligen Hutterer auf Brautsuche gehen. Josef Gross kam eigentlich nur zum »Dianejogen«, zur »Mädchenjagd«.

Immer wenn so ein Freier in der Gemeinde aufkreuzt, dann treffen sich alle älteren Jugendlichen nach dem Abendbrot in einer hinteren, etwas abgelegenen Stube, eine seltene Gelegenheit, zwei Stunden mal unter sich zu sein – wenn auch jeder weiß, daß die Erwachsenen in Hörweite ganz bestimmt die Ohren spitzen, um Abendmahlausschreitungen von vornherein zu verhindern. Wie die Alten sitzen die Jugendlichen »in der Rund« und spielen mit naiver Hingabe »Ich siech, wos du nit siechst«. Wahrscheinlich hat sich Josef vor einem Jahr bei diesem Spielchen in die schlanke, schwarzhaarige Sarah verguckt und sie sich in ihn. Er hat sie vor der Heimreise in seine 600 Meilen ferne Heimatkolonie »Kyle« wohl auch einmal in den Arm genommen, »a bissl gedruckt und gebußelt« mag er sie auch haben, aber mehr mit Sicherheit nicht. Ein bißchen drücken und küssen ist das absolut höchste der Gefühle, bevor Hutterer heiraten. Über ein langes Jahr hinweg haben sich beide sehnsuchtsvolle, aber artige Liebesbriefe geschrieben, auf englisch natürlich, weil sich »sweetheart«, »darling« und »never ending love« in deutscher Schrift nun mal schlecht machen.

Josef war gut beraten, als er Sarah zu ihrer Taufe letzte Ostern eine schöne, bunte Bonbonniere in Form eines roten Riesenherzens von seiner zusammengesparten Zehrung gekauft hatte. Der süße Liebesbeweis liegt nun wohlverwahrt in Sarahs »Kischte«, der einzigen Privatsphäre eines Hutterers. Jeder Kolonist bekommt so eine roh geschreinerte Kiste, wenn er mit 15 Jahren zu den »Leit« kommt, als Aufbewahrungsort für die wenigen persönlichen Dinge des täglichen Bedarfs, der »zeitlichen Notdurft«. Aber schon dadurch, daß alle Truhen abschließbar sind, die neueren Modelle gar mit Sicherheitsschloß, haben sie etwas Geheimnisvolles. Und es sind auch nicht nur Hosen, Hemden, Röcke oder Zahnpasta, die hier unter Verschluß gehalten werden. Oft verbergen die Holzkisten farbige Fotos des »Boyfränds« oder »Görlfränds« neben Rasierwasser, Lippenstiften, Nagellack und Parfüm der bevorzugten Marke »Evening in Paris« – dies alles kann, wenn überhaupt, nur zum Abendmahlskarneval benutzt werden. Mädchen hüten hier verbotene Büstenhalter und Jungen ihre heimlich gemachten Cowboystiefel oder ganz selten auch mal ein »Playmate of the Month«. Alles was sonst verboten ist, im »Kischtl« darf es sein. Fragt man nach dem Grund für diese unerwartete Toleranz, so bekommt man die achselzuckende Antwort: »So is scho immer, so will's die Ordnung.« Die Altväter mögen wohl schon gewußt haben, daß auch ein Hutter-Herz aus »Flasch und Bluet« ist und seine verborgene Kammer zum Leben braucht.

Seitdem Sarah Josefs Herz in ihrer Kiste verschlossen hält, ist die Sache ernst, die Spatzen pfeifen es nun schon von den Dächern, daß die Hochzeit nicht mehr lange auf sich warten lassen wird. Zunächst muß aber noch das saftige Heu von den Wiesen geholt und in gepreßten 50pfundigen Ballen zu haushohen Quadern rund um den Kuh- und Schafstall gestapelt werden – als Futterreserve für den langen kanadischen Winter. 50 000 bis 60 000 »Bäls« (Ballen) bringt uns der erste Schnitt, ein gutes Ergebnis, das ich noch tagelang in den Armen spüre. Überhaupt verspricht dieses Jahr eine gute Ernte. Der Frühling brachte reichlichen Regen, so daß die noch grünen Getreidefelder, die sich auf den hügeligen Äckern im Winde wiegen, schwere und volle Ähren tragen. Auch in Pauls Garten stehen die Sonnenblumen in voller Blüte, der Mais schießt, die Kürbisse schwellen, und der Schullehrer hat allen Grund zur Hoffnung, daß selbst die Tomaten bis zu ihrer Reife noch genügend Sonne abbekommen werden.

Da nun das Heu gestapelt und auch im Garten außer Unkraut jäten nicht mehr viel zu tun ist, kann der Bräutigam kommen. An einem heißen Julinachmittag meldet das wütende Gekläff der Kolonie-Köter die Ankunft des hohen Gastes. Josef kommt mit Vater Johannes und seinen zwei ältesten Brüdern in einem großen Zwei-Tonner. Er ist ein kleiner, etwas untersetzter junger Mann, dessen Geheimratsecken im blonden Haar auf das reife Alter von 28 Jahren hinweisen. Hutterer heiraten gewöhnlich zwischen 20 und 25 Jahren, aber Josef hat sich ein bißchen Zeit beim »Dianejogen« gelassen. Womöglich war er auch ängstlich angesichts der anstrengenden Heiratsprozedur, denn Hutter-Hochzeiten sind alles andere als ein reines Vergnügen. Der Wunsch des Partners, eine Ehe einzugehen, ist bei dem komplizierten Verfahren gar nicht so ausschlaggebend. Ob geheiratet wird oder nicht, entscheiden, noch bevor die Eltern gefragt werden, die Gemeinderäte der Brautleute. Jeder getaufte Christ hat ja durch die Mitgliedschaft in der Gemeinde der Heiligen sein Verfügungsrecht über sich selbst verloren, »als einer, der nicht mehr er selbst ist, nicht mehr nach seinem Willen tun und handeln kann«, wie es in der Tauflehre, der »Einverleimbung«, ausdrücklich heißt.

Josef muß also zunächst zu Sarahs Prediger zum »Anfragen«. In neu geschneiderter Sonntagstracht geht er mit seinem Vater zu Elias und stammelt in seinem besten Hochdeutsch sein »Huchzatssprichl«: »Mei liaba Bruder, i hab ein herzliches Verlangen in christlichen Ehestand zu treten und wollte dich gebeten hoben, du wüllest mir dabei behilflik sein, mit der Hilfe Gottes. Omen.« Der Prediger hat sich von seiner Holzbank erhoben. Er gibt Vater und Sohn die Hand und antwortet bedeutungsvoll: »Werds mit den Bridern ibrdenken.« Am nächsten Abend bleiben alle getauften Männer der Gemeinde nach dem Gebet im Schulhaus sitzen und beraten den Fall. Prediger Elias teilt dem Paar anschließend das Ergebnis mit: »Mir hams bstimmt, s'guet. Ihr kennt Huchzat holten die näxta Wuch.« Doch bevor in der nächsten Woche die Hochzeit steigen kann, muß der Bräutigam noch »aufreden«, also bei Sarahs Eltern um die Hand der Tochter anhalten – ein abendfüllender Handel mit beinahe orientalischem Hin und Her.

Fast die ganze Kolonie ist im Haus des Brautvaters versammelt. Die nächste Verwandtschaft und die älteren Bürger der Gemeinschaft sitzen in der kahlen Wohnstube auf Stühlen und Bänken, mit dem Rücken zur Wand. Das jüngere Volk drängelt sich nebenan nach den besten Plätzen in der Nähe der offenen Tür. Die Schulkinder drücken sich draußen an den Fenstern die Nasen platt.

Zuerst erhebt sich Josef, Schweißperlen auf der tiefen Stirn, und spricht zu den künftigen Schwiegereltern: »Johannes, Elisabeth – ich begehr die Sarah und will auf sie sorgen wie auf mei rechta Hond.«

Betretenes Schweigen. Schließlich antwortet der Brautvater:

»Josef, wast da begehrst, ist was unausprechlich Großes, s'ist mei Ältesta.«

Wieder folgt beklemmende Stille.

Vom Vater des Bräutigams kommt dann zögernd ein Einwurf: »Wos konnst mochen? Wos Gott ongfongen hot, dem solln mir Menschen nit im Weg steh.«

Selbstverständlich gehen die Eltern der Brautleute davon aus, daß Josef und Sarah allein durch göttliche Fügung zueinander gefunden haben, ohne daß »fleischlicher Wille, es sei gleich umb schöner Gestalt, Jugend oder was das Fleisch ansehen möcht«, dabei eine Rolle spielt. Das wäre wider die Ordnung, wie sie Peter Riedmann verfaßt hat, und natürlich auch gegen die Bibel, in der steht: »Höre, was ich dir sage ... die also die Ehe annehmen, daß sie Gott in ihrem Herzen nicht ansehen, sondern allein, daß sie des Leibes Mutwillen genug tun wie ein Maultier und Roß, . . . ja über die hat der Teufel Gewalt« (Tobias 6,16–17).

Das ideale Vorbild der hutterischen Altvordern ist der alttestamentarische Abraham, der ins fremde Land zog, um die Sara zu heiraten, ohne sie je zuvor gesehen zu haben. So war es auch bei den Hutterern noch bis vor 100 Jahren in Rußland üblich, daß ein junger Mann, der eine Frau suchte, in eine andere Kolonie ziehen mußte, um dort dem Prediger seine allgemeine Bereitschaft zum Heiraten auszudrücken. Der notierte sich dann Namen und Anschrift des Aspiranten, und an einem bestimmten Tag im Frühling oder Herbst mußte er wiederkommen. Zusammen mit anderen heiratswilligen Hutterern der Gegend stellte das Gemeindeoberhaupt ihn dann während eines Gottesdienstes allen ledigen Frauen der Kolonie vor. Die meisten Ehekandidaten sahen sich hier zum ersten Mal. Die »Mannsleit« trafen ihre Wahl, aber die auserwählten Jungfrauen hatten das Recht, abzulehnen. »Wenn man einer Schwester einen Bruder antragt, und sie etwa kein Gaab zu ihm hat, weilen sie auch die Freiheit haben, daß man sie nicht treibt über ihren Willen«, heißt es in der alten Ordnung. Doch wer einen Heiratsantrag einmal ablehnte, bekam frühstens in einem halben Jahr, beim nächsten Hochzeitstermin, eine neue Chance. Dieses Reglement mußten die Hutterer vor etwa 150 Jahren in Rußland unter dem Druck der weltlichen Behörden aufgeben, denen schon damals diese Heiratspraxis zu rigide erschien.

Aber trotz allem beharren die gottesfürchtigen Kolonisten auf dem Anspruch, daß bei ihren Ehen Augenlust und Fleischeslust nicht über Gebühr im Spiele sei. Wer heiraten will, sollte nicht sein Fleisch fragen, sondern die Gemeinschaft, die durch den Prediger im Auftrage des Höchsten die Ehe stiftet. Und weil »was Gott zusammengefügt hat, der Mensch nicht scheiden soll« (Matthäus 19,6), ist Scheidung bei den Hutterern nicht möglich.

Genau auf dieses Bibelzitat spielt auch der Vater des Bräutigams an, als er beim »Aufreden« erklärt: »Wos Gott ongfongen hot, dem solln mir Menschen nit im Weg steh.«

Das Argument hat Gewicht. Sich den göttlichen Werken entgegenzustellen wäre Sünde. Aber der Brautvater Johannes gibt sich noch nicht geschlagen in diesem Handel. Er macht ein überraschendes Kompromißangebot, indem er seinen zukünftigen Schwiegersohn fragt, ob er sich mit der Hochzeit noch ein Jahr gedulden könne. Der Grund: Als älteste Tochter ist Sarah auch eine große Hilfe im Haushalt, beim Putzen, Kleidernähen und Wäschewaschen. Mutter Elisabeth würde nur sehr ungern auf ihre Große verzichten. »Mir kenn die Sarah noch so guet a bissela brauchen im Haus, bei die zwelf Kindr«, sagt der Brautvater.

Dieser »Kompromiß« muß dem armen Josef wie eine Abfuhr erscheinen. Er sucht Halt an der Stuhllehne, umklammert sie mit beiden Händen und blickt verstört hinab auf seine Sarah, die sich hinter einem naßgeweinten Taschentuch verkrochen hat.

Vater Johannes versucht ein bißchen zu trösten: »Wos is scho an Johr? Geht doch vorbei wie nix! Wachst Montig auf und scho is Samstig.« Der biblische Jacob habe, wie die Heilige Schrift berichtet, sogar sieben Jahre gewartet auf seine Rachel – was sei dagegen schon ein einziges Jahr? Für Bräutigam Josef eine Ewigkeit! Er hat ein ganzes Jahr auf diesen Tag gewartet, er hat seine Zehrung zusammengekratzt für das rote Schokoladenherz, er hat Liebesbriefe geschrieben und sicher manche Nacht von seiner Sarah geträumt, wenn er überhaupt schlafen konnte. Nun also soll er heimfahren mit leeren Händen und noch einmal einen ewigen Sommer, Herbst, Winter und Frühling ausharren, bis das Heu endlich gemacht ist? Das ist wohl selbst für einen gelassenen Hutterer zuviel.

Josef Gross wischt sich die Handflächen an den Oberschenkeln trocken und holt tief Luft für den letzten Versuch: »Liaba Johannes«, sagt er kreidebleich und faltet die Hände, »ich bitt dich sehr, geb se mir doch!«

Dieser ehrlichen Direktheit kann sich niemand verschließen. Die Rührung ist allgemein, und selbst die Augen des strengen Johannes werden feucht. Er fragt jetzt seinen zukünftigen Schwiegersohn überflüssigerweise, ob er auch alles gut überdacht habe, ob er mit sich ins Gericht gegangen sei und Gott angerufen habe um Hilfe und Beistand für die schweren Aufgaben, die vor ihm liegen. Josef nickt. Er bestätigt auch, daß ihm alle einschlägigen Bibelstellen wohlbekannt seien, besonders Korinther 7, wo es heißt: »Es ist dem Menschen gut, daß er kein Weib berühre. Aber um der Hurerei willen habe ein jeglicher sein eigen Weib, und eine jegliche habe ihren eigenen Mann.« Auch die Thessaloniker kann Josef in- und auswendig: »Denn das ist der Wille Gottes, daß ihr meidet die Hurerei. Und ein jeglicher unter euch wisse sein Gefäß zu behalten in Heiligung und Ehren, nicht in der Brunst der Lust wie die Heiden, die von Gott nichts wissen« (1. Thessaloniker 4,3–5). Josef kennt diese Texte aus dem Effeff.

Für einen hutterischen Christen ist die Ehe ein notwendiges Übel, und ich frage mich wirklich, wie der arme Kerl mit all diesem Bibelballast fertig werden wird, wenn er in ein paar Tagen die erste Nacht zusammen mit seiner Sarah verbringt. Wie tiefgreifend gestört muß sein Verhältnis zur Sexualität (fast ein obszönes Wort in diesem Kreis), zu seinem Körper und zu dem seiner zukünftigen Frau sein, hören wir doch bei der Lehr und beim Gebet immer wieder den Satz: »Unser Körper ist bös, tückisch und lüstig – er ist unser ärgster Feind.« Wäre ich an Josefs Stelle, ich würde auf der Stelle sterben neben der großen, schlanken Sarah, deren dicke, pechschwarze Haare, verborgen unter »Mitz« und »Tiechl«, vermutlich bis an die Kniekehlen reichen. Ich frag mich, wie sollen die beiden den biblischen Auftrag »Seid fruchtbar und mehret euch« (1. Moses 1,22) in Gottes Namen gerecht werden, bei soviel Lustfeindlichkeit und Körperverachtung?

Weil Hutterer für jede Lebenslage eine Ordung haben, ist auch dieses Problem geregelt. Der Altprediger Ulrich Stadler aus Brixen in Tirol schreibt 1536 in seinem »schöntröstlich Sendbrief von der Erbsünd und andern nützlichen Sachen«: »Wenn der Mensch bliebe rain und guet, wie er von Gott erschaffen ist, so were auch die Besamung one Lust und böse Begürd abgangen. Nun aber ist es nit also. Gott aber siehet durch die Finger umb unsers zerstörlichen Leibs willen im ehelichen Werk, auch umb der Kinder willen, und rechnet es denen (so ihn förchten und mit Zucht handlen) nit zue.« So bleibt Sarah und Josef also doch ein kleines, enges Hintertürchen offen, für eine Ehe mit vielen Wenn und Aber.

Der Brautvater Johannes hat dem armen »Aufredner« heute abend nichts geschenkt. Zwei Stunden lang hielt er ihn hin, in diesem Scheinhandel, von dem eigentlich schon von vornherein feststand, wie er ausgehen würde, denn ganz sicher hatte Sarah schon vorher mit Vater und Mutter über ihre Heiratswünsche gesprochen. Ohne die Zustimmung der Eltern hätte sie ihren Josef bestimmt nicht kommen lassen. Aber dennoch gehört zur Ordnung, es dem Freier nicht leicht zu machen, damit er auch spürt, um welche »kostbare Sach« es hier geht.

Endlich fragt Johannes dann seine Tochter: »Willst den Josef?« Es dauert ein kurzes Zögern, bis die Angesprochene hinter dem Tränentuch kleinlaut ihr erstes und einziges Wort an diesem Abend von sich gibt: »Jo«, klingt es fast schuldbewußt. Nachdem wir noch eine Weile in huttrischer Manier geschwiegen haben, blickt Johannes zu seinem zukünftigen Schwiegersohn und spricht: »Also dann in Gottes Nomen – nehm se.« Ein Aufatmen geht durch die Räume. Die Sache ist perfekt! Nun bekommt jeder Schnaps von Josef und Sarah gereicht, wir trinken alle aus dem gleichen Becher, und alle wünschen wir »guts Zusammenhausen«.

Da die eigentliche Hochzeit, das »Zusammengeben«, immer in der Gemeinde des Mannes stattfindet, kann der Prediger hier das Paar nur verloben, »zusammenstellen«. In einem nur halbstündigen Gottesdienst am Mittwochmorgen wettert der Diener des Wortes kurz und bündig gegen die vielgeschmähte Hurerei und Fleischeslust. Dem Bräutigam schreibt er zur Warnung den ersten Korinther 7,29 ins Stammbuch: «die da Weiber haben, daß sie seien, als hätten sie keine«. Nach der puritanischen Paukpredigt bittet er ihn mit seiner Braut vor das Katheder und sagt: »Es haben die Brüder verstanden, daß eins das andere als ein Gab von Gott gutwillig annehmen wölle. Weilen aber noch nichts beschlossen oder einer des andern nicht gehört hat, so frag ich dich, mein Bruder, am ersten: Begehrst du die Schwester unbeschwert und gutwillig anzunehmen, so sag es, daß sie es hört.« Josef, diesmal ohne Zögern, sagt: »Jo!« Dann wieder der Prediger: »Nachdem der Ehestand mit viel Kummer gemüscht ist, es ist ja nicht alle Tag Freud, sondern auch Leid, und weilen die Weiber mit allerlei Blödigkeit beladen seien, so frag ich dich, begehrst du auch die Sarah in Lieb und Leid nimmer zu verlassen, bis daß der Herr euch scheidet? So dir es nicht zu schwer ist, so magst bejahen.« Und wieder kommt ein entschlossenes »Jo!« Auch Sarah wird vom Prediger gefragt, ob sie den Josef »unbeschwert und gutwillig«, also ohne äußeren Zwang, anzunehmen bereit ist, was auch sie wieder unter Tränen »bejot«. Nachdem sich Sarah wie auch ihr Josef damit einverstanden erklärt haben, »fromme gehorsame Eheleut« zu sein, spendet der Prediger dem Paar seinen Verlobungssegen, und dann können wir »Hulba« feiern.

Aber der Wiedertäufer-Polterabend ist ein wahres Trauerspiel und enttäuscht mich maßlos. Stundenlang sitzen wir im Speisesaal und singen ein schwermütiges Lied nach dem anderen:

> »Wenn du willst etwas lieben / Und damit Freude han /
> So lieb nur Gott den Vater / Den wahren Bräutigam.«

Die Männer sitzen links, die Frauen rechts, und nur Josef und Sarah hocken versteinert nebeneinander auf einer Holzbank und halten schwitzige Händchen. In den kurzen Gesangspausen bekommt jeder einen Kaffeebecher voller Erdnüsse, die der Hauswirt persönlich jedem aus einem großen Jutesack in die Hand schüttet. Auf dem Hulba-Höhepunkt wird jedem eine Flasche »Lethbrigde Pilsner« auf den Tisch gestellt. Die Kinder trinken Cola.

Früher in Rußland legte der Prediger während der Feier einen Pferdeschädel vor die Brautleute, um ihnen die Vergänglichkeit allen Fleisches drastisch vor Augen zu führen. »Alles Fleisch ist Gras, und alle seine Güte ist wie eine Blume auf dem Felde«, schreibt Jesaia 40,6. Im Zeitalter des Automobils bleibt den Hochzeitern diese Zeremonie zum Glück erspart. Geblieben sind die traurigen Lieder.

> »Denket doch ihr Menschenkinder / An den letzten Todestag / Denket doch ihr frechen Sünder / An den letzten Stundenschlag: / Heute sind wir frisch und stark / Morgen füllen wir den Sarg / Und die Ehre, die wir haben / Wird zugleich mit uns begraben.«

Schlag elf erheben sich die Gerichtsbrüder, und der Prediger wünscht allen eine gute Nacht. Doch nicht jeder geht gleich ins Bett. Die unverheirateten und ungetauften Jugendlichen ziehen mit dem Brautpaar in das abgelegene Zimmer, in dem sich Sarah und Josef vor einem Jahr beim »Ich-seh-was-was-du-nicht-siehst« zum erstenmal begegneten. Aber nun sitzen sich die beiden nicht mehr wie damals scheu gegenüber, sondern so dicht Seite an Seite, als brauche einer den anderen zum Atmen. Ihre Gesichtszüge wirken gelöster, weniger verkrampft, seitdem die strengen Alten nicht mehr anwesend sind. Sarah lacht sogar, und ich sehe zum erstenmal seit Tagen ihre schönen blanken Zähne. Zu Füßen der frisch Verlobten hockt die junge Gesellschaft, Mädchen und Jungen bunt durcheinander. Alle Augen kleben am Paar des Tages, alle sehen sich satt am ausgestellten Glück.

Da zaubern Andreas und Georg ihre Mundharmonikas aus den Hosentaschen, und im Handumdrehen bin ich plötzlich mitten im Wilden Westen:

»Hey, get down the fiddle
and get down the bow,
kick off the shoes
and throw them on the floor,
dance in the kitchen
till the morning light –
Colorado Saturday night.«

Im Takt des »hopsigen« Country-Sounds klatschen wir in die Hände, stampfen mit den Füßen, schütteln die Spannung der letzten Tage von uns. Das Repertoire an »Fleischesliedern« scheint unerschöpflich, Johnny Cash (»Buffalo Baby«) und Tanja Tucker (»Texas when I die«) ist in aller Munde – weiß der liebe Himmel, wo die Jugendlichen das alles aufgeschnappt haben. Gibt es auch in Waterton versteckte Radios?

Kurz vor Mitternacht geht plötzlich die Tür auf, und Heinrich, Samuel und Andreas, die drei Schwerenöter aus der Wilson-Kolonie, werden wie Helden begrüßt. Sie haben sich nach Einbruch der Dunkelheit klammheimlich aus ihrer Arche gestohlen und sind mit dem geliehenen Kombi eines Nachbarn die 80 Meilen zu uns hinübergefahren. Auch wenn dafür sicher wieder ein paar »Deitsche« fällig sind, so eine Hinterstübchen-Hulba lohnt sich ebenso wie schon vor ein paar Wochen die ausschweifende Abendmahl-Orgie. Aber im Unterschied zu dem Küchenspektakel damals, nimmt heute das Nachtprogramm der huttrischen Jugend einen viel ruhigeren Verlauf. Ohne Alkohol im Überfluß ist man einfach nur vergnügt, freut sich über ein paar Stunden ohne Erwachsene, bis gegen ein Uhr morgens der Weinsedel Johannes mit der Taschenlampe hinterm Fenster erscheint und uns energisch ins Bett schickt:

»Geht's ham jetzt«, ruft er, »und findets jedr enkra eigens Nest!« Gehorsam gehen wir in unsere Betten, jeder in seins, auch das Verlobungspaar wird bis zur Hochzeit am nächsten Sonntag in getrennten Nestern schlafen müssen.

Das große Ehebett liegt schon fest verschnürt auf dem Lastwagen des Bräutigams, zusammen mit der übrigen Mitgift, die nach der guten alten Ordnung die Kolonie der Braut zu stellen hat: »8 Yard Bettzeig, 10 Yard wullene Ibrdeckn, 2 Tassen, 2 Untertassen, 2 Töpf, 2 Messr, 2 Gobl, 2 Lefel, 1 Schare, 1 Nähmaschin, 32 Pfund Federn.« Dazu kommt noch eine neue Bibel, ein großes Gesangbuch und die »Rechenschaft« von Peter Riedemann. In Josefs Gemeinde, oben im Norden Saskatchewans, ist ein Zimmer neben der Wohnung von Sarahs Schwiegereltern schon hergerichtet mit einer neuen Wanduhr, einer Kommode, einem Tisch, zwei Stühlen und einem Fußschemel. Zählt man dann noch die beiden »Kischtn« von Josef und Sarah hinzu, in denen sie ihre persönliche Habe hüten, dann ist die Inneneinrichtung der Brautleute komplett.

Am nächsten Morgen rüstet sich die Hochzeitsgesellschaft in aller Frühe für die 600 Meilen weite Reise zur Kolonie des Bräutigams. Sarah wird sich in der neuen Arche schnell zurechtfinden, denn wie hier wird auch in der Kyle-Gemeinde fleißig gebetet, hastig gegessen und früh ins Bett gegangen. Sarah hat auch dort ihren Gemeinschaftsdienst zu erfüllen, alle sechs Wochen »Kuchwuch« und »Melchwuch«, alle drei Wochen »Backwuch«, sie wird im Laufe der Jahre ein Dutzend Kinder bekommen, wie ihre Mutter Elisabeth, die dann zu jeder Geburt den langen Weg mit dem Kolonie-Lastwagen heraufkommt, um ihrer Tochter einen Monat lang zur Hand zu gehen. Arbeiten, beten, essen, schlafen – der Rhythmus ist überall der gleiche, wo Hutterer sind. Es kann also nicht lange dauern, bis Sarah sich bei ihrem Josef wie zu Hause fühlen wird.

»Im Hiemel«, sagt der Prediger noch schnell, bevor Abschiedswehmut aufkommt, »im Hiemel sein mir olle wieder zamm.« Dann rollt der Lastwagen langsam durch die Ausfahrt und verschwindet hinter dem Hügel.

Das Bewußtsein, Abschied nehmen zu müssen, wenn es die göttliche Ordnung vorschreibt, ist in jedem Hutterer tief verwurzelt. Die 450jährige Geschichte dieses Volkes ist geprägt durch Trennung und Vertreibung. Immer wieder mußten die Wiedertäufer von Brüdern und Schwestern scheiden, die den Märtyrertod starben, immer wieder wurden sie aus den Ländern getrieben, kaum, daß sie ihnen ein Stück Heimat geworden waren. »Der da seine Hand an den Pflug legt und sieht zurück, der ist nicht geschickt zum Reich Gottes«, spricht Jesus (Lukas 9,62), und so dürfen Wehmut und Melancholie nicht sein. Wer Gott im Herzen hat und mit ihm die Gewißheit auf himmlischen Lohn, der ist immer bereit, sich von allem und jedem hier auf Erden zu lösen, wenn die Zeit dazu gekommen ist.

Aber nicht nur durch äußere Gewalt werden die Hutterer weitergetrieben in diesem irdischen Jammertal, auch die innere Ordnung hält das Volk in dauernder Bewegung. Denn wenn eine Gemeinde über 125 Seelen hinausgewachsen ist, dann müssen neues Land gekauft und ein neuer Hof gebaut werden. In Waterton war es vor vier Jahren soweit: Die Gemeinde hatte sich dermaßen stark vermehrt, daß man sich gegenseitig auf die Füße zu treten begann. Die große und kleine Schule drohte an den vielen Kindern zu ersticken. In den Speisesälen wurde es auf den schmalen langen Holzbänken immer enger. Im Schusterhaus, beim Seifekochen, in der Schmiede – überall war die Arbeit knapp, für den einzelnen gab es immer weniger zu tun. Es soll auch zu Spannungen bei der Vergabe von leitenden Posten gekommen sein, denn nun gab es im überfüllten Waterton einige Gemeinschafter, die keine Verantwortung in irgendeinem Arbeitsbereich zu tragen hatten. Das machte böses Blut unter den Auserwählten.

Hinzu kam, daß ein Bruder nicht mehr so genau wußte, was der andere tat, die Vorsteher verloren die Übersicht über ihre zu groß gewordene Herde, die gegenseitige Fürsorge und Kontrolle ließ spürbar nach. Die Menschen entzogen sich zunehmend dem gemeinschaftlichen Leben. Sie verkrochen sich nach dem Essen in ihre eigenen vier Wände. Gleichgültigkeit begann sich breit zu machen. Die Nächstenliebe erlahmte.

Die klugen Vorfahren hatten schon bald begriffen, daß die Größe einer sozialen Gemeinschaft das Verhalten ihrer Mitglieder entscheidend beeinflußt. Und weil hutterisches Leben eine sehr intensive Beziehung der Brüder und Schwestern zueinander voraussetzt, durften die Gemeinschaften eine bestimmte Größe nicht überschreiten. Die Zahl 125 hatte sich im Laufe der Zeit als oberste Grenze beim Wachstum einer Kolonie erwiesen, dann mußte der Prozeß der sozialen Zellteilung beginnen, den die Hutterer »voneinandergehen« oder in Anlehnung ans Englische »bränschen« (vom englischen »to branch« = abzweigen) nennen. Da bei ihnen mit durchschnittlich 10,4 Kindern pro Familie eine Geburtenhäufigkeit besteht, wie sie nur noch in den Entwicklungsländern vorkommt, gleichzeitig aber die Säuglingssterblichkeit dem niedrigen nordamerikanischen Standard entspricht, vermehren sich die Auserwählten heute schneller als selbst Inder oder Brasilianer. Alle 15 bis 20 Jahre verdoppelt sich die Bevölkerung in den fruchtbaren Kolonien und sie müssen sich teilen.

Die Waterton-Brudergemeinde zum Beispiel hat schon sechs Vorgänger in Kanada und den USA. 1870 gründeten die aus Rußland angereisten Dariusleut eine Siedlung im US-Staat South Dakota, die »Wolf-Creek-Kolonie«. Kurz vor der Jahrhundertwende »bränschte« eine Hälfte der Gemeinde in den neuerbauten »Richard«-Hof. Nach dem Ersten Weltkrieg mit seinen antideutschen Ausschreitungen siedelten sie 1918 in der »Wilson-Kolonie« im kanadischen Alberta, 30 Meilen nördlich der Grenze zu den Vereinigten Staaten. 20 Jahre später errichteten die Wilsoner ihre erste Tochtergemeinde, die »Pibrock-Kolonie« nicht weit von Lethbridge, und 1961 ging man erneut auseinander. Diesmal mußten 65 Brüder und Schwestern nach Waterton, die anderen blieben in Wilson.

Als Pauls Katharina vor sechs Jahren ihr siebtes Kind Sarah bekam, die in diesem Sommer noch eingeschult werden soll, zählte Prediger Elias, daß die kritische Größe von 125 Seelen wieder einmal erreicht war, und er verkündete den Brüdern während der »Stiebl«-Sitzung am darauffolgenden Sonntag: »Es ist Zat zum Voneinandergehn.«

Also machte man sich auf die Suche nach neuem Land. Donnerstags beim Stadlgang fragte man die Brüder aus den anderen Gemeinden nach verkäuflichem Land irgendwo in der Nachbarschaft. Man studierte die Immobilienannoncen des »Lethbridge Herald« und nahm auch Verbindung zu Grundstücksmaklern auf. Da der Säckelmann Elias die Taler in den letzten 15 Jahren gut beieinandergehalten hatte, war genug Geld da für eine 800 000-Dollar-Farm in der Nähe der

Ortschaft Carmengey, 75 Meilen nordöstlich von Waterton. Der Boden dort hatte gute Ernten gebracht, genügend Grundwasser war vorhanden, und es gab auch einen günstigen Platz, auf dem man den neuen Hof errichten konnte. Ein idealer Standort also für eine Tochtergemeinde, so schien es auf den ersten Blick.

Doch als sich der Landverkauf bei der ortsansässigen Bevölkerung herumgesprochen hatte, erhob sich ein Sturm des Protestes gegen die drohende Ansiedlung der Hutterer. Eilends wurde eine Bürgerinitiative ins Leben gerufen, und 400 Bauern aus dem ganzen Distrikt zogen in die Provinzhauptstadt Edmonton, um gegen die »Hutterian invasion« zu demonstrieren. In vielen Zeitungsartikeln, die der alte Elias noch heute sorgfältig in seinem Sekretär aufbewahrt, ist nachzulesen, was die Farmer so sehr gegen die hutterische Minderheit aufbrachte: »Hutterer sind nur Bürger zweiter Klasse, denn um ein Bürger erster Klasse zu sein, muß man seinem Land mit ganzem Herzen dienen. Wenn den Hutterern unsere Gesellschaft nicht gut genug ist, dann sollten sie besser dorthin verschwinden, wo sie hergekommen sind«, zitierte der »Lethbridge Herald« einen aufgebrachten Farmer.

Ein anderer Bauer beteuerte, er habe persönlich gar nichts gegen die Hutterer als Individuen. »Der einzelne Hutterer ist sicherlich der beste Nachbar, den man sich wünschen kann, immer hilfsbereit, immer freundlich. Aber ihre Kolonien leisten keinen Beitrag für die Gesellschaft.« Konkret heißt das: Die Auserwählten schicken ihre Kinder nicht in öffentliche Schulen, sind am Gemeindeleben nicht interessiert, werden weder Mitglieder im Lions Club noch im Hockey- oder Curling-Verein. Sie konsumieren auch zu wenig, und wenn sie etwas brauchen, dann kaufen sie es nicht in den dörflichen Geschäften, sondern fahren in die 60 Meilen entfernte Stadt Lethbridge, um es auf dem Großmarkt billiger zu bekommen. Ergebnis: Das Gemeindeleben verödet, die Schulen müssen mangels Schülern geschlossen werden, die Geschäfte machen pleite, das Dorf stirbt. Und die Hutterer sind an allem schuld.

Ähnliche Fälle hatte es schon viele gegeben im Umkreis von Carmengey, wo sich bereits drei andere Kolonien neben dem geplanten Waterton-Ableger niedergelassen haben. Über 5% des bebaubaren Landes waren hier bereits in hutterischen

Händen, gegenüber nur einem Prozent im ganzen Land Alberta.

Doch was die Farmer nicht sehen wollten, war die Tatsache, daß auch in den anderen Gebieten, wo überhaupt keine Hutterer siedeln, ähnliche Entwicklungen zu beobachten sind. Denn nicht Elias und seine Brüder verändern das sozioökonomische Gleichgewicht der ländlichen Region, sondern die allgemeine Landflucht. 1941 betrug die Bevölkerungszahl der drei Prärieprovinzen Alberta, Saskatchewan und Manitoba 2,4 Millionen Menschen, davon wohnten 62% auf dem Lande. 1966 wuchs die Bevölkerung auf 3,4 Millionen, doch 63% lebten nun in den Städten. Von 1941 bis 1966 ging die Zahl derjenigen, die auf Farmen lebten, von 1,4 Millionen auf 760 000 zurück. Vom Pazifik bis zum Atlantik verkauften kleine Bauern ihre Höfe, weil sie nicht mehr wie einst die Vorfahren von ein paar Acres Land bei einer harten 70-Stunden-Woche existieren konnten und wollten.

Die Landwirtschaft ist im technologischen Zeitalter zu einem »Big Business« geworden, in dem nur noch Großunternehmen bestehen können, die über das nötige Kapital für rentable Maschinen verfügen. Die Hutterer sind nicht die Verursacher, sondern allein die Nutznießer dieser Agrarrevolution, und doch macht man sie überall dort, wo sie sich niederlassen, zu den Sündenböcken.

Besonders wütend waren die Leute damals, im Jahre 1974 – und sie sind es noch heute –, daß ausgerechnet die konservative Provinzregierung des neugewählten Premiers Peter Longheed ein Jahr zuvor mit der Abschaffung des »Communal Property Act« die letzte gesetzliche Diskriminierung der Hutterer beseitigt hatte. Dieses Gesetz aus dem Kriegsjahr 1944 untersagte es den Gemeinschaftern, Kolonien zu gründen, die größer als 6400 Acres waren und weniger als 40 Meilen von der nächsten Hutter-Siedlung entfernt lagen. Auch konnten die Auserwählten kein Land erwerben, das nicht vorher mindestens 60 Tage privaten Farmern zum Verkauf angeboten worden war. Mit diesem Gesetz wollte man in der Nachkriegszeit den heimkehrenden Veteranen die Reintegration in das Wirtschaftsleben des Landes erleichtern. 30 Jahre später, so befand die neue Regierung, war diese »Lex Hutterites« längst überflüssig geworden. Sie verstieß sogar gegen die 1960 vom damaligen kanadischen Premier John Diefenbaker durchgesetzte »Bill of Rights«, die den zivilen Rechten der ethnischen Minderheiten im zweitgrößten Land der Erde mehr Bedeutung zuerkannte.

Doch vom »Multi-Culturalism«, wie ihn die liberal gesinnten Politiker in den Hauptstädten Ottawa und Edmonton propagierten, wollten die konservativen Farmer in der Provinz nichts wissen. Ihnen erschienen die schwarzgekleideten Kollegen aus Waterton als eine Bedrohung, weil sie so ganz und gar anders waren, weil sie die eigenen Werte und Normen praktisch allesamt auf den Kopf stellten und doch scheinbar glückliche Menschen und obendrein auch noch erfolgreiche Farmer waren. Sie bedauerten die »poor Huts«, die auf jeden Spaß im Leben verzichteten, und beneideten sie zugleich um ihre friedliche Lebensart. Sie lachten über ihre altmodischen, selbstgemachten Schnürschuhe und bewunderten die modernen Mähdrescher, von denen sie nur träumen konnten. »Wir müssen gegen den hutterischen way of life ankämpfen«, diktierte ein aufgebrachter Bauer während der Protestdemonstration in Edmonton den Zeitungsreportern ins Notizbuch, »und wenn es gar nicht anders geht, dann werden wir sie mit Gewalt dazu zwingen, ihren Kommunismus aufzugeben, damit sie so wie wir die Freiheit unseres Landes genießen können.«

Doch alles Drohen und Protestieren half nichts. Die Hutterer aus Waterton kauften das Land ganz legal, zahlten gut und begannen mit dem Bau der neuen »Arche«. Die Bautrupps bezogen in provisorischen Baracken ihre Notquartiere, in denen gegessen, gebetet und geschlafen wurde. Samstagabends ging man immer heim in die alte Kolonie, um gemeinsam den Feiertag zu heiligen. Nachts kamen gelegentlich auch angetrunkene Rowdies mit ihren Motorrädern, stachen Autoreifen durch oder schmissen ein paar Fensterscheiben ein und verschwanden wieder. Doch größere Zwischenfälle konnten zum Glück vermieden werden.

Im Spätherbst des Jahres 1975 war die neue Arche bezugsfertig. Alles war so wie zu Hause, die sechs langgestreckten Wohnhäuser, eine Reihe im Osten, eine im Westen, die Küche im Süden, die Schule im Norden. Nur die Rockies waren ein bißchen geschrumpft und bildeten nicht das drohend gewaltige Panorama, wie zu Hause im Vorgebirge am rauschenden Waterton River. Das ganze Material für den Neubau kostete eine halbe Million Dollar, wobei die Melkmaschine, das Notstromaggregat aus alten Beständen der US-Armee und die Kühlanlage der Küche die teuersten Einzelausstattungen waren. Die Schusterei und das Buchbinderhäuschen sollten erst im Laufe des kommenden Jahres eingerichtet werden, und die Muttergemeinde war verpflichtet, alle Reparaturen und Buchbindearbeiten bis dahin zu übernehmen.

Nun packten alle Kolonisten ihre karge Habe. Weil noch niemand wußte, wer nun in die neue Gemeinde ziehen und wer in der alten bleiben würde, machte sich jeder bereit für die Abfahrt. Insgeheim gab es kaum einen, der nicht hoffte, hier in der alten, vertrauten Umgebung bleiben zu dürfen. Vor allem Sarahbasel, die Frau des Säckelmanns, die in ihren 72 Lebensjahren schon dreimal »voneinandergehen« mußte, betete darum, nicht umziehen zu müssen, damit sie im guten, alten Waterton sterben könne.

Am Donnerstagnachmittag entschied sich auch ihr Schicksal. Alles war abfahrbereit, und die getauften Brüder der Kolonie trafen sich zu ihrer letzten gemeinsamen Ratssitzung. Sie kamin, um den Besitz ihrer Gemeinde zu teilen, die sechs Traktoren, das Vieh, die noch unverkauften Schafsfelle, auch die Würste im Kühlhaus und die frischgeschlachteten Enten. Gerätschaften, die es nicht doppelt gab, wog man gegeneinander auf. So wurde der selbstgebaute Teigkneter dem einen Teil zugesprochen und die Maschine zum Hühnerrupfen dem anderen. Alles wurde genau auf zwei Blatt Papier fixiert, in des Schullehrers akkurater deutscher Schrift.

Als man sich geeinigt hatte, welche Besitzhälfte nun der Waterton-Kolonie zugesprochen werden sollte und welche dem Carmengey-Hof, da teilte man auch das Volk. Ein kompliziertes Unterfangen, denn Menschen lassen sich nun mal schlechter auseinanderdividieren als Kühe, Schafe oder tiefgefrorene Enten. Da war Rücksicht zu nehmen auf Verwandtschaftsbeziehungen, die Altersstruktur und auch die Größe der Gruppen sollte ungefähr gleich sein. Vor allem mußten beide Bevölkerungsteile in der Lage sein, unabhängig voneinander eine Kolonie funktionsfähig zu halten. Sowohl der alte als auch der neue Hof brauchten einen Prediger, einen Hauswirt, einen Brotschneider, jemand, der mit dem Vieh umgehen konnte, jemand, der sich in der Schmiede gut auskannte, und natürlich war für beide Gemeinden je eine starke Hand vonnöten, die die Jugend in Zucht und Ordnung hielt.

Michael Gross, der damalige erste Prediger von Waterton, schrieb zunächst seinen Namen und den seines Stellvertreters Elias nebeneinander an die große grüne Schultafel. Nun wurde diskutiert, welche Familie zu welchem Prediger gestellt werden sollte, um ein gerechtes, soziales Gleichgewicht beider Gruppen herzustellen. Zum Schluß standen 60 Namen auf der einen Seite der Tafel und 65 auf der anderen. Nun mußten die beiden Prediger je ein Los aus dem Hut des Schullehrers ziehen. Michael griff als der ältere zuerst, mit verschlossenen Augen, und erwischte einen Zettel, auf dem die Worte standen: »Neuer Hof«. Er und seine 65köpfige Gefolgschaft waren also von Gott auserwählt, nach Carmengey zu ziehen, die Gruppe um Elias durfte bleiben. Bevor die Männer die Sitzung beendeten, um den ungeduldig wartenden Angehörigen das Ergebnis mitzuteilen, knieten sie nieder und dankten dem Herrn für seine weise Entscheidung.

Wie der Blitz verbreitete sich die schicksalsschwere Nachricht in der Kolonie, und während die einen ihre gebündelten Sachen wieder auspackten, luden die anderen ihre Kästen, Stühle, Betten und Tische auf die drei wartenden Lastwagen. Nach dem Abschiedslunschen mit »Zwibock«, »Schutenhonkelich« und »Koffie« ging es unter Tränen voneinander, und jeder sprach dem anderen die tröstenden Worte zu: »Im Hiemel sein mir widr zamm.« Sarahbasel aber war froh, daß ihr dieser Umzug auf ihre alten Tage nun doch erspart geblieben war.

In den vier Jahren seit der Trennung von den »Carmengeyern« ist die Waterton-Kolonie schon wieder um 27 Kinderseelen gewachsen, von denen Pauls Katharina allein vier zur Welt brachte. Die 100 000 Dollar Schulden, die man beim Aufbau der neuen Siedlung gemacht hatte, sind bereits von den beiden Gemeinschaften zu je 50 Prozent abbezahlt. Auch haben neue Traktoren und Drescher die Lücken im Maschinenpark wieder aufgefüllt, die durch die Teilung entstanden waren. Heute denkt der Säckelmann schon wieder ans nächste Voneinandergehen in gut zehn Jahren. Nach seinen Berechnungen muß er in

Anbetracht der steigenden Bodenpreise rund eine viertel Million im Jahr sparen, damit Mitte der neunziger Jahre die nötigen Mittel für den neuen Hof zur Verfügung stehen. Also legt er mit gemeinnütziger Knauserigkeit die Dollars auf die hohe Kante. Die Bilanz der Gemeinde hat Elias trotz seiner prinzipiellen Verachtung alles Materiellen im Kopf ebenso präsent wie die Bergpredigt oder das Lukas-Evangelium. Der Widerspruch Mammon oder Gott (Lukas 16,13) löst sich im Dienst für die Gemeinde auf zu einer frommen Geldhamsterei zum Wohle aller.

Alles menschliche Handeln steht für die Hutterer immer in einem Spannungsverhältnis zwischen Gemeinnutz und Eigennutz. Wer durch seine Arbeit dem Interesse des Ganzen dient, der tut gut, auch wenn er gegen die gesetzlichen Bestimmungen der Welt verstößt. Hält also der »Hiehnerjerg« insgeheim ein paar hundert Hennen mehr in seinen Legebatterien, als ihm nach den Verordnungen des »Albertian Egg Marketing Board« eigentlich zusteht, dann ist das zwar ein irdisches Unrecht, vor Gott aber ist es wohlgetan. Brät er sich andererseits aber ein einziges Ei, ohne vorher die Köchin um Genehmigung gefragt zu haben, oder steckt er Gemeindegelder aus dem Verkaufserlös der Brathühnchen in die eigene Tasche, so gilt das als eine schwere Sünde, als Vergehen gegen Gott. Der gängige Hutterspruch »Die Gemeinschaft wär nit schwer, wenn der Eigennutz nit wär« verrät, daß Selbstlosigkeit auch für einen Auserwählten keineswegs selbstverständlich ist, zumal die bösen Verführer überall »umhergehen wie die brüllenden Löwen und suchen, welche sie verschlingen« (1. Petrus 5,8).

Diese kommen mit luxuriösen Limousinen in die Kolonie gefahren, braungebrannt, Sonnenbrille auf der Nase, das Kaugummi zwischen den gefletschten Zähnen. Sie sind gewöhnlich Yankee-Karikaturen, diese Vertreter, die hier täglich aufkreuzen, um ihre Geschäfte mit den Hutterern zu machen. Meistens halten sie mit ihren »Chevis« oder »Buicks« vor dem Haus des Säckelmanns, und sie zögern auch nicht, abends gegen acht hier hereinzuplatzen, während wir gerade die Ballade irgendeines tapferen Märtyrers singen, der irgendwann einmal irgendwo für die hutterische Sache litt.

»Hey folks – my name is George«, poltert da ein hühnenhafter Kerl ohne eine Spur von Verlegenheit in die Stube. Im Angesicht der dreißig bis vierzig Frauen, Männer und Kinder, die ihn alle anstarren, als käme da ein tollwütiger Bär aus den Bergen, fragt dieser George, ob hier ein »meeting« stattfinde. »No«, antwortet Elias trocken, »these are just my children and grandchildren.« Beim Stichwort »grandchildren« (Enkelkinder) öffnet der Hüne sein schwarzes Lederköfferchen und greift sich eine Handvoll Reklamekugelschreiber einer Tierfutterfabrik. »Animals love VIGOR« steht auf den Plastik-Kulis, die der Mann jetzt mit breitem Grinsen jedem Jungen und Mädchen in die Hand drückt. »Thänk ju«, sagen die Kinder verlegen, ohne zu ihrem Gönner aufzuschauen. Der setzt sich auf einen Hocker, den man ihm zugeschoben hat, und fragt Elias: »How are you today?« Die Frage klingt hier peinlich. Die formale Höflichkeit dieses »Englischen« wirkt grotesk und verlogen. Mir kommt er vor wie ein weißer Kolonialherr des 17. Jahrhunderts, der sich mit bunten Perlen und guten Worten das Wohlwollen der Eingeborenen ergaunert. Jeder weiß, daß dieser Mensch gekommen ist, um sein Entenfutter loszuwerden; das Wohlbefinden des Hauswirts ist ihm dabei nur insoweit von Bedeutung, als er noch über die nötigen Kräfte verfügt, die Bestellscheine zu unterschreiben.

Auch das Wetter, von dessen Beständigkeit nun die Rede ist (»Nice summer this year!«), hat mit den geschäftlichen Absichten des Managers nichts zu tun. Er stellt seine Fragen, sorglos und plump, wie bei jedem Kunden. Doch hier erreicht er niemanden. Elias wartet mit zusammengekniffenen Augen darauf, daß dieser »Englischa« zur Sache kommt. Den Enten gehe es gut, antwortet er, wie könnte es ihnen bei Pauls gewissenhafter Fürsorge denn anders gehen? Aber bis zum Schlachten im Oktober könnte man noch etwas Futter brauchen, und so ordert der Alte fünfzig Zentner VIGOR. Der Futtermittelvertreter zückt blitzschnell ein Formular, notiert die gewünschte Menge und reicht es Elias zur Unterschrift.

Ein wenig ungelenk, weil ihm die lateinischen Buchstaben etwas schwer von der Hand gehen, zeichnet der Säckelmann mit »Elias S. Wurz«, wobei das Initial auf seine Frau Sarah hinweist. Solange er noch unverheiratet war, stand da statt dieses S. ein J. für Johannes, seinen Vater. Auch Sarah trug ihren Vater im Namen, bis Elias sie vor mehr als vierzig Jahren zur Frau nahm, und nun heißt sie »E. Sarah Wurz«. Der Name des Mannes steht natürlich an erster Stelle, soll doch der Mann dem Weib überall vorangehen.

Elias S. Wurz bekommt nun eine Quittung des Bestellscheins. Aber er bekommt auch noch etwas anderes, »a personal present«, ein persönliches Geschenk, wie der Vertreter sagt. Die »kleine Aufmerksamkeit« ist ein schöner Vierfarbstift aus glänzendem Metall. Elias errötet ein wenig über dem weißen Vollbart, bedankt sich kaum hörbar und steckt das Präsent mit einer schnellen, etwas fahrigen Bewegung in ein Schubfach seines Eichenholzsekretärs. Ist ihm nicht wohl, vor der versammelten Gemeinde beschenkt zu werden? Zwar läßt sich der persönliche Besitz eines solchen Schreibgeräts noch damit rechtfertigen, daß ihn der Haushalter im Dienste der Gemeinschaft und nicht zum eigenen Nutzen brauchen wird, aber wo zieht man dann die Grenze?

In Lethbridge habe ich gesehen, wie sich die Vertreter aller Agrarbranchen – von den Traktorvertretern bis zum Kunstdüngeragenten – über die hutterischen Stadtbesucher hermachen, um ihnen ihre Produkte aufzuschwatzen. Da geht man gemeinsam zum großzügigen Spesenessen, da werden Gasfeuerzeuge, Taschenlampen, ja selbst Ferngläser verschenkt, wenn dies gewinnversprechend erscheint. Und wie korruptionsanfällig muß so ein armer Hauswirt sein, der mit einem Taler Zehrung in der Tasche die Vorauswahl von zwei oder drei Mähdreschern treffen soll, die 40 000 Dollar das Stück kosten? Was tut er, wenn ihm der Manager ein oder zwei zehntel Prozent als »persönlichen Nachlaß« in Aussicht stellt, was wohl gelegentlich vorkommen soll? Kein Mensch würde es merken, wenn er 400 Bestechungs-Dollar in der eigenen Tasche verschwinden ließe. Ein Vermögen für einen Hutterer, ein Trinkgeld für den Landmaschinenvertreter. Aber Gott sieht alles, und er wird Rechenschaft fordern über jeden Cent. Diese Gewißheit mag mancher Versuchung widerstehen helfen. Mögen 400 Dollar auch etwa der Zehrung von zehn bis fünfzehn Jahren gleichkommen, das Fegefeuer sind sie doch nicht wert.

Auch mir macht in diesem Sommer eine Versuchung schwer zu schaffen. Der Waterton-Stausee, der sich gleich hinter dem Hügel im Nordosten kühl und klar ausbreitet, wirkt in diesen

Hundstagen, bei Temperaturen bis 35 Grad Celsius, wie ein Magnet auf mich. Aber mit dem Baden ist das natürlich so eine Sache. Bei Kindern und Jugendlichen sieht der Lehrer noch durch die Finger, wenn sie sich in ihren Heilsarmee-Badeanzügen aus den sechziger Jahren im Wasser tummeln, Jungen und Mädchen strikt getrennt an zwei weit auseinander gelegenen Badestellen. Strenggenommen ist Schwimmen sicher ebenso eine Fleischeslust wie Schlittschuhlaufen oder Baseballspielen, das die Englisch-Lehrerin der Waterton-Kolonie gegen Pauls Willen mit ihren Schülern auf der Wiese hinter dem Schulhaus veranstaltet. Jede körperliche Betätigung, die nicht zu Nutz und Frommen der »Gmah« ist, erscheint Paul als höchst problematisch.

Mit einem ziemlich schlechten Gewissen stehle ich mich daher auch jeden Morgen eine Stunde vor dem Wecken aus meinem Buchbindehaus und schleiche mich leise, daß die Hunde nicht anschlagen, am Hühnerstall vorbei hinüber zum See, dem »Läck«. Das Gefühl, etwas heimlich zu tun in Gottes Arche, erregt meine Phantasie an jedem Sommermorgen neu. Mein See, der hinter dem Hügel zwischen den sacht ansteigenden Wiesen das flache Morgenlicht reflektiert, er erscheint mir wie eine Geliebte, mit der ich mich unter den Augen des strengen Gottes täglich aufs neue vereinige. Splitternackt schwimme ich ein paar hundert Meter, ziehe eine gerade Blasenbahn über den glatten Wasserspiegel, bis beide Ufer etwa gleich weit von mir entfernt sind. Dann lege ich mich auf den Rücken, höre in die Stille und träume dem Bussardpärchen nach, das über mir im Aufwind des Vorgebirges seine Spiralen dreht.

Es ist für mich ein ganz besonderes Gefühl, so allein zu sein, ohne Schullehrer, ohne Prediger, ohne die kritischen Blicke, die sonst von früh bis spät auf mir lasten, wo immer ich gehe und stehe. Nach einem halben Jahr bei Gottes auserwähltem Volk spüre ich noch immer die Sehnsucht nach meiner Welt. Wie lange schon habe ich nicht mehr getanzt? Wie lange habe ich keinen anderen Menschen mehr berührt? Wie gerne, verdammt noch mal, würde ich einmal wieder nach Herzenslust so richtig fluchen?! Es gibt Tage, da muß ich mich regelrecht treten, um zu Lehr und Gebet zu gehen. Das ewige Gerede von Gottesfurcht, Höllenpein und himmlischem

Glück, ich kann es oft nicht mehr hören. Mir stellen sich manchmal die Nackenhaare auf, wenn ich im kreischenden Gesang der Gemeinde sitze, eingekeilt zwischen dem Schweineboß und dem Schmied. Am liebsten würde ich den Schulkindern nacheifern und mir die Nase so blutig bohren, daß ich ins Freie laufen kann. Ich muß zugeben, daß mir an schlechten Tagen die Predigten fast wie Gehirnwäsche vorkommen, dieses ewige Einpauken von Treu und Glauben Tag für Tag, ich fühle mich dann geradezu geistig vergewaltigt.

Je länger ich hier bin, desto mehr verliert sich meine Distanz zu den Hutterern, ihre Distanz zu mir. Ich werde zunehmend vereinnahmt, und immer häufiger fragt mich der Lehrer oder der Prediger, ob ich nicht langsam eingesehen hätte, daß allein der hutterische Lebensweg selig mache. Vor dem Jüngsten Gericht, so warnen sie mich, würde ich mich nicht herausreden können, ich hätte vom rechten christlichen Leben nichts gewußt. »Wenn du kei Huttrischer willst sein, Miechel«, sagt mir Paul immer wieder, »dann mußt geduppelte Strof leidn in der Hell.«

Sie wollen mich also zum Hutterer machen, die Heiligen von Waterton, und wer kann es ihnen verdenken. Deutlicher können sie mir ihre Zuneigung gar nicht zeigen, als durch diese Aufforderung, einer der ihren zu werden. Könnte ich den engen Weg gehen, wäre ich einer der ganz wenigen, die in Nordamerika von außerhalb zum huttrischen Glauben konvertierten. Fünf oder sechs Weltmenschen haben es bisher versucht – alle wurden sie über kurz oder lang wieder abfällig und verschwanden dorthin, woher sie kamen. Angesichts dieser Mißerfolge haben die Brüder ihre aktive Missionierungstätigkeit – bis ins 18. Jahrhundert ein Schwerpunkt ihrer Glaubensarbeit – in der neuen Welt gänzlich eingestellt. Wer bekehrt werden will, muß von sich aus in die Kolonie kommen.

Mir macht der Gedanke, für immer hierbleiben zu müssen, Angst. Die Geborgenheit der Gemeinde wird mir allmählich zur Beklemmung, ich fühle mich verbannt, eingesperrt, abgeschnitten von meiner Welt. Und bittere Vorwürfe mache ich mir auch: Bin ich schon zu weit gegangen mit meinem Vorhaben, alles genau kennenzulernen, am eigenen Leibe und an der eigenen Seele mitzuerleben, was hutterisches Dasein eigentlich ist? Ist es überhaupt möglich für einen Weltmenschen, überfordere ich damit nicht sowohl die Hutterer als auch mich selbst? Und wie werde ich hier wohl wieder herauskommen, im nächsten Winter, wenn mein Jahr um ist, muß das nicht zu großen Enttäuschungen führen, wenn nicht sogar zu einem Bruch? Werden Elias und die Seinen mich verdammen bis in alle Ewigkeit? So schwanken meine Gefühle zwischen Beklemmungsängsten und schwereloser Ungebundenheit, während ich hier in der Mitte meines Bergsees auf dem Rücken treibe, die kreisenden Bussarde über mir.

Es ist kein Zufall, daß ich gerade in diesen Wochen, da sich in mir erste Widerstände gegen die auserwählte Gesellschaft regen, einen Hutterer näher kennenlerne, der wie ich eine Außenseiterrolle spielt. Es ist Peter E. Wurz, genannt »Pätsch«, ein Sohn des Predigers Elias. Peter ist ein »ormes Kind«, wie die Leute hier sagen, ein geistig schwer gestörter Junge, hoch aufgeschossen, fast ein wenig mager, mit bohrenden, hellblauen Augen. Die Bewegungen des Achtzehnjährigen sind unkoordiniert, er hat Mühe, das Gleichgewicht zu halten. Oft fällt er deshalb der Länge nach hin, seine Zahnlücken zeugen von manchem schwerem Sturz. Aber Pätsch ist zäh. Wenn er irgendwo hin will, dann brüllt er »DA!«, einer der wenigen Laute, die er von sich geben kann, und tapert los, auch wenn das wieder Beulen kostet.

Als ich ihn gleich bei meiner Ankunft in der Waterton-Kolonie zum erstenmal sah, fiel mir Frankenstein ein, und ich hatte Angst vor ihm. Sein alles durchdringender Blick, sein für mich unberechenbares Verhalten, verunsicherten mich. Menschen wie ihn hatte ich noch nie gesehen, denn in meiner Welt leben die Peters hinter hohen Mauern, werden mit Beruhigungsmitteln »ruhiggestellt« und verdämmern ihre Tage zwischen Gummiwänden. Hutterer aber brauchen keine Nervenheilanstalten. Sie lassen die »ormen Kinder« ihr eigenes, anderes Leben führen, ganz außergewöhnlich für eine Gesellschaft, in der das Anderssein eigentlich tabu ist.

Am liebsten ist Pätsch dort, wo es was zu sehen gibt: beim Seifekochen etwa zwischen den großen dampfenden Kesseln oder beim Entenfüttern, wenn Paul im Geschnatter von 1500 Sonntagsbraten die Gerste schaufelt. So etwas macht ihm Spaß. Manchmal erscheint er auch mitten im Sonntagsschulunterricht mit rudernden Armen und lautem »DA«, setzt sich neben mich und staunt. Da grinsen die Kinder wohl ein wenig, freuen sich über die willkommene Abwechslung, aber Lehrer Paul tut so, als sei gar nichts und fährt fort, mit der flachen Hand den Gebetstakt aufs Katheder zu schlagen, wie immer vergeblich bemüht, ein wenig Betonung in unser müdes Gemurmel zu bekommen.

Auch für Peter gilt der Hutterergrundsatz: »Jedr gibt, wos'r konn, und kriegt, wos ihm not ist.« Arbeiten kann er nicht, und doch bekommt er wie alle jährlich sein neues Paar Schnürschuhe, seine »vier Yard Hosenzeig« und am Monatsanfang seine Gallone Blümchenwein. Ohne viel Sentimentalitäten wird er mittags in der Küche von einer der Frauen, die gerade »Kuchwuch« hat, abgefüttert. Weil er nun mal nicht so gut zu Fuß ist, serviert ihm Mutter Rebecca morgens und abends sein Essen ans Bett. »Was ihr getan habt einem unter meinen geringsten Brüdern«, sagt Jesus, »das habt ihr mir getan« (Matth. 25,40).

Die Selbstverständlichkeit, mit der die Kolonisten von Waterton mit ihrem geringsten Bruder Peter umgehen, hilft mir, meine Ängste vor ihm allmählich abzubauen. Durch meinen alltäglichen Umgang mit dem Jungen lerne ich ihn verstehen. Langsam entdecke ich in seinen großen Augen ein geheimnisvolles Leben, eine entrückte Wachheit, die mich fasziniert und anzieht. Ich fühle mich jetzt sogar richtig wohl, wenn er neben mir im Gras hockt und beobachtet, wie ich einen verrotteten Weidenzaun erneuere oder einen Reifen wechsle. Stundenlang kann er so zusehen, ohne mich dabei verlegen zu machen. Gelegentlich streckt er seinen rechten Zeigefinger in die Luft, sagt sein tiefes, bedeutungsschweres »DA«, und dann müssen wir beide lachen, ohne genau zu wissen, warum.

Ich erzähle ihm auch gern ein bißchen von meinem Heimweh oder vom See hinter dem Hügel und fühle dabei, daß niemand besser begreift, was mich hier bedrückt, als Peter. Er ist auch der einzige, der es sich erlaubt, mir einfach mal die Hand auf die Schulter zu legen oder mein Gesicht zu streicheln, einfach so. Wie beschränkt aber bin ich, daß ich es mir nicht erlaube, diese Geste der Zuneigung und Zärtlichkeit zu erwidern? Ist es die Angst vor den anderen? Ist es die Angst vor mir selber? Der liebe Peter sieht meine Hemmungen auf einen blauen Blick. Er lacht und ich fühle mich verstanden.

Es gibt noch zwei andere »orme Kinder« in der Waterton-Kolonie. Von Peters fünf Geschwistern leiden zwei, die fünfzehnjährige Anna und der zwölf Jahre alte Jakob, unter ähnlichen Störungen wie ihr älterer Bruder. Die drei übrigen Geschwister, Christian, 25, Tura, 23 und Rebecca, 14, sind völlig normal. Ihr Vater Elias und ihre Mutter Rebecca sind Cousin und Cousine zweiten Grades. Solche Ehen kommen in Huttererkreisen gelegentlich vor. In ganz seltenen Fällen ist das Brautpaar nur um eine Ecke verwandt, was nach kanadischem Gesetz eigentlich verboten ist. Die Bibel berichtet von ähnlichen Fällen, also finden auch die Auserwählten nichts Anstößiges oder Widernatürliches an solchen Verwandtenehen. »Was Gott angefangen hat, dem soll der Mensch sich nicht in den Weg stellen«, heißt es dann.

Dennoch hören die Ältesten seit einigen Jahrzehnten immer mehr auf die weltlichen Mediziner, die vor den schädlichen Folgen der starken Inzucht warnen. Wenn man bedenkt, daß die jetzt 25 000 bis 30 000 Hutterer alle von etwa 300 Personen abstammen, die vor gut 100 Jahren aus Rußland nach Amerika kamen und die schon damals alle eng miteinander verwandt waren, dann wundert man sich, daß die Zahl der Debilen nicht viel höher ist. Problemverschärfend wirkt sich hier die Regel aus, daß Ehen zwischen Darius-, Lehrer- und Schmiedeleut prinzipiell zwar gestattet sind, aber selten geschlossen werden.

Peters Eltern hörten nicht auf den Rat der Ärzte, sich nach dem ersten behinderten Kind sterilisieren zu lassen oder Verhütungsmaßnahmen zu ergreifen. Wo der Nachwuchs noch als wahres Gottesgeschenk empfunden wird, ist Geburtenkontrolle Blasphemie. Der Prediger und seine Frau betrachten ihr schweres Schicksal denn auch als eine Prüfung Gottes, als besondere Bürde und damit als göttlichen Gunstbeweis, denn je schwerer und steiniger das Erdendasein ist, desto fröhlicher wird das Leben im Himmel. »Hier in lauter Freuden leben / Macht im Tode lauter Not, / Aber auf ein traurig Leben / Folgt ein freudenreicher Tod«, heißt es im huttrischen »Liedlbichl«.

Die Außenwelt beschäftigt das Problem der huttrischen Inzucht auf vielfältige Weise. Da geht in der Welt das böse Gerücht um, daß die Gemeinschafter bis zu 100 Dollar an junge Kanadier zahlen, wenn sie frisches Blut in die Kolonien bringen. Angeblich soll es auch Zeitungsannoncen mit solchen Angeboten geben. Wäre auch nur ein Funken Wahrheit an diesem Gerede, hätte ich das sicher gemerkt. Meine totale Enthaltsamkeit beweist das Gegenteil, denn man hält mir hier ganz bewußt die »Diane« vom Leib. Kommt mal Besuch von anderen Kolonien, dann bin ich der einzige Unverheiratete, der abends nicht mit den Jungen und Mädchen zusammensitzen darf, um harmlose Versteck-Spielchen zu treiben. Die Alten fürchten, ich weltlicher Sünder könnte mich in eine Sarah oder Rachel vergucken. Die Schande wäre nicht auszudenken!

Natürlich befaßt sich auch die Wissenschaft mit dem Phänomen des »Hutterian inbreeding«, der Inzucht also. Für sie sind die isoliert lebenden Hutterer ein sozialwissenschaftlicher Leckerbissen, denn außer den Amishen im Osten und mittleren Westen der Vereinigten Staaten gibt es keine Bevölkerungsgruppe in Nordamerika, die sich ihre genetische Homogenität so konsequent erhalten hat. »Groth and Inbreed of a Human Isolate« heißt zum Beispiel eine von der Universität Cleveland, Ohio, durchgeführte Untersuchung, die 667 Schmiedeleut-Ehepaare gemessen und dabei festgestellt hat, daß die Söhne aus Ehen von Cousins und Cousinen ersten Grades durchschnittlich um zwei Zentimeter und die Töchter sogar um fünf Zentimeter kleiner sind als solche Kinder, deren Eltern nicht so eng miteinander verwandt sind.

Eine Studie der Wayne University, Detroit, aus den fünfziger Jahren, über die »geistige Gesundheit der Hutterer« fragt, ob genetische Faktoren nicht auch eine Rolle spielen könnten beim Auftreten von manischer Depression und Schizophrenie unter den Brüdern und Schwestern. Zu eindeutigen Antworten kommen die Wissenschaftler hier allerdings nicht. Zwar sei das Auftreten von Psychosen (insbesondere von Schizophrenie) in den Kolonien nur ein Drittel so häufig wie etwa im Staate New York, doch soll es andererseits mehr Depressionen unter den Hutterern geben als im Bevölkerungsdurchschnitt. Es scheint aber zweifelhaft, ob die Ursache dafür in ihrem biologischen Erbe zu suchen ist oder nicht vielmehr in ihrer Lebens- und Glaubensweise.

Eine Gesellschaft, die von einer harmonischen sozialen Ordnung geprägt wird, ohne Konkurrenz und Leistungsdruck lebt, in der es keine wirtschaftlichen Unsicherheiten gibt, keine Arbeitslosigkeit und mangelnde Altersversorgung, die also von der Wiege bis zum Grab eine umfassende soziale und geistige Lebenssicherheit bietet, eine solche Gesellschaft muß sich auch in ihrer seelischen Verfassung von ihrer Umwelt unterscheiden. Da Schizophrenien besonders bei sozial isolierten Menschen anzutreffen sind, wundert es nicht, daß Hutterer, die ihr Leben als Gemeinschaftsdasein begreifen, seltener schizophrene Symptome zeigen. Andererseits neigen sie vielleicht deshalb mehr zu depressivem Verhalten, weil sie von klein auf gelernt haben, die Schuld immer nur bei sich selbst zu suchen und nicht bei den anderen. Und Anlaß zu Selbstvorwürfen und Schuldgefühlen gibt es ja bei den hohen moralischen Ansprüchen zur Genüge – die Bibel ist voll davon.

Machen sich bei einem Mitglied der Gemeinde geistige Störungen bemerkbar, so wird es zunächst einmal, wie jeder Kranke, in die Stadt zum Arzt geschickt. In schweren Fällen mag man auch einer stationären Behandlung zustimmen. Doch wenn konkrete Heilungserfolge zu lange auf sich warten lassen, und für einen weltfremden Hutterer, der meist noch nie außerhalb der Gemeinde geschlafen hat, ist jeder Tag fast zu lang, dann wird der Patient zurückgeholt in die Gemeinde und dort nach huttrischen Rezepten kuriert. Symptome einer Geisteskrankheit reflektieren nach Meinung der Auserwählten meist »gebruchne Nerven«, brüchige Nerven also, und ein »Nervischer« wird nicht etwa, wie draußen in der Welt, diskriminiert oder isoliert, sondern er hat Anspruch auf besondere Rücksichtnahme und Zuneigung.

Schon während ihres Leidens ermutigen die Brüder und Schwestern ihre Kranken, soweit wie möglich am Leben der Kolonie teilzunehmen. Auch die Familienbeziehungen bleiben ungestört, was dazu führen kann, daß weibliche Patienten der Kolonie sogar Kinder zur Welt bringen. Selbstmordgefährdete Depressive lassen die Gemeinschafter möglichst nie allein, und man bemüht sich, Situationen zu vermeiden, die dem Kranken unangenehm erscheinen.

So berichtet der Soziologe Joseph W. Eaton, Professor an der Universität Pittsburgh, von einem depressiven greisen Mann, der eine solche Angst vor dem Alleinsein hatte, daß seine fünf erwachsenen Söhne abwechselnd bei ihm im Bett schliefen. In einem anderen Fall vermieden es die Hutterer, in Anwesenheit einer schizophrenen Schwester über Hochzeiten zu reden, weil sie bei diesem Thema aggressiv zu reagieren pflegte. »Wenn auch die hutterische Gesellschaftsordnung die Entstehung von Geisteskrankheiten nicht ausschließt, so fördert sie doch eine höchst therapeutische Atmosphäre für ihre Behandlung«, schlußfolgert der Wissenschaftler in seiner Studie. Nach ihrer Genesung sind die ehemals »Nervischen« dann auch nicht zeitlebens stigmatisiert, sondern sie können ebenso in neue Ämter und Aufgaben gewählt werden, wie jeder andere Bruder oder jede andere Schwester auch.

Neben der Psychiatrie interessieren sich natürlich auch andere wissenschaftliche Fakultäten für die »Hutterian Brothers«. Bisher verdanken 17 Akademiker ihren Doktortitel der »langlebigsten kommunistischen Gesellschaft der westlichen Welt«, und es gibt denn auch kaum einen Aspekt des hutterischen Lebens, den die weltweisen Doktoranden bisher noch verschont haben. Die Historiker erforschten »Die goldenen Jahre der Hutterer: die Zeugen und Gedanken der kommunalen mährischen Wiedertäufer während der Walbot-Ära, 1565 bis 1578«; die Kommunikationstheoretiker (»mass communication«) untersuchten die Darstellung des »hutterischen Landkaufs in der kanadischen Presse«; die Theologen nahmen sich »Die ideologischen und institutionellen Reflexionen der benediktinischen Ideale im 15. Jahrhundert bei den Hutterern« vor; die Regionalplaner fragten nach dem »Verhältnis von Architektur und kommunalem Leben bei den Wiedertäufern«.

Helen Martens, Ph. D., von der Musik-Fakultät der Columbia University, weist staunend nach, daß sich die Hutterer die Melodien ihrer Lieder aus dem 16. Jahrhundert ohne eine einzige Note, sondern nur durch Gehörübertragung erhalten haben – »what is remarkable!«. Und John A. Baden, Doktor der politischen Wissenschaften an der Indiana University, analysiert die Spannung zwischen dem progressiven Rationalismus in der hutterischen Wirtschaft auf der einen und dem radikalen Traditionsbewußtsein im sozialen und kulturellen Leben auf der anderen Seite. Doktorand Baden vermutet in seiner Arbeit über »Das Management der sozialen Stabilität – eine politische Ethnographie der Hutterer Nordamerikas«, daß ein Schlüssel zum Geheimnis der »Überlebenskraft der Sekte, ihre bemerkenswerte Anpassungsfähigkeit an die Anforderungen einer hochtechnisierten Gesellschaft, in ihrer politischen Machtzuteilung zu finden ist«.

Wie politische Macht bei den Hutterern zugeteilt wird, erlebe ich in diesem Sommer selber mit. In der New-York-Kolonie, südöstlich von Lethbridge, soll ein neuer Prediger gewählt werden. Die Gemeinde ist auf über 100 Seelen angewachsen, und nun braucht man einen zweiten Diener des Wortes, damit beim nächsten Voneinandergehen in einigen Jahren für jede Gruppe ein geistiger Hirte zur Verfügung steht. Also ruft der Prediger der New-York-Kolonie den Ältesten der Dariusleut, den ehrwürdigen Johannes aus der Nachbargemeinde Wilson, an und sagt: »Ich brauch an Gehilf.« Johannes meldet das dann weiter an die älteren Prediger der näheren Umgebung. Er »fohnt in der Rund«, wie Hutterer dieses Herumtelefonieren nennen, um seine Kollegen zum nächstmöglichen Termin in die New-York-Brudergemeinde zu bestellen.

Kurz vor dem zweiten Heuschnitt, die Augustsonne hat das unbewässerte Weideland schon ganz gelb gebrannt, soll nun die Wahl des »Gehilfen« stattfinden. Prediger Johannes genehmigte mir, an diesem wichtigen Ereignis teilzunehmen, obwohl Ungetaufte dabei eigentlich nichts zu suchen haben – von Weltmenschen ganz zu schweigen. Bei mir macht der Älteste eine Ausnahme: »Domit du siehst, dos bei uns olles recht christlich fürgeht – wir hom jo keine Ghamnisse.« Am nächsten Donnerstag schon fahre ich mit dem Eierwagen nach Lethbridge, steige dort um in den Schweinetransport der »New Yorker«, der mich mitnimmt in die Gemeinde, in der tags darauf gewählt werden soll. Als Hutterer kann ich auf öffentliche Verkehrsmittel gut und gerne verzichten.

Bei meiner Ankunft parken schon etwa 20 Lastwagen und Kleinbusse hinter dem Schulhaus der Gemeinde, und etwa 20 Silberbärte sitzen in der »Kuchel« beim »Lunschen« zusammen, die Auserwählten der Auserwählten, versammelt bei »Käspei« und »Koffie«. Ihr Durchschnittsalter sowie ihre durchschnittliche Enkel- und Urenkelzahl liegt bei 70, und manche Eltern dieser alten Männer wurden noch in der Ukraine geboren. Ihre Vorfahren können sie bis Kärnten oder

Schwaben zurückverfolgen, die Jahre der Vertreibung aus Mähren, Siebenbürgen, aus der Walachai und Rußland sind ihnen so gegenwärtig, als seien dies eigene Jugenderlebnisse.

Die grauen Männer hier verstehen sich als Wächter über die alte Ordnung, als die Bewahrer der Tradition ihres Volkes. So wird schon bei dieser informellen Zusammenkunft zwischen Kochtöpfen und Spülbecken darüber geredet, »wie's um den Glauben steht im Land«. Da klagen die einen, daß die Mädchen ihre Kopftücher seit neuestem so knüpfen, daß mehr und mehr Haare über der Stirn zum Vorschein kommen, was bei strenger Auslegung gegen den Spruch im ersten Korinther 11,6 verstößt, der da lautet: »Ein Weib soll das Haupt bedecken.« Auch die jungen Burschen spuren nicht mehr so recht im altväterlichen Geist, wie zu hören ist. »In Schenkheisr, Spielheisr und Saloone gehn, das ist in Gang bei die Buam, wenn's im Stadl sein«, schimpft der Älteste und mahnt: »Die gehern ibrgelegt, so wie mich mei Votr«, übergelegt gehören die Burschen nach strenger Altvätersitte! Zustimmendes Nicken allerseits.

Gerade hier, in der New-York-Kolonie, bei den »Nujokern«, hat Johannes manchen Grund zur Klage, das sehe sogar ich auf den ersten Blick. Nicht nur die Mädchen verstoßen mit ihren nach hinten gerutschten Kopftüchern gegen hutterische Wohlanständigkeit, auch die Jungen tragen ungeniert enge Hosen und farbenfrohe Hemden, und, der Teufel hole sie, hoffärtige Cowboyhüte, deren Ränder steil gen Himmel gebogen sind. Vor den Wohnhäusern sind kleine Blumenbeete angelegt, die das Auge gelusteln.

Der Rasen auf dem Hof wird durch wöchentliches Mähen

Wie die Vorväter buchstabieren die hutterischen ABC-Schützen die alte deutsche Schrift in der »Schulela«, einer Art Vorschule. Da die Kolonisten einer allgemeinen Schulpflicht unterworfen sind, gibt es in jeder Brudergemeinde neben der deutschen Schule auch täglich fünf Stunden Englischunterricht, der von einer staatlich geprüften Lehrkraft erteilt wird.

Doppelseite:
Lehrer Paul mit den Schulkindern auf dem Weg zum Garten. In den Sommermonaten demonstriert er dort seinen Schutzbefohlenen, daß man das böse Unkraut niedrighalten müsse, damit die gute Frucht wachsen könne; das gelte für das Gemüse ebenso wie für die Menschen.

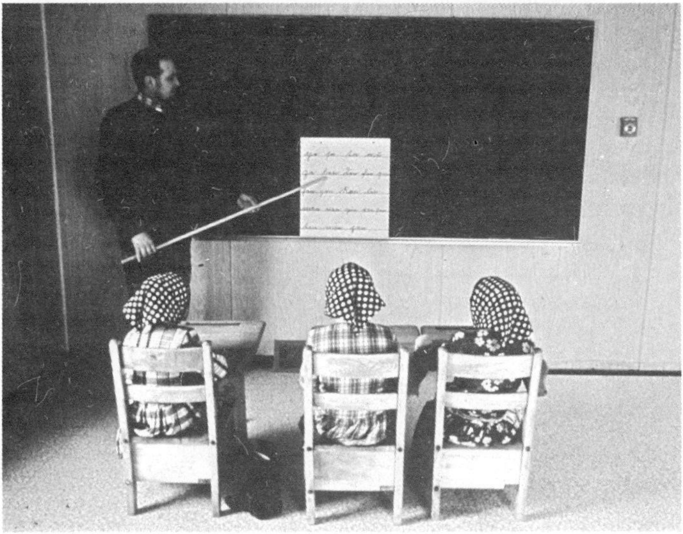

MF

auf Golfplatzhöhe gehalten, statt ihn, wie in der Kolonie des Ältesten, zweimal im Sommer mit der Mähmaschine zu schneiden.

Wohin solch weltliches Gebaren führt, weiß Johannes Wurz genau: »In's ewige Hellenfuir«, ins ewige Höllenfeuer. Wieder herrscht einhelliges Nicken unter den Predigern. Auch Jakob, der Prediger der angeklagten Gemeinde New York, nickt mit rotem Kopf und schlechtem Gewissen. Er verspricht, strenger durchzugreifen und in Zukunft die Schrebergärten, in denen man vereinzelt Radieschen und Erdbeerpflanzen für den privaten Konsum finden kann, im nächsten Jahr nicht mehr zuzulassen. Auch die Frauen sollen angewiesen werden, keine allzu leuchtenden Kleiderstoffe mehr beim Großhändler zu bestellen, und wehe, wenn die »gesteilten« Hosen nicht bald wieder verschwinden! Noch einmal erhebt der Älteste seinen mahnenden Zeigefinger: »Mir sein Wächter und missen Ochtung geben, domit nit weltlicher Unrat durchs Tor Jerusalem nit mecht einitrogn werd.«

Nun soll also die Wacht an den Toren der New-York-Gemeinde verstärkt werden, durch einen neuen Aufpasser, deswegen ist man ja heute hier. Am Abend beraten die Alten hinter den verschlossenen Türen des Predigerzimmers, wen man der Gemeinde für das Wächteramt als geeigneten Kandidaten zur Wahl vorschlagen sollte, wer »aufgestellt« wird.

Der Brauch des Aufstellens wird nur von den Dariusleuten praktiziert, während es bei den Lehrer- und Schmiedeleuten keine Vorauswahl gibt und jeder getaufte Bruder der Kolonie wählbar ist.

Nach einer dreistündigen Beratung im Hinterstübchen einigt man sich auf drei Kandidaten: den Schumacher Johannes, den Schmied Leonhard und auf Georg, den Boß vom Schweinestall. Alle wurden sie gemessen an den hohen Ansprüchen, die Paulus an »jemand so ein Bischofsamt begehrt« klar formu-

Kaum ein »weltlicher« Nachbar kann sich so viele und so teure Dreschmaschinen (Stückpreis: 45 000 $) leisten wie die Hutterer, die in der westlichen Prärie als außergewöhnlich erfolgreiche Farmer gelten.
Doch neben der modernsten Technologie halten die Gemeinschafter an ihren Traditionen fest. Ihre Tracht stammt aus dem 16. Jahrhundert, und ihr Sauerkraut machen sie nach einem mittelalterlichen Rezept.

liert: »Es soll aber ein Bischof unsträflich sein, eines Weibes Mann, nüchtern, sittlich, gastfrei, lehrhaft; nicht ein Weinsäufer, nicht raufen, nicht unehrliche Hantierungen treiben, sondern gelinde, nicht zänkisch, nicht geizig. Der seinem eigenen Hause wohl vorstehe, der gehorsame Kinder habe mit aller Ehrbarkeit. So aber jemand seinem eigenen Hause nicht weiß vorzustehen, wie wird er die Gemeinde Gottes versorgen? Desgleichen sein Weib soll ehrbar sein, nicht Lästerin, nüchtern, treu in allen Dingen« (1. Timotheus 3,2–11).

Die »Aufgestellten«, Johannes, Leonhard und Georg, sind gute Familienväter, haben treue, nüchterne Frauen (und zwar jeder nur eine), sie trinken, soweit man das weiß, nicht mehr Wein als ihr Monatsviertel, sie haben sich seit ihrer Taufe niemals geschlagen, und geizig kann ja derjenige, der nichts hat, sowieso nicht sein. Also schreibt der Älteste Johannes am nächsten Morgen ihre Namen vor der feierlichen »Prediger-Stimm-Lehr« an die Wandtafel des Schulraumes. Obwohl Freitag ist, sind wir alle sonntäglich gekleidet, die Männer mit weißem Hemd, dem »Gfat« unterm »Sonntigjanker«, die Frauen in den aus etwas feineren Stoffen gearbeiteten langen dunkelfarbigen Kleidern. Die Prediger sitzen mit steinalten, strengen Blicken auf der langen Bank hinter dem Katheder direkt unter der Tafel, und wenn ich mir diese grauen Gralshüter der reinen Lehre so anschaue, da kommen mir verrückte Assoziationen: Nobelpreisträgerversammlung Anfang 1900; Sonderfahrt 1. Klasse der Hessisch-Nassauischen Eisenbahn; Rektoratskonferenz der Berliner Humboldt-Universität zu Kaisers Geburtstag. Vielleicht liegt das an ihrer Sonntagstracht, dem »Predigerreckel«, einem weiten langen Gehrock mit gestutztem Schwalbenschwanz, den nach meiner Erinnerung die Prominenz des letzten Jahrhunderts auf alten Fotos immer anhat.

Aber meine Hirngespinste sind ganz und gar fehl am Platz. Sie werfen ein bezeichnendes Licht auf meine irdische Gesinnung. Denn hier geht es um einen göttlichen Handel, der, soll er gelingen, die fromme Anteilnahme aller voraussetzt. Also singen wir:

> »Gott, Du gewaltiger Herr / In Deiner Majestat / Der Du Dein Volk tust mehren / An der Zahl und an Genaht, / Bitt Dich von Herzensgrunde / Um Kunst,

Weisheit und Stärk / Daß ich mit meinem Munde / Verkündigen mag Dein Werk.

Wenn Du Dein Volk tust lieben / Und Dir gefällt ihr Leben, / So tust Du ihm zuschieben / Bewährte Männer geben. / Tust ihm Dein Wort vertrauen, / Säulen und Stützen fein, / Durch sie Dein Haus erbauen / Mit lebendigem Stein.

Nach 30 weiteren Liederstrophen schreitet der älteste Johannes mit würdigem Schritt hinter das Katheder, schneuzt sich ausgiebig in sein großes Taschentuch, legt dann eine Hand in die andere und spricht: »Liebe Geschwistrich! Wir seien diesmal gesammelt, um besonderer Ursach und des Herren Ehre willen, wie wir dann Schuldner seien in allen Stücken für die Gemein zu sorgen, damit es überall wohl zugehe, und wir in Fried und Einigkeit erhalten bleiben. Es erfordert heut der Tag, daß wir einen Gehilfen an die Seite des lieben Bruders Jakob ordnen, damit Jerusalem erhalten werde, durch fleißige Wächter und gute Wacht, durch fromme Lehr und gute Lehrer, durch emsige Hirten in treuer Hut auf guter Weide.«

Johannes beschwört in einer zweistündigen Predigt die Bedeutung des Augenblicks, indem er einen weiten Bogen spannt von Moses, dem ersten Prediger des damaligen auserwählten Volkes der Juden, über Petrus, den ersten unter den 12 Aposteln, bis hin zum Urvater Jakob Hutter. Diesen drei Männern soll nun einer der Kandidaten nachfolgen »mit Weisheit, aber nicht wißbegierig, mit Strenge, aber nicht zornig, mit Sparsamkeit, aber nicht geizig.« Wer wird es sein – der Schuster, der Schmied oder der Schweineboß? Als die Abstimmungsberatung beginnt, müssen alle Frauen und ungetauften Kinder nach der Lehr den Schulraum verlassen. Ich darf mit persönlicher Genehmigung des Ältesten ausnahmsweise in meiner hintersten Ecke sitzen bleiben.

Als die Männer endlich unter sich sind, redet Johannes seinen Brüdern noch einmal eindringlich ins Gewissen, und damit es auch jeder versteht, spricht er jetzt nicht mehr Hochdeutsch, sondern Hutterisch: »Brider! Mecht ein jeder seine Stimm geben nit aus menschlichen Onsehn, nit aus Gunst, Neid, nit aus Feindschoft oder Freindschoft, sondern aus reiner Gottesfurcht! Und zwar: Kein Schlemmer, kein Saufr, nit gar an Toback-Raucher, die solln nit oikommen.

Sondern ein reines und unbeflecktes Gottesopfer solln mir bringen, denn mit Gottes Wurt ist nit guet scherzen.«

Also zieht jeder ein Stück Papier aus seiner Hosentasche und schreibt darauf in deutscher Schrift den Namen eines der drei Kandidaten. Dem Alter nach gehen die Männer vor das Katheder, um ihren Stimmzettel in den umgedrehten Predigerhut zu werfen, der als Wahlurne dient. Keiner sagt ein Wort. Schweigend werden auch die Stimmen von den Ältesten und den Gerichtsbrüdern ausgezählt und die Ergebnisse an die Tafel geschrieben: Johannes 8, Leonhard 10, Georg 8.

Doch obwohl der Schmied die meisten Stimmen auf sich vereinigt, ist er noch lange nicht gewählt. Diese Wahl war nur eine Art menschliche Vorwahl, durch die entschieden wird, wer bei der Endausscheidung dabei ist. Denn nur wer mindestens fünf Stimmen erhält, der kommt »in's Los«. Wie die elf Apostel Matthias als Nachfolger für den abtrünnigen Judas ausgelost hatten (»und sie warfen das Los über sie, und das Los fiel auf Matthias; und er ward zugeordnet zu den elf Aposteln«, Apostelgeschichte 1,26), so entscheidet auch bei den Hutterern nicht der Mensch, sondern Gott selbst, wer ihn auf Erden vertreten soll. Weil alle drei Anwärter auf das Predigeramt die Fünf-Stimmen-Klausel überspringen konnten, werden also aus drei Schulheftseiten drei Lose gemacht. Auf einem steht das Wort »Prediger«. Die beiden Nieten bleiben unbeschriftet.

Bevor die göttliche Lotterie, das »Erwählen«, beginnt, kniet Prediger Johannes mit den Seinen nieder und betet, den Blick auf die Zimmerdecke gerichtet: »Wir bitten Dich um Hilf, weil Du, Gott, der Herr bist über uns alle und Dein Aug ist herzenskundig – wir Menschen aber können nur das Auswendige sehen. So wie Du Moses, David und Saul gestimmt hast, so stimm auch jetzt für den Rechten.«

Der Hut wird noch einmal von Johannes kräftig geschüttelt, dann greifen die drei Kandidaten, die jüngeren nach den älteren, je einen Zettel, gehen damit auf ihre Plätze und schauen bleichen Gesichts nach, wen es »getroffen« hat. Während der Schumacher und der Schmied keine Regung zeigen, sehe ich beim Schweinejerg ein ganz leichtes Kopfnikken. Ein Raunen geht durch den Saal. Georg Hofer ist der neue Prediger! Gott hat es so gewollt, entgegen der menschlichen

Mehrheit für seinen Rivalen Leonhard. Jetzt können die Brüder ihre fromme Zurückhaltung nicht mehr aufrechterhalten, und jeder spricht und gestikuliert mit seinem Nachbarn. Nur der erwählte Georg sitzt mit rotem Nacken auf seinem Platz und schweigt.

Statt Gratulationen zu empfangen, wird der »Neue« von seinen Predigerkollegen nach vorne gerufen zum »Trösten und Vermahnen«. Im Halbkreis stellen sie sich um ihn herum. »Sei topfer, wend Fleiß on, und laß di nit grausen«, mahnen und trösten die Greise. Sie raten dem erst 33jährigen »im Guten«, immer auf das Wort der Altgedienten zu hören, immer fleißig mit ihnen zu stimmen, um die Einigkeit der Heiligen nicht zu gefährden. Paulus sagt selber: »Ich ermahne euch aber, daß Ihr allzumal eine Rede führet und lasset nicht Spaltung unter euch sein, sondern haltet aneinander in einem Sinne und einer Meinung« (1. Korinther 1,10). Der Neugewählte gelobt, diesem Rat, der eigentlich schon mehr ein Befehl ist, zu folgen und den erfahrenen Dienern des Wortes keinen »krumpen Finger« zu zeigen, also nie zu widersprechen. Von seinem weiteren Wohlverhalten wird es abhängen, ob Georg überhaupt zum Prediger auf Lebenszeit bestätigt wird, denn noch ist er ein »Diener auf Prob«.

So ganz scheint man hier dem herzenskundigen Gott also doch nicht über den Weg zu trauen und verfährt höchst weltlich nach dem Grundsatz: Vertrauen ist gut, Kontrolle ist besser. Drei bis vier Jahre dauert gewöhnlich die Bewährungszeit – dann kann in einer ähnlichen Zusammenkunft wie dieser die »Bestätigungslehr« gehalten werden. Ähnlich wie bei der Taufe muß der zu bestätigende Prediger dem Ältesten unter anderem folgende Frage beantworten: »Begehrst Du Dein Gehorsam zu ersuchen und Dich brauchen zu lassen, inner- und außerhalb des Landes, wo es von Nöten ist, zu Zeit und Unzeit, wie es Gott der Allmächtige schickt? Begehrst Du Gott und seiner Gemein in Deinem Dienst treu zu sein, bis in den Tod, nachdem wir sonderlich dem Tod zugeeignet sein und ums Wort Gottes willen zum Feuer und Schwert verurteilt werden?«

Beide Fragen beziehen sich eigentlich mehr auf die Realität des 16. und 17. Jahrhunderts als auf die Gegenwart. Damals wurden die Prediger häufig als Missionare, als »Sendboten«, von Mähren und Ungarn aus in die deutschsprachigen Lande gesandt, um dort für die hutterische Sache zu werben. Heute ist die Missionsarbeit im Ausland schon aus praktischen Gründen schwierig. Wie soll man den Auftrag »Gehet hin in alle Welt und lehret das Wort Gottes« (Markus 16,15) mit dem Verbot, sich ein Bildnis zu machen, unter einen Hut bringen? Ohne Paßbild kommt man heutzutage eben nicht weit.

Die einzige Missionsstation der Hutterer ist die Owa-Kolonie in Japan. Hier lebt ein gutes Dutzend Japaner, die sich um den Prediger Eisiki, genannt »Eisikivettr«, gesammelt haben. Er besuchte vor einigen Jahren die Wilson-Gemeinde und wurde von Johannes Wurz mit der Assistenz eines Dolmetschers getauft und zum Prediger ernannt. Die japanischen Hutterer werden heute von ihren kanadischen Brüdern mit beträchtlichen Spenden unterstützt, ohne daß man genau weiß, was mit dem Geld eigentlich geschieht.

Gegenwartsbezogener als der Missionierungsauftrag ist da eine dritte Frage, die der Anwärter auf das Predigeramt zu bejahen hat: »Begehrst Du auch, mit rechtem Mut und Eifer brüderlich Straf und Ermahnung zu führen, damit zu ziehen die Geschwister, daß durch Dich die Gemeinde des Herrn möcht gezieret werden?« Der »Diener des Wortes« ist ja nicht nur Prediger, sondern auch oberster Richter seiner Gemeinde. Er muß dafür sorgen, daß die Gebote und Verbote der Heiligen Schrift strikt befolgt werden, und wo das nicht geschieht, da hat er mit der Strenge des biblischen Gesetzes für Zucht und Ordnung zu sorgen. »Die Straf ist notwendiger und muß mehr sein wie das tägliche Brot«, steht unmißverständlich in der Gemeindeordnung, »denn wo man das tägliche Brot mangelt, verdirbt man am Leibe. Wo man aber der Zucht und Straf mangelt, da verdirbt man an der Seele«.

Droht ein Mitglied der Gemeinde vom rechten Weg der christlichen Tugend abzukommen, so steht dem Prediger und den ihm zur Seite gestellten Gerichtsbrüdern ein differenziertes Instrumentarium der Disziplinierung zur Verfügung. Einen Schweineboß etwa, der sein Vieh nicht mit der gebotenen Sorgfalt betreut, weil er die Futterzeiten nicht präzise einhält oder keine rechtzeitige Vorsorge trifft, wenn die Säue ferkeln, den müssen die Vorgesetzten zunächst »im Guten anreden«. Dies geschieht noch ganz inoffiziell, ohne allzuviel Aufhebens, vielleicht wenn man dem Bruder zufällig vor seiner Haustür begegnet. Dann fragt ihn der Prediger etwa, ob er womöglich überlastet sei, ob er zusätzliche Hilfe brauche, damit die Schweineproduktion wieder gesteigert werden könne.

Ändert aber dieses gute Zureden nichts am Untergewicht der Tiere oder an der erhöhten Ferkelsterblichkeit und fängt der Schweineboß auch noch an, sich die Weinration seiner Frau und seiner älteren Kinder schmecken zu lassen, dann wird er vor den Rat der Gerichtsbrüder zitiert und in aller Form »vermahnt«: »Dies ist nichts anderes, als einen Menschen aufzumuntern, zu erwecken, zu dem Wahrhaftigen anzureizen oder vom Bösen abzuhalten«, sagt die Gemeindeordnung. In den meisten Fällen genügt eine solche Vorladung, um einen Bruder Leichtfuß wieder zur Räson zu bringen. Die Gefahr, daß seine Seele verdirbt, ist gebannt, noch ehe ein größerer Schaden angerichtet wurde.

Aber Hutterer sind eben auch Menschen aus »Flasch und Bluet«, und so kommt es gelegentlich vor, daß einer seine Fehler nicht rechtzeitig einsieht, sondern weiter nach seinem sündigen Fleisch lebt, statt nach seiner Seele. Er trinkt wie zuvor Mutters Wein, verschläft immer häufiger das Frühstücksläuten, vielleicht verkauft er sogar zwei junge Ferkel zum halben Preis und auf private Rechnung an einen weltlichen Nachbarn und versäuft das Geld beim Stadtbesuch im Schenkhaus. Solche Fälle sind vorgekommen, und sie gelten als ein schweres Delikt. Diebstahl an »Gottes Eigentum« aus Habgier und Eigennutz in Tateinheit mit »Sauferei« und »Nachlaß der brüderlichen Pflicht und Schuldigkeit« hat nach der Bibel als Strafgesetzbuch ernste Folgen. »So jemand sich einen Bruder nennen laßt und ist ein Hurer oder Geiziger oder Götzendiener oder Schelter oder Trunkenbold oder Dieb oder Räuber; mit dem sollt ihr auch nicht essen«, schreibt Paulus an die Korinther (1. Korinther 5,11). Auf hutterisch bedeutet dies den vorläufigen Bann und Ausschluß des Sünders aus dem Leben der Gemeinschaft.

Am Ende einer öffentlichen »Straflehr«, während deren Verlauf der Sünder vor der Tür warten muß, ruft ihn der Prediger in den Schulraum. Strafmildernd ist es, wenn jetzt der schuldige Bruder um eine »arge Heimsuchung« bittet, um strenge Bestrafung, die der Vorsitzende prompt erteilen wird.

Sein Bannspruch lautet: »Nun leg ich dir die Straf auf, in dem Namen des Herrn Jesus Christus und in der Kraft Gottes. Du sollst weder teilen noch Gemeinschaft haben am Reich Gottes, sondern ich übergeb dich dem Satan zu verderben das Fleisch, damit der Geist selig werde (1. Korinther 5,5), und das, solange bis du ein bußfertig Herz erzeugest, daß dir Gott wieder gnädig und barmherzig sei, und magst jetzt wiederum hingehen und deine Not Gott klagen.« So wie der Prediger die Macht hat, durch die Taufe den Bund mit Gott zu schließen, so kann er ihn auch wieder durch den Bann vorübergehend oder endgültig aufkündigen.

Der Verbannte darf von nun an am Gemeinschaftsleben nicht mehr teilnehmen. Die Mahlzeiten werden ihm im Kinderspeisesaal hingestellt, wenn alle anderen bereits gegessen haben. Ist er verheiratet, darf er nicht mehr bei seinem Eheteil schlafen, sondern im Schlafraum der kleinen Schul, der nur in der Mittagspause von den Kindern benutzt wird. Es ist ihm verboten, einem Bruder oder einer Schwester die Hand zu geben, denn das »Handreichen« ist für die Hutterer ein Zeichen des Friedens. Auch ist er von Stund an arbeitslos und hat keine Möglichkeit, die Kolonie zu verlassen. Ein ausgeschlossener Hutterer ist praktisch ein toter Mensch, denn wie soll er in der Gemeinschaft leben ohne die Gemeinschaft seiner Mitmenschen?

Der Druck, der durch diese Kontaktsperre auf ihn ausgeübt wird, muß schlimmer sein als Kerker oder Hungerturm, auch wenn der Bann nur eine verhältnismäßig kurze Zeit aufrechterhalten wird. Schon nach einigen Tagen kann der Sträfling zum Prediger gehen, um »ernstlich anzuhalten mit Bitten und Wünschen, mit Gott und der Gemein wieder in Frieden zu kommen«. Je schwerer nun sein Vergehen war, desto öfter lehnt der Prediger den Wunsch des Büßers ab, aber in der Regel zeigt das Oberhaupt der Gemeinde nach der zweiten oder dritten Anfrage ein erstes Entgegenkommen. »Laß sie verschließen sieben Tage außerhalb des Lagers, danach laß sie wieder aufnehmen« (4. Moses 12,14), rät der Herr dem Moses. An diesen Rat hält sich auch die hutterische Rechtsprechung.

Nach einer Woche treffen sich die Gerichtsbrüder erneut, um zu beraten, ob der Abtrünnige genug gebüßt hat für sein Vergehen. Ist dies der Fall, wird die Gemeinde im Anschluß an ein Nachtgebet vom Prediger gefragt, ob sie auch einverstanden sei, »den apostolischen Bann wieder von dem Bruder abzunehmen?«. Kommt keine Wortmeldung, »dann schweigt man ein wenig«, wie die Ordnung empfiehlt, »und wenn sich dann auch weiterhin niemand meldet, so sagt der Prediger: ›So werden wir euer Stillschweigen annehmen, daß ihr mit uns einstimmt‹«.

Der gefallene Bruder, der vor der Tür gewartet hat, tritt ein, kniet vor dem Prediger nieder und bittet um Verzeihung. Da der Bannspruch sein Bündnis mit Gott und seiner Gemeinde vorübergehend gelöst hat, muß er nun durch Handauflegen des Predigers, aber ohne Wasser, wiedergetauft werden. Dabei streicht ihn der Diener des Wortes im Namen des Allmächtigen aus dem Buch des Todes und schreibt ihn in das Buch des ewigen Lebens wieder ein.

Damit ist die Sünde abgegolten, und weil sich Gott bekanntlich über einen Sünder, der zum Glauben zurückfindet, mehr freut, als über tausend Gerechte, so haben nun auch alle gläubigen Gemeinschafter Grund zur Zufriedenheit. Wer dem einsichtigen Sünder jetzt noch weiter mißtraut und ihm die verbüßten Vergehen nachträgt, der versündigt sich selbst, er schafft Uneinigkeit und sät Feindschaft in der Brudergemeinde.

Doch wehe, wenn der Wiederaufgenommene erneut die Ordnung mißachtet, vom Alkohol nicht lassen kann, weiter Schwarzhandel mit dem Gemeindeeigentum treibt oder gar der Kolonie den Rücken kehrt und in der Welt ein neues Leben anfängt. Darauf steht die hutterische Höchststrafe: »das Abschneiden«. Wen dieses Urteil trifft, der ist in der Regel »auf ewig« aus der Arche verbannt, der darf die Gemeinde nicht einmal mehr betreten: »Tut von euch selbst hinaus, wer da böse ist . . . und Gott wird die da draußen sind richten« (1. Korinther 5,13).

Samuel und Barbara Tschetter sind heute draußen. Vor drei Jahren haben sie ihre Kolonie verlassen, weil Barbaras Vater, der Hauswirt Michael Hofer von der New-York-Kolonie, der Hochzeit der beiden nicht zustimmen wollte. Die Tochter, fand er, sollte nicht fortziehen, sondern auf dem Hof der Mutter zur Hand gehen. Außerdem sei Samuel nicht der rechte Mann für sein Kind. Nun darf ja der Mensch nicht dem im Wege stehen, was Gott angefangen hat, also nutzten Barbara und Samuel einen Stadtaufenthalt im Winter des Jahres 1976, um fortzulaufen. Sie heirateten wenig später, und heute leben sie in Lethbridge, Sylvan Road South, in einem der vielen gesichtslosen Reihenhausviertel der Stadt. Zwei kleine Kinder haben sie schon in die böse Welt gesetzt. Der Vater arbeitet jetzt als Packer im Schlachthof, die Mutter hütet allein das Haus.

Als mich Barbara und Samuel vor ein paar Wochen während eines meiner Stadtbesuche auf der Hauptstraße hinter dem viktorianischen Postgebäude ansprachen, da stand ein ganz gewöhnliches kanadisches Ehepaar vor mir. Er in Jeans, sie mit langem, unbedecktem Haar. Aber so ganz gewöhnlich waren die beiden doch nicht, denn sie sprachen die Sprache meiner Hutterer, sagten »Deitschlond«, »Gmahschoft« und »Schutenkonkelich«, wenn auch mit leichtem englischen Akzent. Daß sie es wagten, mit mir – äußerlich ein Auserwählter – überhaupt zu sprechen, war für mich sehr überraschend. Denn als »Abgeschnittenen« oder »Wegglufenen« ist ihnen jeder Kontakt mit ihren ehemaligen Brüdern und Schwestern streng untersagt. Aber sie spürten wohl, daß mit mir irgend etwas nicht stimmte. Also faßte sich Samuel am Zentralbriefkasten ein Herz und fragte: »Wem gherstn du?« Als ich erfuhr, wen ich vor mir hatte, war ich sehr unsicher. Ich wollte auf keinen Fall vom Prediger Elias oder dem Schullehrer Paul beim Gespräch mit den Ausgestoßenen gesehen werden. Deshalb verabredeten wir uns für den frühen Nachmittag in der Stadtbücherei.

Hinter hohen Buchregalen versteckt, erzählten mir die beiden, wie sie als hutterische Outcasts in der fremden Welt so zurechtkommen.

Die erste Zeit sei es hart gewesen, berichtet die temperamentvolle, 26jährige Frau, »obr jetz geht's scho«. Mit einem Dollar Zehrung in der Tasche und ohne ein Hemd zum Wechseln begannen sie an einem Donnerstag, als sie mit dem Eierwagen in die Stadt gebracht wurden, ihr neues Leben außerhalb der Gemeinschaft, die ihnen zum Käfig geworden war. Die ersten Nächte verbrachten sie im Notquartier der Heilsarmee. Dort bekamen sie auch etwas zu essen und, was fast noch wichtiger war als Brot, weltliche Kleidung, der erste äußere Ausdruck ihrer neuen Existenz.

Weil abtrünnige Hutterer bekannt sind als billige und fleißige Arbeitskräfte, war es für Samuel nicht allzu schwer, trotz der allgemeinen Arbeitslosigkeit eine Beschäftigung zu finden. Bei der größten Futtermittelfabrik der Stadt fand er einen Job als Packer. Nach dem ersten Monatslohn zogen sie in ein halb verfallenes Hotel am Rande der Stadt, unter falschem Namen als »Mr. und Mrs. Ferguson«. Die Angst, von ihren ehemaligen Brüdern aufgespürt zu werden, war immer noch stark. Tatsächlich wurden sie damals von den Kolonisten noch überall gesucht, denn diese vermuteten, Samuel habe seine Barbara gegen ihren Willen entführt. Die Gemeinschafter konnten nicht glauben, daß das getaufte Mädchen den Bruch gewollt hatte – so etwas war bisher den strenggläubigen Dariusleuten einfach nicht passiert, denn bei dieser Gruppe kamen Austritte viel seltener vor als etwa bei den Lehrer- oder Schmiedeleuten.

Erst als einen Monat später eine Heiratsanzeige der beiden Flüchtlinge im »Lethbridge Herald« stand, gaben die Hutterer die Suche auf und beschlossen, Barbara und Samuel von der Gemeinschaft der Heiligen »abzuschneiden«. Aber natürlich war es unmöglich für das junge Paar, in der kleinen Provinzstadt auf die Dauer unentdeckt zu bleiben. Trotz Jeans und Parka erkannten die Mädchen der New-York-Kolonie ihre einstige Mitschwester eines Tages im Supermarkt. »Do geht die bese Tuchtr«, riefen sie in Anspielung auf das Lied von der bösen Tochter aus Hamburg. »Sollst dich schäme, dei Votr, dei Muetr und die Gmahschoft so verloßn!« schimpften die Frauen. Ihre Verachtung war angeblich so groß, daß einige sogar vor der Ausgestoßenen im Kaufhaus ausspuckten. An den Matthäus-Vers »Liebet eure Feinde, segnet, die euch fluchen« (Matthäus 5,44), dachte in diesem Moment keiner mehr. Die Erregung der Hutterer war zu stark. Ihr Blut kochte. Da wagte es ein auserwähltes Geschöpf Gottes, einfach seine eigenen Wege zu gehen, heraus aus dem heiligen Jerusalem, hinein ins sündige Babylon!

Sicher, jeder Hutterer hat schon einmal von den verbotenen irdischen Früchten gekostet, der Inhalt der »Kischten«, der Privattruhen, zu Haus in den Schlafstuben beweist das überdeutlich. Fotos, Pralinenherzen, Lippenstift und Parfüm hat jedes Mädchen, wie gesagt, unter Verschluß, und mit der gleichen liebevollen Heimlichkeit hüten die Jungen ihre Cowboy-Accessoires. Welche Herausforderung also, wenn da zwei tatsächlich tun, wovon die anderen nicht einmal so recht zu träumen wagen, wenn Barbara ihren Lippenstift nicht mehr hinter Schloß und Riegel verschließt, sondern damit ihren Mund rot anmalt, »die Hur«! Und wenn Samuel mit seinen »Cowboyboots« auf offener Straße herumstolziert, ohne ein schlechtes Gewissen haben zu müssen, welche Provokation! Da bleibt nur die fromme Zuversicht, daß »die abweichen auf ihre krummen Wege, wird der Herr wegtreiben mit den Übeltätern« (Psalm 125,5).

Aber bis zum Jüngsten Gericht wollte der älteste Prediger Johannes dann doch nicht warten. Er konnte nicht zusehen, wie Samuel und Barbara ihr Leben unter den Greulichen, Totschlägern, Zauberern und Huren meisterten. Er fürchtete, dieses Beispiel könne Schule machen unter den schwächlichen Schafen seiner Herde. Und so tat er alles, um den Exkommunizierten das Leben schon auf Erden zur Hölle zu machen. Als der Prediger endlich herausfand, daß Samuel bei der Futtermühle arbeitete, bei der auch die Hutterer zahlungskräftige Kunden sind, setzte er den Manager Ed massiv unter Druck: Entweder Samuel werde gefeuert oder ein schon fast perfektes 10 000-Dollar-Geschäft zwischen der Kolonie und der Fabrik müsse leider platzen. Am nächsten Tag stand Sam auf der Straße, und das mitten in der Wirtschaftsflaute. Fast ein Jahr lebten die zwei von Barbaras Lohn als Hotel-Putzhilfe. Noch gerade rechtzeitig, bevor sie ihre erste Tochter zur Welt brachte, bekam Sam doch einen festen Job im Schlachthof, der als städtischer Monopolbetrieb nicht so leicht unter Druck zu setzen war wie der konkurrenzgeplagte Futterhersteller.

Wirtschaftlich gehe es ihnen heute recht gut, sagen mir die beiden in der Bibliothek, aber ganz heimisch sei man auch nach vier Jahren noch nicht, hier draußen in der Welt. »Die Menschen, die gehn hier seine aigne Weg«, sagt Barbara, »mir sein halt uft allan.« Seit sie die Kolonie verlassen haben, waren sie nicht mehr zu Hause. Der Kontakt zur Familie ist durch den Bannspruch total abgeschnitten. Selbst wenn ihre kranke Mutter morgen stürbe, Barbara dürfte auf der Beerdigung nicht erscheinen. Das belastet sie heute am schwersten. Wohl mehr aus Verzweiflung als aus Überzeugung schlossen sie sich vor zwei Jahren einer mennonitischen Sekte an, die auch vorgibt, die einzig wahre zu sein. Zweimal in der Woche treffen sich die Mitglieder in privaten Wohnungen, um zu singen und zu beten – ein schwacher Ersatz für die verlorene Gemeinschaft.

Der Weg zurück in die Kolonie steht im Prinzip jedem Abgefallenen offen, »alle Sünde wird dem Menschen vergeben« (Matthäus 12,31), doch ist er für das Paar kaum noch zu begehen. Da die Hutterer ihre Ehe nicht als gültig anerkennen (der weltliche Trauschein ist in ihren Augen nur ein Stück Papier), müßten sie so leben wie vor ihrer Flucht, als ledige Leute in ihren Heimatgemeinden, die 50 Meilen voneinander entfernt liegen. Die beiden Kinder blieben zwar bei der Mutter, würden aber als Uneheliche den Mädchennamen Barbaras tragen müssen. Ob dann vielleicht doch eines Tages nach vielem Büßen und Bitten eine Neuheirat möglich wäre, ob der Brautvater dem Bräutigam nach dem üblichen Hin und Her des »Aufredens« dann doch sagen würde: »Nem se«, wer kann das schon genau wissen. Einen solchen Fall gab es in der 450jährigen Geschichte der Hutterer einfach noch nicht.

Einmalig in seiner Art ist auch die Geschichte des 45jährigen David Hofer. Als er vor 28 Jahren seine Kolonie verließ, wollte der Pferdenarr nur einmal seine Rodeo-Begeisterung austoben. Bis herunter nach Colorado stand er in den Arenen und ritt selbst wilde Stiere bis zur Weißglut. Doch dann wurde seine Freundin, die er auf einem Festival in Wyoming kennengelernt hatte, schwanger und brachte ihm sein erstes von inzwischen vier unehelichen Kindern zur Welt. Nun traute sich David nicht mehr nach Hause, und ihm blieb nur noch die Flasche. Wegen Alkohol am Steuer kam er in den 60er Jahren zum ersten Mal hinter Gitter.

Heute ist der kleine untersetzte Mann, eine Mischung aus Fuzzi und John Wayne, Stammgast im Gefängnis von Lethbridge. Wegen Beamtenbeleidigung, Körperverletzung, Diebstahl von insgesamt 72 Kühen im Werte von 12 000 Dollar und wegen eines bewaffneten Überfalls auf einen Juwelierladen hat er bisher sieben Jahre absitzen müssen. Alle Taten wurden im Alkoholrausch begangen. In der Zeit zwischen Entlassung und Verurteilung haust der chronische Trinker in einem schrottreifen Cadillac auf einem Hinterhof der Stadt.

Jeder Hutterer kennt den gefallenen Auserwählten. Und wenn David am Donnerstag, am Hutter-Tag, durch die Straßen der Stadt wankt, dann sagen die hutterischen Eltern zu ihren Kindern: »Siehst, do geht dr Dovid! Der is wegglufen, und jetzt hot ihn der Teifl!« Sein Schicksal ist auch für Lehrer Paul in der deutschen Schule von Waterton wichtiger Unterrichtsstoff. Es dient zur Warnung für seine Schüler, daß »Welf und Schof nit zammghern«. Und der Wolf hole sich immer das Schaf zuerst, das sich von der guten Herde entferne. Genauso sei es ja auch bei den Tauben, die immer dann Opfer des Habichts würden, wenn sie aus dem Schwarm ausscherten.

Aber nicht allein Einzelpersonen verließen das auserwählte Volk. Es kam auch vor, daß ganze Kolonien aus der göttlichen Gemeinschaft ausgeschlossen wurden. Ein Beispiel ist die Lehrerleut-Brudergemeinde »Monarch«, die ganz dicht am Weg von Waterton nach Lethbridge liegt. Schon im Vorbeifahren sieht man, daß da etwas nicht stimmt. Die Häuser sind in schlechtem Zustand, die Farbe blättert, das Kuhstalltor hängt schief in den Angeln, Gras wuchert über die Fußwege. Wirkt eine Huttergemeinde sonst immer wie aus dem Ei gepellt, herausgeputzt »wie eine geschmückte Braut ihrem Manne« (Offenbarung 21,2), so erinnert diese Kolonie eher an eine halb verlassene Goldgräbersiedlung. Immer wenn wir hier vorbeikommen auf unserem Donnerstag-Törn in die Stadt, dann sprechen wir im Eierwagen ganz von selbst über die »Obgefollnen«.

Die Geschichten, die ich schon über die Monarch-Gemeinde gehört habe, sind bunt und oft widersprüchlich. Klar ist eigentlich nur, daß am 22. November des Jahres 1938 der damalige erste Prediger der »Big-Ben«-Kolonie, Jakob Mendel, wegen »falschem Zeugnis« von der Versammlung aller Lehrerleut-Prediger abgesetzt wurde. Sie warfen ihm vor, das Patent für eine Steinsammel-Maschine, die er selber konstruiert hatte, auf eigene Faust angemeldet und dann für 600 Dollar verkauft zu haben.

Mendel, der meinte, im Einvernehmen mit seiner Bruderschaft zu handeln, beugte sich nicht dem Absetzungsurteil, sondern predigte weiter für einen Teil der Kolonie, seine nächsten Angehörigen. Damit war die Gemeinschaft gespalten. Die Kontrahenten redeten nicht mehr miteinander, sie aßen getrennt, ihre Kinder wurden in zwei Schulräumen separat unterrichtet. Die Nächstenliebe war tot, die »Gmah« zum Teufel. 1942 erklärte sich Jakob Mendel bereit, das Vermögen der Kolonie zu teilen und mit den Seinen von dannen zu ziehen. Doch die Gegenseite wollte dem Ausgestoßenen kein »göttliches Eigentum« geben. Also ging der Exprediger vor ein weltliches Gericht und bekam Recht: Mit 30 000 Dollar aus der Kasse der Kolonie baute er den neuen Hof bei Monarch an der Straße nach Lethbridge.

Ich wollte schon seit langem diese »Aussätzigen« einmal besuchen, aber wegen des Banns ging das nicht. Erst als ich im Spätsommer ausnahmsweise einmal allein den Lastwagen aus der Stadt heimsteuere – der Hühnerjerg liegt mit Grippe im Bett –, biege ich einfach nach links ab und parke neben der baufälligen Monarch-Küche.

Die Frauen hinter den Fensterscheiben bekommen vor Staunen ihre Münder nicht mehr zu. Sie müssen annehmen, daß dies der erste Besuch eines auswärtigen Hutterers seit Bestehen der Gemeinde ist, und nun hoffen sie wohl, daß mit meinem Erscheinen der Bann nach über 40 Jahren endlich gebrochen sei. Aber ich bin ja leider kein Kurier des Ältesten oder des Himmels, sondern nur ein neugieriger »Deitschländer«, der gerne mit den Ausgestoßenen reden will, um ihre Meinung zu der ganzen Geschichte zu hören.

Die aufgeregten Frauen bringen mich zum Prediger Samuel Mendel, einem Neffen des berüchtigten und inzwischen verstorbenen Jakob, mit dessen Steinsammler-Patent damals alles Unglück begann. Samuel ist 66 Jahre alt, und sein Gesicht ist durch tiefe Falten gezeichnet, die unterhalb der verkniffenen Augen im grauen Bart verlaufen. Im Gegensatz zu den anderen Hutterern, die ich bisher kennenlernte, ist dieser Mann kaum an mir interessiert. Es genügt ihm zu wissen, woher ich komme und was ich will. Alle übrigen Fragen nach Elternhaus, Beruf, Glauben und »Tiwi« unterbleiben. Statt dessen packt er aus und erzählt so ausführlich und detailliert von seinen Sorgen und Nöten, als hätte er schon lange nicht mehr die Gelegenheit gehabt, sich auszusprechen.

»Unsre Gmah is am End«, sagt er geradeheraus, und mit feuchten Augen erzählt er mir, wie sehr er sich von Gott und seinen einstigen Brüdern verlassen fühle. Die Kolonie zähle nur noch 20 Seelen, die letzte Kuh habe man verkaufen müssen, bei den Schweinen regne es durchs Dach, Gänse seien keine mehr da, und seit der »Hiehner-Andreas« gestorben sei, müßten die Kinder die Hühner versorgen. »Der große Gott abr, der schaut zu, wie die Gmah zugrund geht, und tun tut er nix«, sagt der Alte resignierend.

Tatenlos sah der Allmächtige auch zu, wie selbst die deutsche Schule, ein Eckpfeiler des hutterischen Lebens, geschlossen wurde. Weil es hier nur noch sechs Kinder gebe, habe die Behörde angeordnet, daß sie aus Rationalitätsgründen mit dem gelben »Schoolbus« jeden Tag ins Nachbardorf Fort Macleod gefahren werden, in die allgemeine Grundschule. Haschisch hätten sie auch schon mitgebracht, sagt der Prediger Samuel. Kein Wunder also, daß die Kids nach ihrem Schulabschluß meistens der Gemeinde den Rücken kehren und in die Stadt abwandern. Drei der vier Söhne des Predigers sind schon vom Hof, nur Daniel, der 25jährige, hält noch aus.

Der stille junge Mann sitzt zwischen allen Stühlen. Er verachtet die ungläubige Welt und wird von der überwiegenden Mehrheit seines eigenen Volkes selber verachtet. Er kann nicht, wie andere hutterische Jugendliche, zu den Kolonien der näheren Umgebung »spazierengehen«, um eine Frau zu finden, »Dianejogen« gibt es für ihn nicht. Vor ihm schließen sich alle Türen, denn keine Gemeinde würde ihre Tochter zu den Ausgestoßenen gehen lassen.

»Wie ich zum dr Waib komm', muß Gott zuschauen«, sagt er. Da klingt es fast wie ein Hohn, wenn die Mutter vom Nebenraum aus den ewigen Junggesellen Paulus zitiert: »Es ist dem Menschen gut, daß er kein Weib berühre« (1. Korinther 7,1). Sie war in ihrer Jugend in einer ähnlichen Lage wie ihr Sohn und entschied sich dann in ihrer Not, innerhalb der Kolonie einen Vetter ersten Grades zu heiraten. Ein anderer Mann war nicht da. Aber Daniel hat nun nicht einmal mehr diese Möglichkeit. Seine älteste Cousine ist gerade 12, und ob sie eine rechte Ehefrau für ihn abgeben würde, ist ja auch nicht sicher.

Nun fragt er sich wohl zu Recht, warum er von der hutterischen Mehrheit für ein Vergehen bestraft wird, an dem er gar keine persönliche Mitschuld trägt. Denn erst 14 Jahre nach dem Ausschluß seines Großvaters wurde er geboren.

Dieses Argument läßt auch der Lehrerleut-Älteste gelten, aber sein Kompromißangebot erscheint Daniel kaum annehmbar. Er müßte, wollte er heiraten, seinen Hof auf immer verlassen und in die Gemeinde der Braut gehen. Zuvor wäre er gezwungen, aufs neue getauft, »ibrgetauft« zu werden, weil seine Taufe von einem abgesetzten Prediger vollzogen wurde und daher in den Augen der anderen ungültig ist. Daniel glaubt dies nicht tun zu können. Er habe seinen Bund mit Gott und nicht mit den Menschen geschlossen, sagt er und verweist auf Matthäus. Die Lage ist also ziemlich hoffnungslos, und als ich mich nach einer halben Stunde wieder verabschiede, weint der Prediger.

Mein kurzer Besuch bei den Ausgestoßenen der Monarch-Gemeinde hat mich erschüttert und verängstigt. Darf Glaubensstrenge solche Auswirkungen haben, darf sie Unschuldige ihres Lebens unglücklich machen, haftbar für das Vergehen der Väter? Wo bleibt da das Gebot der Nächstenliebe? Gilt sie nur unter Gleichgesinnten, bewährt sie sich nicht vielmehr gerade beim Andersdenkenden, ja sogar den Feinden gegenüber, die zu lieben Matthäus ausdrücklich befiehlt? Und dabei wollen die Monarch-Leute doch nur gute Hutterer sein, ihre Tracht, ihre Lehren, ihre Speisen sind die gleichen wie in Waterton, Wilson oder sonst einer Gemeinde. Warum vergeben die Prediger nicht und folgen auch in der Gnade ihrem Vorbild Jesus Christus nach? Muß man die Buße bis ins sechste Glied von einer Minderheit erzwingen, um die Mehrheit in der Furcht und in der Ordnung zu halten? Heiligt auch hier wieder der Zweck alle Mittel, versündigt sich die heilige Gemeinschaft hier nicht an ihren Sündern? – Ketzerische Gedanken, die mir durch den Kopf gehen, während ich den Eierwagen heimwärts steuere. Ich hab ein ungutes Gefühl im Bauch. Ich möchte meine Sympathie und Liebe, die ich für die Hutterer noch immer empfinde, nicht aufgeben und doch wachsen die Zweifel.

Und ausgerechnet an diesem Abend platzt nach meiner Ankunft in der Kolonie eine Bombe. Schon beim Abendbrot sehe ich finstere Gesichter, spüre ich Ablehnung. Die Leute weichen meinen Blicken aus. Es herrscht eine gedrückte Stimmung. Zuerst denke ich, daß man meinen verbotenen Besuch in der Gemeinschaft der Ausgeschlossenen irgendwie spitzbekommen hat. Vielleicht haben mich die Leute im Schweinelastwagen gesehen, als ich abbog. Aber nach dem Essen stellt sich diese Vermutung als falsch raus. Es ist alles viel schlimmer: Auf meinem Bett im Buchbindehaus liegt ein Brief von einer Kollegin aus Hamburg, und dieser Brief ist bereits vorher von jemandem geöffnet worden.

Nun ist dies nicht der erste Brief, den ich offen ausgehändigt bekomme. So etwas wie ein Briefgeheimnis ist den Hutterern unbekannt, denn es gibt ja keine Privatsphäre (bis auf die »Kischten«) und schon gar keine Geheimnisse. Bekommt hier jemand Post, der gerade nicht anwesend ist, dann liest eben irgendein anderer, was die Tante oder der Onkel zu berichten hat. Hutterische Briefe richten sich auch ganz selten an den Adressaten persönlich, es sind meistens Schreiben von Kolonie zu Kolonie. So gilt als gängige Anfangsfloskel der Satz: »Vorab einen herzlichen Gruß von Jakob Wurz mitsamt seiner Gemeinde.« Und dann folgt meistens viel Wissenswertes über das Wetter, die Gesundheit der Brüder und Schwestern und den »geistigen Stand« der Bruderschaft, der meistens »zum besten« steht. Wie selbstverständlich fragen auch mich die Leute oft: »No, Miechel, wos schreibt die Muetr?« Vor versammelter Gemeinde muß ich daraufhin den Brief vorlesen, ob ich will oder nicht. Zu meinem Glück werden die Hutterer aus handschriftlichen, in lateinischen Buchstaben verfaßten deutschen Briefen nicht recht schlau. Viele ganz geläufige Begriffe, wie zum Beispiel »dementsprechend«, »irgendwie«, »möglicherweise« oder »stinksauer«, sind ihnen völlig fremd.

Aber der Brief, der auf meinem Bett liegt, ist gut leserlich mit der Schreibmaschine geschrieben, und mag der Inhalt im einzelnen dem hutterischen Leser wegen der neudeutschen Sprachwendungen auch unverständlich geblieben sein, ein Name ist ihnen vermutlich ins Auge gesprungen – der Name des Magazins »Playboy«, für das die Kollegin aus Hamburg einen Artikel verfaßt hatte. Jetzt war mir klar, warum die Leute hier so verändert waren, warum sie meinen Blicken auswichen, mir aus dem Wege gingen. Es war der Name dieses »Buhlenbladels«, das hier ein Synoym für Sünde, Tod und Teufel ist. Alte Zweifel an meiner Glaubwürdigkeit und Integrität sind erneut erwacht. Jetzt bin ich nicht mehr

Heiratsschwindler, Bankräuber oder Spion des Vatikans, jetzt muß ich in den Augen der Gläubigen beinahe der Leibhaftige persönlich sein, der sich in die Gemeinde hereingeschlichen hat, um Gottes Volk listig zu verführen.

Entsprechend kühl und streng stellen mich der Prediger und seine Gerichtsbrüder noch am selben Abend zur Rede. »Von wem is der Brief? Host Freindschoft mit dem Mensch? Wirst ihm nimmer schreiben? Schamst dich?« Die inquisitorischen Fragen zwingen mich zur Lüge. Ich bekenne Scham über diesen Brief. Ich erkläre, mit der Autorin (einer guten Freundin von mir) kaum etwas zu tun zu haben. Ich verspreche, den Kontakt mit ihr sofort abzubrechen. Pornographische Schriften, behaupte ich, hätte ich noch nie in den Händen gehabt, weil auch ich sie für ein Machwerk des Teufels hielte. Ich lüge wie gedruckt und fühle mich gottserbärmlich dabei.

An diesem Abend wünsche ich mir, hutterischen Boden nie betreten zu haben. Was hätte ich dafür gegeben, mich jetzt, durch ein Fingerschnalzen, in ein Flugzeug nach Hamburg versetzen zu können. Nie fühlte ich mich diesen Menschen gegenüber fremder. Selbst am Tag meiner Ankunft waren wir uns näher. Acht Monate des langsamen, zögernden Abtastens und Vertrautwerdens scheinen zerstört. Ich muß wieder ganz von vorn beginnen, aber wie soll ein Neuanfang erfolgreich sein, wenn ich täglich Angst vor weiteren belastenden Briefen haben muß, die mich zu neuen Lügen nötigen, zu weiteren Selbstverleugnungen.

Der Prediger beendet meine zweistündige Vernehmung mit einer Auslegung des Epheser-Briefes Kapitel 5, Vers 3: »Hurerei und alle Unreinheit laßt nicht von euch gesagt werden.« Dazu liest mir Elias Wurz die hutterische Interpretation aus einem alten Lehrbuch vor: »Wir müssen uns vor aller Unreinheit hüten, denn dies Laster und Sünd steht in der Heiligen Schrift gleich nach der Hurerei, und obschon alle Sünd den Menschen verunreinigt, so haben wir doch allermeist zu bedenken, daß, obschon ein Mensch nicht mit der Weibergesellschaft seine Lust vertreibt, er doch gar wohl kann mit sich selbst sich verunreinigen, wovon Ehrbarkeit halben nicht weiter zu reden ist.«

In der darauffolgenden Nacht liege ich plötzlich in einem großen Bett des Hotels Kempinski in Berlin, und obwohl es noch Nacht ist, dröhnt der Verkehrslärm des Kurfürstendamms so ohrenbetäubend herauf, daß ich erwache. Neben mir liegt Rachel, die schöne Brotschneidertochter aus der Wilson-Kolonie, eingemummt in ihre Hutter-Tracht. Ihre Lippen sind ernst, aber ihre Augen schauen mich so an, wie damals im späten Winter während der Schafschur. Lange liegen wir erstarrt wie zwei Mumien, nebeneinander, ich nackt, sie verpackt in sieben Röcke, und die Nacht vergeht. Aber gegen Morgen öffne ich Rachels Kopftuch. Ich löse die kräftigen langen Zöpfe aus der Verknebelung und entflechte sie langsam, ohne mich von Rachels Augen zu lösen. Mein Atem steht still. Noch nie hatte ich ein Hutter-Mädchen mit offenem Haar gesehen. Jetzt liegt Rachel neben mir in ihrer Haarpracht und lächelt. Da beuge ich mich ganz sacht über sie und singe ihr aus der Bibel Salomos Hohelied vor, das Lied der Lieder, das ich drüben bei den Hutterern in so manch einsamer Nacht gelesen hatte.

»Siehe, meine Freundin, du bist schön! Siehe, schön bist du! Deine Augen sind wie Tauben zwischen deinen Zöpfen. Dein Haar ist wie eine Herde Ziegen, die gelagert sind am Berge Gilead herab. Deine Zähne sind wie eine Herde Schafe mit beschnittener Wolle, die aus der Schwemme kommen, und es fehlt keines unter ihnen. Deine Lippen, meine Braut, sind wie triefender Honigseim, und Honig und Milch sind unter deiner Zunge. Deine zwei Brüste sind wie zwei junge Rehzwillinge, die unter den Rosen weiden. Dein Schoß ist wie ein runder Becher, dem nimmer Getränk mangelt. Dein Leib ist wie ein Weizenhaufen, umstellt mit Rosen. Du bist aller Dinge schön, meine Freundin, und ist kein Flecken an dir.

Du bist ein verschlossener Garten, eine verschlossene Quelle, ein versiegelter Born. Deine Gewächse sind wie ein Lustgarten von Granatäpfeln und edlen Früchten, Zyperblumen und Narden, Kalmus und Zimt mit allerlei Bäumen des Weihrauchs, Myrrhen und Aloe mit allen besten Würzen. Ein Gartenbrunnen bist du, ein Born lebendiger Wasser, die vom Libanon fließen. Stehe auf, Nordwind, und komm, Südwind, und wehe durch meinen Garten, daß seine Würzen triefen.« (Hohelied 4).

Dies stehe in der Bibel, beruhige ich Rachel, die unter mir vor Angst zittert. Aber der Lärm des Kurfürstendamms schwillt jetzt so stark an, wird so dröhnend und drohend, daß sie mich nicht mehr versteht. Ihre Augen, die während meines Liebeslieds zu lachen begannen, sie haben wieder Angst, ihr weicher Mund ist wieder hart und verschlossen. Gewandt dreht sie sich unter mir weg, verläßt unser Bett, und noch ehe ich nach ihr greifen kann, ist sie für immer verschwunden.

So erwache ich, wie immer allein, in meinem Buchbindehäuschen, geweckt von lauten Traktormotoren, die drüben in der Schmiede repariert werden. Ich habe Kopfschmerzen und spüre Übelkeit tief unten im Bauch. Mein Körper wehrt sich gegen den sozialen Druck, dem ich so stark wie noch nie ausgesetzt bin. Ich habe keine Lust mehr, ich bin fertig und beschließe, mich der Gemeinschaft zu entziehen, indem ich die nächsten Tage einfach im Bett bleibe. Ich will keine Hutterer mehr sehen, und wie sich herausstellt, beruht dieser Wunsch auf Gegenseitigkeit.

Es kommen keine Besucher wie vor einigen Monaten, als während meiner kleinen Grippe am Abend das Zimmer vollgepackt war mit anteilnehmenden Menschen. Heute bringen Andreas und Jörg, zwei Schuljungen, morgens, mittags und abends mein Essen im Henkelmann, fragen nur höflich, wie es mir geht, und damit genug. Auch Paul bleibt weg, obwohl es ihm doch zur lieben Gewohnheit geworden war, abends noch ein altes Schulheft oder eine aus dem Leim gegangene Bibel zu flicken und sich dabei mit mir über Gott und die Welt zu unterhalten. Nein, heute kommt niemand außer meinen Essensträgern. Ich glaube, wir müssen uns erst einmal voneinander erholen, die Hutterer und ich, denn leicht zu ertragen war es ja nicht, was wir uns abverlangt haben. Mag auch sein, daß mich die Brüder und Schwestern allein lassen, um mich zu strafen für den bösen Brief aus Hamburg, daß dies eine Art Bann ist.

Aber die Auserwählten kennen mich Weltmenschen nicht. Alleinsein empfinde ich jetzt nicht als Pein, sondern eher als Befreiung von der hutterischen Glaubensenge. Hier in meinen vier Wänden kann ich mich drei Tage und drei Nächte mal richtig austräumen, von Rachels Tauben, ihrer Herde Schafe und den jungen Rehzwillingen, die unter den Rosen weiden.

Herbst

Seliges Sterben bei Kaffee und Zwieback

Die Erntezeit steht bevor, und die Kolonie erwacht aus der Ruhe des Sommers. Schon vor dem ersten Glockenschlag sitzt Weinsedel Johannes am Steuer des weißen Kombis, seinem »Schimmel«, um draußen auf den Feldern mit sachkundigem Griff die Reife des Getreides zu prüfen. In der Schmiede versorgen die Männer ihre Dreschmaschinen und Getreideschneider, die ein Jahr lang eingemottet hinter dem Hühnerstall auf ihren Einsatz warteten. Lehrer Paul veranstaltet mit seinen Schuljungen ein Großreinemachen in den riesigen Wellblechscheunen, und die Frauen backen Zwieback auf Vorrat, denn wer weiß schon, ob in den nächsten Tagen und Wochen noch Zeit dazu bleiben wird.

Es summt wieder mal im Bienenstock des Herrn, die Kolonisten sind schon frühmorgens wie aufgekratzt. Sie bewegen sich schneller, zielstrebiger, und eine ganz ungewohnte Spannung liegt in der Luft. Die Gemeinschaft steht erneut vor ihrer alljährlichen Bewährungsprobe, wobei die Ernte mehr ist als Mähen und Dreschen. Irdisches und Himmlisches, Zeitliches und Geistliches lassen sich wie immer und überall im hutterischen Leben nicht trennen. Volle Scheuern sind nicht allein das Resultat menschlichen Könnens, sondern auch der göttliche Lohn für ein frommes Dasein. Mag das Korn noch so üppig auf den wohlbestellten Feldern stehen – fegt ein Gewitter übers Land, ist über Nacht vielleicht alle Mühsal umsonst gewesen. Das wissen die Hutterer aus eigener Erfahrung, und darum singen sie in solchen Fällen abends beim Gebet:

> »Die Felder trauern weit und breit, / Die Früchte leiden Schaden, / Weil sie mit vieler Feuchtigkeit / Und Nässe

sind beladen. / Dein Segen Herr, den du gezeigt, / Uns Armen sich zur Erde neigt / Der will gar fast verschwinden.

Das machet uns're Missetat / Und ganz verkehrtes Leben, / So deinen Zorn entzündet hat, / Daß wir in Nöten schweben. / Weil wir nicht suchen deine Huld / Durch Buße bei der Sündenschuld, / So muß der Himmel weinen.«

Aber in diesem Jahr ist uns Gott gnädig. Er hält die bösen Nachtfröste und schweren Herbststürme zurück und läßt die warme Herbstsonne wochenlang über dem Land strahlen. Pünktlich Anfang September fahren die Getreideschneider, in Anlehnung an das englische »swath« (Rasenstück) »Swodder« genannt, auf die Felder. Hier in Kanada muß das Korn wegen der kurzen Wachstumsperiode schon geschnitten werden, bevor es völlig ausgereift ist. In langen Reihen, den »Swods«, trocknet und reift es dann neun Tage am Boden aus, ehe wir mit dem Dreschen beginnen können.

Wir, das sind, wie schon bei der Aussaat im Mai, der Predigersohn Christian, stiernackig und stark, Georg, der Älteste vom »Hiehnerjerg«, ein eher scheuer und für ein huttrisches Blut fast zarter Junge, und der vierschrötige Andreas, der Jüngste des Säckelmanns. Hinzugekommen übers Jahr ist noch der Nachwuchs Elias und Ändi, die beide nach ihrem 15. Geburtstag die Schule verlassen mußten (und wollten) und nun, wie ich, erst einmal dort helfen, wo Not am Mann ist, also praktisch überall.

Während des Mittag- und Abendessens sitzen die beiden mit mir in Vertretung der Hauptmannschaft auf den hydraulisch gefederten Sesseln der drei Drescher und kriechen in endlosen Runden über die staubigen Felder. Begierig fressen sich die feuerroten Monster durch Raps, Hafer, Gerste und Winterweizen, lassen die ausgedroschenen Körner in die fünf Kubikmeter großen Getreidetanks unter dem Fahrersitz rieseln und rotzen hinten das leere Stroh kleingehäckselt wieder heraus.

Das geht wie geschmiert, denke ich bei meiner ersten Runde auf dem Rapsfeld, das ich vor vier Monaten mit meiner Egge zu einem schönen, ebenen Berberteppich geharkt hatte. Doch es dauert nicht lange, da fängt die Maschine plötzlich heftig an zu stottern und zu husten. Der Tourenzähler sackt auf Null. Viel zu schnell war ich in einen dicken Rapshaufen hineingefahren, und nun hat sich mein »McCormick 450« an dem dicken Kloß verschluckt, »verschuppert«, wie die Hutterer das nennen. Die Dreschtrommel, in der die Körner von den Ähren getrennt werden, sitzt fest. Ich muß sofort anhalten und die Maschine ausstellen, sonst laufen die Keilriemen heiß. Dem Schweinejerg ist das vor vier Jahren passiert, weil er einen Moment zu spät den Zündschlüssel herumdrehte. Im Nu schlugen helle Flammen aus der Motorhaube. Nur mit Mühe konnte sich Johannes aus seiner Kabine ins Freie retten. Der 20 000-Dollar-Drescher brannte völlig aus. Die Ruine steht bis heute wie ein Mahnmal unten am Bach und rostet vor sich hin.

Zum Glück habe ich den Motor noch rechtzeitig vor der Katastrophe zum Stehen gebracht. Nun folge ich weiter den Instruktionen, die mir der Weinsedel heute morgen mit aufs Feld gegeben hat: Ich öffne die Klappe zur Dreschtrommel, die rundherum von dicken, grüngelben Rapsbündeln umwickelt ist. Mit der Hand ziehe ich das widerborstige Kraut nach und nach aus dem festgekeilten Getriebe – ein mühsamer Job. Über mir brennt die Sonne, unter mir kocht der Motor, und die staubige, dieselverpestete Luft ist kaum zu atmen. Erst nachdem mich Ändi und Elias mit ihren Dreschern zum zweiten Mal schadenfroh grinsend überrundet haben (vom Gemeinschaftsgeist war da nicht viel zu spüren), ist der Rapskloß endlich ganz heraus, die Trommel liegt frei, ich kann wieder starten.

Noch zweimal »verschuppere« ich an diesem Tage, bis mich Christian endlich gegen drei Uhr ablöst. Er und seine Kollegen von der Hauptschicht müssen nun die nächsten zwölf Stunden durcharbeiten, unterbrochen nur von einem Abendbrot, zu dem sie Johannes mit dem »Schimmel« abholt, während wir sie zwischen 18 und 19 Uhr im Raps erneut vertreten.

Rund um die Uhr geht jetzt auf dem Höhepunkt der Ernteschlacht der Einsatz: von morgens gegen acht, sobald die Sonne das nachtfeuchte Getreide getrocknet hat, bis nachts zwischen ein und vier Uhr, wenn der Tau sich wieder auf die schweren Ähren legt. Für Christian, Georg und Andreas ein 14- bis 16-Stunden-Job, der selbst diese hartgesottenen »Mannsleit« an den Rand der Erschöpfung bringt.

Doch auch für mich ist der Tag nach meiner Abendbrotvertretung auf dem Rapsfeld noch lange nicht zu Ende. Ich mache jetzt Nachtdienst in einer der großen Scheunen und überwache die Anlieferung des Getreides, das Schäfer Georg und Schmied Jakob mit Lastwagen im Pendelverkehr zwischen der Kolonie und den Feldern heranfahren. Solange die »Scheuer« noch recht leer ist, wird das Getreide von den Kippladern einfach so hingeschüttet, und ich schiebe es mit einem Räumtraktor in die hinteren Ecken. Wächst der Körnerhaufen dann im Laufe der Nacht zu einem gelben Gebirge, so muß ich den »Ogger« heranrollen, ein langes, hochaufgerichtetes rotes Rohr, in dem eine motorgetriebene Spirale das Korn direkt vom Lastwagen hinauf in 15 bis 20 m Höhe rotiert. Mit diesem Gerät kann ich die Scheune systematisch von hinten nach vorn bis unter das runde Wellblechdach mit gut 20 000 »bushel«* vollpacken. Das ist in diesem guten Erntejahr besonders wichtig, denn der Lagerplatz ist knapp, und jeder trockene Winkel muß gut genutzt werden. Meine Arbeit erfordert also Fingerspitzengefühl und Augenmaß. Zentimetergenau habe ich die zurücksetzenden Kipplader vor mein »Ogger« zu lotsen und im richtigen Moment »HO!« zu schreien, was hochdeutsch »HALT« heißt. Vorsichtig öffne ich dann die Klappe im Heck des Lastwagens, damit das Getreide gleichmäßig herausrinnt wie eine fette Mehlsoße. Der Getreidefluß muß dabei genau der Leistung der Transportschraube entsprechen – kommt zuviel, läuft das Korn auf den Zementfußboden, kommt zuwenig, verlieren wir unnötig Zeit, der nächste Transport wartet vor der Scheune, die Dreschmaschinen können nicht entleert werden, das Räderwerk des Ernteeinsatzes gerät ins Stocken. Man hat mir also eine verantwortungsvolle Aufgabe übertragen, und ich setze alles daran, die Gemeinde nicht erneut zu enttäuschen, nachdem die Affäre mit dem geöffneten Brief aus Hamburg viel Vertrauen zerstört hat.

Doch weil wir alle an einem Strang ziehen, kommen wir uns jetzt bei der Ernte wieder etwas näher, was mir zwei Wochen zuvor noch unmöglich schien. Die Hutterer halten mir immerhin zugute, daß ich Sünder hier in Gottes Gemeinschaft offensichtlich auf dem Weg der Besserung bin. »Wer orbet, der sindigt nit«, sagen sie, und in der Tat habe ich morgens um halb

* 36,7 Buschel Weizen bzw. 64,8 Buschel Hafer = 1 t

vier, nach der letzten Getreidelieferung, keinen anderen Wunsch, als mich in mein Bett fallen zu lassen, verstaubt, wie ich bin, und schwarz im Gesicht. Kein Gedanke mehr an Rachel und das Hotel Kempinski.

Und seit ich im letzten Winter mein erstes Paar Schuhe gemacht habe, hat mich keine Arbeit so befriedigt, wie diese Ernte, die unsere Ernte ist, mit der ich mich so sehr identifiziere wie früher in der Zeitungsredaktion mit meinen eigenen Artikeln. Denn ich habe mitgesät, was ich jetzt miternte, es geht um unser täglich Brot, unsere Lebensgrundlage – was gibt es Wichtigeres? Ich kenne die Felder inzwischen genau, weiß, wo die feuchten Mulden sind, in denen ich im Frühling mit meiner Egge versackte, die schwierigen Hanglagen, das ausgetrocknete Bachbett. Ich bin vertraut mit diesem Hutterland, vertraut mit seinen Stimmungen und Farben zu jeder Jahreszeit. Schneeweiß im Winter, Erdbraun im Frühjahr, Grasgrün zur Sommerszeit und Strohgelb im Herbst.

All das gibt mir auch wieder Vertrauen zu den Menschen. Menschen, die ja nur mein Bestes wollen und nicht wissen können, wie schlecht es mir oft dabei geht. Sie fürchten ehrlichen Herzens um mein Seelenheil, sehen mich schon bis zum Hals im Hamburger Höllenloch versunken und haben ja vielleicht gar nicht so unrecht. Sie wollen mich da rausholen, bevor es zu spät ist, und mich erretten für das ewige Leben zu Füßen des Herrn. Kann ich ihnen dafür ernsthaft böse sein?

Genau vierzehn Tage dauert unsere Ernte, dann sind die Felder leergedroschen und knapp 400 000 »bushel« Getreide, in einem Gesamtwert von über eineinhalb Millionen Dollar, lagern trocken unter Dach und Fach. Für Waterton ist dies die beste Ernte seit Gründung der Gemeinde vor 18 Jahren. Entsprechend überfüllt sind auch die Scheunen. Selbst in der Schmiede und im Waschhaus lagert vorübergehend Weizen, mit dem man einfach nicht mehr wußte, wohin.

Gott war seinem Volk heuer gnädig. Kein Wunder, daß ich in diesen Tagen nur zufriedene Gesichter sehe, hat er doch die Mühe eines ganzen Jahres reichlich belohnt. Der Säckelmann kann bald wieder einen schönen Batzen Taler auf das Sparkonto der Kolonie tragen, was ja so dringend nötig ist, da man in ungefähr zehn Jahren wieder die hutterische Wachstumsgrenze von 125 Seelen erreicht haben wird und es gilt, einen neuen Hof zu kaufen, und der wird dann wohl drei- bis viermal soviel kosten wie die Carmengey-Kolonie vor vier Jahren.

Auch der Prediger ist froh, daß der Erntesegen so reichlich ausfiel, sieht er doch in vollen Scheunen vor allem einen göttlichen Gunstbeweis und eine Bestätigung, daß er sein Wächteramt zur Zufriedenheit des Herrn geführt hat. In seiner Erntedankpredigt am Sonntag nach Beendigung der Drescharbeiten ist von Selbstgefälligkeit jedoch keine Rede. Statt dessen spricht Elias anhand eines Textes des Propheten Hosea über die geistliche Beziehung zwischen Aussaat und Ernte: »Säet euch Gerechtigkeit und erntet Liebe . . ., denn so ihr pflüget Böses, so erntet ihr Übeltat und esset Lügenfrüchte« (Hosea 10,12–13). Und ebenso, meint der Prediger, stehe es mit dem Zusammenhang zwischen diesseitigem und jenseitigem Leben. Wer hier auf Erden auf dem rechten Weg bleibt, ohne Fleischeslust, Augenlust und Hoffart, ohne Schenkhäuser, Toback und Eigennutz, der wird im Himmel ewig Glück und Seligkeit ernten. Die Gegenwart des Lebens und die Ewigkeit nach dem Tode sind untrennbar miteinander verknüpft, ein Fehltritt im Diesseits kann die unausweichliche Verdammnis im Jenseits zur Folge haben.

So spendiert der alte Elias nach der Predigt auch nur eine einzige Flasche Bier pro Person zur »Habtschinka«, dem aus der Ukraine mitgebrachten Brauch des Erntedankessens, um Besäufnissen die Grundlage zu entziehen, wie sie wohl in der Altheimat jenseits des Dnjepr bei solchem Anlaß üblich waren. Zur Feier des Tages ist der Sonntagsbraten heute gefüllt mit einem Brei aus Reis, in Milch eingeweichtem Brot, etwas Zwiebeln, Salz, Pfeffer und durchgedrehter Leber. »Gstupfte Anten«, gestopfte Ente, heißt dieses Gericht, das besser schmeckt als die Beschreibung vermuten läßt. Außer dem Bier und der Entenfüllung unterscheidet sich dieses Festessen in nichts von einem ganz normalen Sonntagsmahl. Die Ansprüche sind eben bescheiden hier, und hätten wir nicht schon seit Tagen von dieser »Habtschinka« gesprochen, mir wäre heute kaum etwas Besonderes aufgefallen. Denn selbstverständlich schweigen wir wie sonst auch beim Essen, und die verdeckten, kleinen Rituale um die guten Bratenstücke werden mit der gleichen entschiedenen Freundlichkeit zelebriert wie an jedem

Sonntagmittag. Die Ordnung will es nämlich, daß immer vier Personen sich ein Tier teilen. Da aber eine Ente nur zwei leckere, dunkelfleischige Brustpartien hat, muß sich jedes Eß-Quartett schweigend darüber verständigen, wie auch bei Tisch hutterische Gerechtigkeit und Gleichheit praktiziert werden kann.

Bei meinem Braten sind der Schmied Jakob, der Schweinejohannes und Joschua, der Kuhboß mit von der Partie. Da ich der Jüngste bin, muß ich warten, bis die anderen ein Stück Fleisch, beherzt und ohne viel auf Etikette zu achten, herausgesäbelt haben. Doch obwohl Joschua und Jakob Entenbrust ebensogern mögen wie ich, bleibt an jedem zweiten Sonntag ein Bruststück für mich liegen. Es verzichtet dann jeweils einer der beiden auf seinen Lieblingsbissen, begnügt sich mit der Keule oder den Schulterstücken und freut sich auf den nächsten Sonntag.

Mit dem Erntedankfest ist die Ernte aber noch lange nicht abgeschlossen. Nach den Feldern ist der Garten an der Reihe. Hier lastet die Arbeit allein auf den Schultern der Frauen, der Kinder und des Schullehrers Paul. Die Männer bestellen derweil das Land mit Winterweizen, bevor der erste Schnee fällt. Schon einen Tag nach der »Habtschinka«, am Montagmorgen, läutet Paul die Frauen mit der Küchenglocke zusammen. Auf dem großen Anhänger des Gartentraktors fährt er sie dann den Hügel hinauf in die Maisfelder. Es wird viel geschwatzt und gelacht, wie immer, wenn die Frauen miteinander arbeiten. Ob beim Frühjahrsputz, beim Unkrautjäten oder jetzt bei der Gartenarbeit, stets scheint es so, als träfe sich da ein fröhlicher Trachtenverein.

Irgendwann einmal habe ich Pauls Katharina gefragt, ob sie mit einer weltlichen Farmersfrau tauschen würde. Da hat die rundliche Person nur heftig mit dem Kopf geschüttelt und »nimmer« geantwortet, die hätte ja zuviel zu tun. Diese Antwort überrascht zunächst bei einer Mutter von neun Kindern. Doch betrachtet man die Arbeitsorganisation einer Hutterin etwas näher, dann erscheint Katharinas Reaktion einleuchtend. Denn durch das Zusammenleben der Schwestern wird die einzelne Frau trotz des hutterischen Kindersegens stark entlastet. Außer dem zweijährigen Andreas sind alle Hofer-Kinder schon aus dem Haus – in der kleinen oder großen Schule oder bei den Leuten. Alle anderthalb Monate kocht Katharina eine Woche lang zusammen mit einer Kollegin für die ganze Gemeinschaft und melkt die Kühe. Einmal in drei Wochen steht sie Freitag vormittags mit fünf anderen Schwestern in der Backstube und backt Brot, Zwieback und »Schutenhonkelich«. Montags wäscht sie zwei Stunden im technisch modern eingerichteten Waschhaus die Wäsche der Familie. Im Sommer wird sie etwa einmal in der Woche zur Gartenarbeit gerufen, und im Winter näht sie die Kleider, wobei ihre beiden ältesten Töchter Rachel und Maria ihr schon tatkräftig zur Hand gehen. – Da bleibt bei allem Fleiß unterm Strich noch genügend Zeit zum Lunschen und Plauschen.

Trotz ihrer Unterordnung unter den Mann und ihrer Stimmlosigkeit in Gemeindeangelegenheiten, fühlt sich die resolute Katharina keineswegs machtlos oder gar unterdrückt. Sie weiß, wie sie ihren Mann beeinflussen kann, dazu, sagt sie, brauche sie nicht im »Stiebl sitze«: »Wos ich mei Paul sog, dos tut'r meist«, sagt sie, und angeblich pflanzt er keine Kartoffel, ohne sie vorher um Rat zu fragen.

Als ich Katharina erzähle, daß draußen in der Welt Frauen von ihren Männern geschlagen würden, da schüttelt sie fassungslos den Kopf. So etwas sei so gut wie ausgeschlossen hier in der Kolonie. Wenn ihr Mann das täte, wäre sie sofort beim Prediger, und der würde Paul beim nächsten Gottesdienst vor der versammelten Gemeinde, und daß heißt vor seinen eigenen Schülern, vermahnen. Zur Strafe müßte er dann wohl anderthalb Stunden knien – »unaussprechlich wär die Schond!«

Ihre Kleider schneidern die hutterischen Schwestern selber. Eine Nähmaschine gehört zur Mitgift jeder Frau, und der »Kaschten« (unten), in dem die Garderobe verstaut wird, umschließt ihren einzigen Privatbereich. Dort findet sich oft nicht nur, was zur »zeitlichen Notdurft« gehört, sondern auch mancher weltliche Kitsch, Nagellack und bunte Fotos, die eigentlich in der Kolonie streng verboten sind.

Doppelseite:
Zur Zeit der Ernte herrscht Hochbetrieb in Waterton. Während die Männer den letzten Weizen dreschen und die Frauen das Gemüse einmachen, sammeln die Kinder die Kartoffeln vom Feld.

Bergeweise erntet Katharina mit ihren Schwestern die reifen Maiskolben, tagelang bringt der Trecker mittags und abends eine große Fuhre »Gugurutz« zu Tal in die »Kuchel«. Dort sitzen die alten Frauen an langen Tischen vor dampfenden Kesseln und kochen die Maiskolben in Gläser für den Winter ein. Ebenso werden Tomaten, Gurken, Kürbisse, Grünkohl und rote Beete verarbeitet und im Keller in langen Holzregalen gelagert. Hier unten hängen auch Zwiebeln und Knoblauch gebündelt unter der Decke und verbreiten einen intensiven, würzigen Geruch.

Der liebe Gott hat das fleißige Unkrauthacken und die fromme Lebensart der Hutterer auch hier mit einer überwältigenden Ernte belohnt. Paul weiß schon bald nicht mehr, wohin mit dem vielen »Bageljana«, »Kratsowitz« und »Pampkin«. Als bald alle Einweckgläser voll sind, läßt er einen kleinen Transporter mit dem »Gortnstoff« volladen, um sie bei den Farmern und Dörflern der Umgebung von Haus zu Haus zu verkaufen. »Päddeln« nennen die Hutterer diese Art des Kleinhandels (vom englischen »to peddle« = hausieren).

Mit Martha, Susanna, Tura, Rebecca und Anna, fünf »Diane« zwischen 15 und 20, und mir als Beifahrer geht es los zur ersten Päddel-Tour. Wie ein kleiner ängstlicher Junge, den die Mutter zum Weinholen in den dunklen Keller geschickt hat, stimmt Paul gleich hinter der Kolonie-Ausfahrt ein Liedl an:

> »Zu Gott steht unsre Zuversicht / Laß uns zu Schaden werden nicht, / Das bitten wir dich von Herzen, / Steh' du uns bei mit deiner Treu, / Wend' ab Kummer und Schmerzen.«

Laut und hutterisch singen wir über die Landstraße 810 Richtung Rocky Mountains, vorbei an abgeernteten, stoppligen Getreidefeldern.

Oben: Die Hutterinnen schwören auf ihre selbstgebraute Seife, weil diese »Saftn« die dunklen Kleider nicht ausbleicht. Das Rezept ist einfach: »Nimm 50 Pfund Schmolz (Fett), 12 Pfund Woschlaugn, 7 Emele Regnwosr; zwa Stund kuchs, und gib a bissela Solz.«
Unten: Alle sechs Wochen werden die Enten im Stall gerupft. Nach dem Schlachten im Herbst teilen die Gemeinschafter die Federn unter sich auf und verarbeiten sie zu Bettdecken und Kissen.

Nach etwa fünf Meilen die erste Farm. Hier wohnt der Meyer, dessen Land die Hutterer als gute Nachbarn mit ihren modernen Maschinen bearbeiten, wenn die eigenen Felder versorgt sind. Paul biegt hinter dem roten Briefkasten links ab und hält direkt vor dem Wohnhaus des kleinen Hofes. Statt auszusteigen, bleiben wir im Wagen sitzen und warten, bis sich jemand zeigt. Die Mädel drängeln sich aufgeregt hinten an den Fensterscheiben. Weiß der Teufel, was es da wohl zu sehen gibt auf dieser ganz gewöhnlichen Western-Farm. Die Antwort heißt: Alles ist aufregend hier draußen in der Welt, selbst das häßliche Fertighaus der Meyers mit seinen bunten Vorhängen im Küchenfenster und zwei Kunststoff-Stallaternen zu beiden Seiten der Eingangstür. Auch das Blumenbeet im Garten neben dem Haus findet bewundernde Aufmerksamkeit mit all seinen Rosen, Geranien und Astern, die die huttrischen Augen so sehr gelusteln. »Schau mal, wie scheun«, sagen die Mädchen, und Paul drückt nervös auf die Hupe.

Da kommt dann endlich Frau Meyer, eine stämmige Landfrau wie ich sie mir gut in Pommern vorstellen könnte, wären da nicht Jeans und knappe Bluse, deren obere drei Knöpfe offen sind. Paul sieht darüber hinweg und fragt auf englisch, ohne mit seinem hutterischen Akzent hinter dem Berg zu halten: »Ju wont korn?«, ob sie Mais wolle? Die Frau bestellt für ihre Grillparty am nächsten Wochenende sechs Dutzend Maiskolben für sechs Dollar. Sofort springen die Mädchen aus dem Auto, öffnen die Hecktür und zählen die Kolben in die drei geflochtenen Weidenkörbe. Als ich einen nehmen will, um ihn in das Haus zu tragen, werde ich fast schroff von ihnen zurückgewiesen: »Dos mochn mir!« Die Mädchen lassen es sich nicht nehmen, der Kundin die Ware selber in die Küche zu tragen. Denn was gibt es dort drinnen nicht alles zu sehen. Feine Kristallgläser in einer Vitrine! Über dem Sofa das Ölgemälde eines Bergpanoramas im Sonnenuntergang! Der laufende Fernseher auf der messingbeschlagenen Kommode! Schrecklich schön, dieses alles im Vorbeigehen zu betrachten und sich am schaurigen Gedanken zu ergötzen, wie es sich wohl leben würde als Frau Meyer mit einer eigenen Farm, aber ohne Gemeinschaft, mit »Tiwi«, aber ohne Märtyrerballaden, mit Ferien auf Hawaii, aber ohne festen Wohnsitz in Waterton, dem Vorhof zum Paradies.

Doch ehe das Gedankenspiel zu Ende gespielt werden kann, ist Paul zur Stelle und mahnt zur Eile: »Draht euch«, macht zu! Frau Meyer zählt ihm ihre sechs Dollar in die Hand. Gewissenhaft verstaut er das Geld in seinen tiefen Hosentaschen, die zu Recht »Säck« heißen, weil man darin zur Not sicher auch einen halben Zentner Kartoffeln verschwinden lassen kann. Dann treibt er die aufgeregten Mädchen heraus aus dem Haus und hinein ins Auto, und auf geht's zur nächsten Farm.

Hundert Dutzend Maiskolben verkaufen wir bis zum späten Abend an über fünfzig Kunden. Jedesmal bedeutet das für Paul ein Spießrutenlaufen durch die Anfeindungen der weltlichen Lustbarkeiten. Am schlimmsten war es in einer Quick-Bar in der Nähe der Ortschaft Fort Mcleod, dreißig Meilen nördlich der Kolonie. Der Besitzer, ein fülliger Indianer mit breitem Gesicht, orderte für zehn Dollar Mais und spendierte jedem von uns ein Soft-Eis. Paul dachte natürlich gleich an das mahnende Sirach-Wort: »Geschenke und Gaben blenden die Weisen« (Sirach 20, 31), aber noch ehe er den rechten Schluß aus dieser Bibelweisheit ziehen konnte, bekam er schon vom freundlichen Wirt einen Eisbecher in die Hand gedrückt. Nun konnte der Lehrer nicht gleich weiterfahren, sondern mußte erst einmal seine Portion aufessen.

Genug Zeit für seine Begleiterinnen, den Schnellimbiß genau zu inspizieren. Vor allem der Flipper in der Ecke faszinierte die Mädchen. »Lady Black Jack« stand über dem Bild einer Vollbusigen in schwarzem Nappaleder. Zwei junge Indianer ließen die blanke Kugel flitzen. Lichter flackerten auf und verloschen, Glocken schlugen an, die Ziffern auf der Anzeigetafel unter der Dame in Schwarz rasselten in astronomische Höhen. In schweigendem Halbkreis standen die Mädchen um den Automaten, mit den gleichen verständnislosen, großen Augen, wie ich sie bei ihren männlichen Altersgenossen vor der Fernsehwand in Lethbridges Kaufhaus gesehen hatte.

Weltfremd fragte mich die 20jährige Tura dann bei der Heimfahrt, ob die Punktzahl des Flippers die Höhe des Dollargewinns angezeigt hätte? Als ich erklärte, daß bei diesem Spiel kein Geld zu gewinnen sei, wollte Tura wissen, warum die Indianerknaben denn dann 25 Cent, den vierten

Teil einer ganzen Zehrung, pro Spiel ausgeben würden? »Aus Spaß«, antwortete ich, und da schwieg Tura, und bis zu unserer Ankunft in Waterton sagte keiner mehr ein Wort.

Zu Hause warten die Mütter schon mit Bangen auf uns. »Mei Herz ging scho hier oben«, sagt Pauls Katharina und legt die Hand an ihren stämmigen Hals. Sie ist immer in Sorge, wenn ihr Paul die Gemeinde verläßt, und so geht es hier allen Frauen, die weniger oft rauskommen und deshalb auch nicht so »welterfahren« sind wie ihre Männer. Nach dem Abendbrot bringt Paul den Erlös des »Päddelns«, hundert Dollar für hundert Dutzend Mais und ein Dollar fünfzig Cent Trinkgelder, zu seinem Schwager Elias. Der Säckelmann steckt das Bündel, ohne nachzuzählen, in seine pralle Brieftasche und verschließt sie sorgfältig im Sekretär.

Im Laufe des Herbstes gehen die Hutterer noch häufig mit den Überschüssen des Gartens hausieren, und immer begleitet Gärtner Paul eine andere Gruppe, die ihm beim Verkaufen hilft. Außer den Kleinkindern und den Alten kommt jeder zweimal an die Reihe. Päddeln macht allen Spaß, nur Paul schwitzt dabei besonders bei seinen unmündigen Schülern und Schülerinnen Blut und Wasser.

Aber auch mit ganz erwachsenen Brüdern kommt er wohl gelegentlich in arge Nöte. Als er ein paar Wochen später mit dem Predigersohn Christian, dem Schmiedejakob und mir nach erfolgreichem Kartoffelverkauf in der Umgebung von Lethbridge auf schnellstem Wege nach Hause will, kommen wir an der etwas außerhalb der Stadt gelegenen Universität vorbei. Ein langgestreckter, monumental wirkender Quader aus Glas und Beton, der an einem Hügel über dem Flußgraben des »Oldman River« liegt. Über diese »Junivösiti« wird viel spekuliert unter den hutterischen Brüdern. Sie ist das Zentrum alles Weltwissens, in dem sich die Menschen »bläslich und gelb studiere«, nach den Geheimnissen der Welt forschen, ohne viel auf die göttliche Weisheit zu geben. An einem Ort aber, an dem das biblische Wort nicht geachtet wird, kann es auch sonst nicht christlich und gesittet zugehen, vermuten die Auserwählten. Mir erzählte einmal ein Bruder, er habe gehört, daß die Abwässeranlage des Studentenheimes jahrelang verstopft war. Kein Mensch wußte, woran das lag, bis man schließlich alle Abflußrohre aufreißen ließ und eine grauenhafte Entdeckung machte: Hunderte von abgetriebenen Kindern lagen da angeblich in der Kanalisation und verstopften den Abfluß. Auch meine drei Mitfahrer kennen diese Geschichte, die das Weltbild der Hutterer erahnen läßt.

Während wir also an der »Lethbridge University« vorbeifahren, fragt mich plötzlich Jakob, ob man auch als Nichtstudent das Unigelände betreten dürfe. »Schur ka ma«, antworte ich hutterisch, was Christian ermutigt, Paul den Vorschlag zu machen, einfach mal einen kurzen Abstecher in den Sündenpfuhl zu wagen. Erst winkt der Lehrer ab. Ihm wird himmelangst allein bei dem Gedanken. Aber die anderen drängen, die Neugierde juckt sie. Sie wollen nur mal schauen, »wos do drina firgeht«, weiter nichts. Bei der nächsten Kreuzung haben sie Paul so weit, daß er wendet und dem Wegweiser »Campus« ins Tal folgt.

Wir stellen den Wagen auf einem großen Parkplatz ab. Vor dem Haupteingang verharren die Hutterer in Ehrfurcht: »Sabirisch«, staunen sie und meinen das mächtige, zwanzig Meter hohe Portal. Andächtig streicht Jakob mit der Hand über seine spröde Betonoberfläche und peilt senkrecht in die Höhe, wohl um zu sehen, ob auch alles lotrecht steht. Es entspinnt sich eine kurze Fachdebatte, bei der eigene Erfahrungen im Hausbau mit in die Diskussion geworfen werden. Auch beim Kuhstall habe man ja eine Stahlbetonwand für die Mistgrube gegossen, drei Meter hoch und gerade wie eine Eins. Aber gegen dieses Tormassiv sei die Heimarbeit gar nichts, gestehen die drei Auserwählten nicht ohne einen gewissen Respekt zu. Solide Arbeit zählt unter Fachleuten, da spielt das Gebetbuch einmal keine Rolle.

Während wir vier Schwarzgekleideten so am Universitätseingang stehen und staunen, kommen und gehen die Studenten, ohne daß meine drei Brüder sie beachten. Erst als eine langhaarige Blonde auf uns zukommt, merken sie auf. »Are you the group from Jerusalem?« Ob wir von der hebräischen Universität seien, fragt sie lächelnd und trifft auf verdutztes Schweigen. Mögen die Hutterer im Straßenbild von Lethbridge inzwischen keine Besonderheit mehr sein, hier auf dem Campus überrascht unser Erscheinen so sehr, daß die Studentin uns wohl für eine Gruppe Talmud-Lehrer aus der heiligen Stadt hält. Sie kann einfach nicht glauben, es mit »real

Hutterites« zu tun zu haben aus einer nur 40 Meilen entfernt gelegenen Kolonie.

Mit nordamerikanischer Direktheit bietet sie uns gleich ihre Hilfe an. Ihr Name sei Susan, Studentin der Anthropologie, drittes Semester. Die Hutterer stehen da wie vom Blitz getroffen. Worauf hat man sich nur eingelassen, fragen ihre ängstlichen Gesichter. Kaum steht man vor diesem babylonischen Sündenturm, da reden einen die Mädchen auch schon auf offener Straße an. Alle Gerüchte scheinen sich zu bestätigen. Susan läßt jedoch nicht locker. Sie drängt uns ihre Hilfe förmlich auf, indem sie kurzentschlossen die Glastür zur Uni öffnet und uns wie ein freundlicher Portier hineinbittet. Ich gehe vor, denn mir fällt das nach neun Semestern an der Mammut-Universität in Bochum am leichtesten. Die endlosen Flure, die plakatverklebten Wände, die Batterien von leeren Plastikbechern auf den Fensterbänken und vor allem die grauen, jungen Gesichter, das alles kenne ich nur zu gut aus meiner Studienzeit. Paul, Christian und Jakob aber trauen ihren Augen nicht: So ein langes Haus! So viele »Schtudents!« Paul denkt an seine 32 Schulkinder zu Hause und fragt, wie denn hier der »Schullehrer« mit so einer Menge Schüler fertig werde. Daß es hier 150 Lehrer für 1500 Studenten gibt, ist für ihn ganz unglaublich. Wer kann sich denn bei so vielen Menschen überhaupt noch zurechtfinden? »Do kennt jo nimmer aner den ondern«, sagt er, »do sein die Leit so wie Fremdling.« Von Gemeinschaft kann hier in der Tat keine Rede sein.

Unsere junge Begleiterin aber ist stolz auf ihre Universität. Sie zeigt uns einen Vorlesungssaal, der so groß ist, daß sich der Lehrer vorn am Katheder nur mit Lautsprechern verständlich machen kann. Wir sehen eine Mensa, in der die vierfache Bevölkerung von Waterton auf einmal Platz findet. Susan führt uns auch in die Bibliothek. Drei Etagen nichts als kluge Bücher voller Weltweisheiten, bemerkt Paul, dabei stehe doch in der Bibel, dem Buch der Bücher, schon alles drin, was der Mensch wissen müsse.

Schließlich wollen wir natürlich noch das berüchtigte Studentenheim inspizieren. Es liegt in den untersten drei Etagen. Tatsächlich leben hier Jungen und Mädchen eng beieinander, wenn auch nicht in einem Zimmer, so doch nur durch einen schmalen Flur getrennt. Küche und Gemeinschaftsräume teilen sich die Geschlechter. Eine strenge Aufsicht fehlt. Da kann sich Paul an fünf Fingern abzählen, »wos hier firgeht in der Nocht«.

Tagsüber erscheint das Leben im Heim aber recht harmlos, es geht fast ein wenig spartanisch zu. In kleinen, grauen Studierklausen, die sich für ausschweifende Orgien gar nicht so recht zu eignen scheinen, hocken die Studenten wie die Mönche und büffeln für die nächsten Prüfungen. Ein Knabe, der in der Küche gerade Eierravioli aus der Büchse löffelt, erzählt auf Pauls Anfrage, daß er sich pro Woche nur ein- oder zweimal Fleisch zum Mittagessen leisten könne. Mehr Geld hätten seine Eltern, Kleinbauern aus dem Norden, nicht übrig. Solche Verhältnisse wollen gar nicht in das Vorurteil vom hemmungslosen akademischen Wohlleben passen. Eher erinnern sie meine drei Brüder schon an die Hungerjahre der Vorfahren während des Dreißigjährigen Krieges in Ungarn.

Mit sehr gemischten Gefühlen verlassen wir nach der Besichtigungsstunde die Universität wieder durch das beeindruckende Hauptportal. Schwer zu sagen, ob dieser Besuch nun zur Aufklärung beigetragen hat, oder ob er nur zusätzlich Verwirrung stiftete, weil das, was wir gerade gesehen haben, von den Hutterern einfach nicht richtig eingeordnet werden kann. Das Gerücht von den Fötus-verstopften Abwässerrohren im Studentenheim ist sicher durch die heutigen Eindrücke nicht widerlegt worden, wie überhaupt der Sinn der ganzen »Hochschulwirtschaft« nach wie vor völlig im unklaren bleibt.

Lehrer Paul sieht einfach keinen Nutzen in der höheren Bildung. Nach seiner unumstößlichen Überzeugung muß ein junger Mensch Lesen und Schreiben lernen, damit er die Bibel studieren und kopieren kann. Wenn er dann auch noch das große Einmaleins beherrscht, so reicht das für ein Hutterleben. Er hält sich an das bewährte Bibelwort: »Wer schwere Dinge forschet, dem wird es schwer« (Sprichworte 25,27). Im übrigen sieht er sich gerade durch mein Beispiel in seinem Vorurteil gegenüber den »Großkopfeten« voll bestätigt: »No, Miechel, du wost neinzehner Johr in der Schul. Nu wast olles, konnst obr nix«, sagte er einmal zu mir gleich nach meiner Ankunft in der Waterton-Kolonie, als ich vergeblich versuchte, einen Traktor mit Anhänger rückwärts in die Schmiede zu manövrieren.

Das ist nun schon ein halbes Jahr her, und mein Können hat seither durch meine hutterische Lebenspraxis stetig zugenommen. Es vergeht eigentlich kein Tag, an dem ich nicht irgend etwas lerne; von der Routine des Bauernalltags spüre ich nichts. Vielleicht bin ich dafür erst zu kurz in Waterton, vielleicht aber ist die hutterische Arbeitswelt auch zu vielseitig. Allein am neuen Kuhstall habe ich mit den anderen gemauert, gezimmert, den Betonfußboden gegossen, die Elektroleitungen verlegt, das Dach mit Wellblech gedeckt, die Metallboxen für die Kühe geschweißt, die Fenster verglast, und alles lernte ich fast ganz nebenbei. Wo sonst auf der Welt Fachschulen und Berufsausbildungen auf solche Arbeiten vorbereiten, genügt hier ein Blick über die Schulter des Nachbarn, und schon beherrscht man sein Handwerk.

Das Wichtigste aber, was ich bei den Hutterern lerne, sind nicht handwerkliche Fertigkeiten, sondern etwas ganz anderes, viel Wesentlicheres: die Fähigkeit, mit dem Tod zu leben. Denn der Tod ist kein Tabu in den Kolonien. Er ist allgegenwärtig und immer im Gespräch. Die kleinen Kinder besingen ihn, noch ehe sie richtig laufen gelernt haben, die alten Leute reden über Freund Hein, als sei er ein Bruder. Das Sterben gilt hier als Lebensziel der Menschen, als Ende einer beschwerlichen Pilgerfahrt und als ein neuer Anfang. Erlöst vom Jammer des irdischen Daseins, glauben die Brüder und Schwestern eines Tages frei zu sein für eine neue himmlische Existenz, die für sie das »wahre Sein« darstellt, weil es ein »reingeistliches« Leben ist, ohne die »Unflat des Körpers«, die »Anfeindungen des Fleisches«. Was für Wonnen und Freuden den Auserwählten, und nur ihnen, im Himmel blühen, übersteigt jede menschliche Vorstellungskraft. Dennoch beschreiben die alten Texte der Hutterer das jenseitige Leben in plastischen Bildern, die sich aus Bibelzitaten und mittelalterlichen Erlösungsphantasien zusammensetzen.

In dem »Artikelbuch von Tod und Leben«, einer Schrift aus dem späten 16. Jahrhundert, heißt es im Kapitel »Über die himmlischen Freuden aller Frommen«: »Von der Herrlichkeit des Himmels ist den Menschen zu reden so, als wenn ein Blindgeborener von mancherlei schönen Blumen redet, deren er noch nie keine gesehen hat. Denn es ist im Himmel ein Ort und Wohnung gottseliger und heiliger Menschen. Ja daselbst ist die allergoldseligste und die unaussprechliche und unermeßliche Freud die in Ewigkeit währet. O wie herrlich ist das himmlische Jerusalem, deren Thron sein aus edlen köstlichen Gestein, aus Smaragd und Saphir, so hell als ein durchscheinendes Glas, und auf ihren Gassen singt man von früh bis spat das Halleluja. O wie ist da so ein herrliches Himmelreich, darinnen sich freuen mit dem Herren alle Heiligen Gottes, angethan mit reiner weißer Seide. Und da wird keine Nacht mehr sein und auch die Sonn wird keiner mehr bedoerfen, denn der Herr wird selber ihr Licht sein. Auch werden die Gerechten selbst leuchten und scheinen in des Vaters Reich. Es wird sie auch nicht mehr hungern und dürsten, denn der Tod wird nicht mehr sein, auch weder weinen noch schmerzen, sondern nur Halleluja an allen Orten und Freude über Freude.

Es ist daselbst eine unaussprechliche Lust, die aus mancherlei Dingen kommt. Erstlich inwendig aus reinem Herzen und auswendig aus dem glorifizierten Leib und um und um aus dem schönen, neuen Himmel und aller zierlichen Geschöpfe Gottes. Daraus kommt das allerlustigste Frohlocken. Daselbst ist alles, was einer nur begehrt und ist nichts Widerwärtiges, sondern es ist in allen Dingen eine genugsame Zufriedenheit und herzliches Vergnügen und große Wonne und sichere Ruhe und vollkommenes Leben.«

Bei solchen Zukunftsaussichten haben die Freunde und Verwandten des Schreiners Josef Tschetter aus der Riverside-Kolonie, keine dreißig Meilen von Waterton entfernt, allen Grund zum Feiern, denn der 87jährige hat endlich, nach langer Krankheit, das Zeitliche gesegnet. Wie der Blitz spricht sich die frohe Botschaft vom Tod des Alten in den Gemeinden herum. In Waterton klingelt das Telefon gegen halb acht, während wir uns gerade beim alten Elias mit einer schönen Märtyrerballade den Abend vertreiben. Der Wirt greift zum Hörer und meldet sich wie üblich mit einem kurzen »Jo«. Nach etwa zwei Minuten wiederholt er dieses immer etwas mürrisch klingende »Jo« und legt wieder auf. Während er zu seinem Stammplatz auf der Bank zwischen seinen sechs Söhnen zurückkehrt, sagt er knapp: »Dr Josefvettr von Riverseid is storbn.«

Die Frauen in der Nähe des Ofens schauen sich mit großen Augen an und reden so aufgeregt, ja fast euphorisch aufeinander ein, als sei da in Riverside keiner gestorben, sondern als hätte eine Schwester Vierlinge zur Welt gebracht. Kühler reagieren die Männer auf die Nachricht, mit nüchternem »Jo« und schicksalsergebenem »So geht's«. Was aber nicht heißt, daß sie vom Tod des Schreiners aus der Nachbarkolonie weniger betroffen sind. Elias zum Beispiel war mit Josef seit den Tagen des Fortgangs aus den Vereinigten Staaten, im Anschluß an den Ersten Weltkrieg, sehr eng befreundet, doch lenken er und die anderen Mannsleut sich jetzt erst einmal mit Organisatorischem ab. Es werden die Personen bestimmt, die morgen mit auf die »Leicht«, die hutterische Beerdigung, reisen werden. Dabei haben Verwandte und enge Freunde natürlich Vorrang. Da aber praktisch jeder mit jedem familiär verbunden ist, reist tags darauf gut die Hälfte der erwachsenen Bevölkerung Watertons in zwei überfüllten Kleinbussen zur Brudergemeinde Riverside. Der Kuhstallbau wird unterbrochen, Arztbesuche verschoben, die deutsche Schule fällt aus. Für eine »Leicht« lassen Hutterer alles stehen und liegen, da fährt man auch, wenn es sein muß, 600 Meilen, um Anteil zu nehmen am irdischen Abschied eines Bruders oder einer Schwester.

In der Riverside-Gemeinde stauen sich die Autos bis zur Kolonieeinfahrt, so daß wir unseren Wagen am Rand des vorbeiführenden Feldwegs parken müssen. Ich sehe Nummernschilder aus Saskatchewan, Montana und Washington, »von ibroll her«, wie mir Elias stolz erklärt. Aus dem Haus des Verstorbenen schallt uns schon von weitem greller Gesang entgegen. Die Fensterscheiben des Gebäudes sind von innen beschlagen. Schemenhaft erkenne ich nur viele gepunktete Kopftücher. Elias öffnet die Tür, eine dunkle, dampfende Menschenmenge empfängt uns. Dicht gedrängt sitzen ein- bis zweihundert Hutterer mit erhitzten, schweißnassen Gesichtern um die Bahre des Toten, erregt von der Bedeutung des Ereignisses. Ich spüre Beklemmung, bekomme Platzangst. Schriller und leidenschaftlicher als sonst singen die Gemeinschafter die Verse des Vorsprechers nach, und selbst die Männer quälen sich mit hoher Kopfstimme durch die langen Klagelieder:

> Alle Menschen müssen sterben / Alles Fleisch vergeht wie Heu / Was da lebt, das muß verderben, / Soll es anders werden neu / Dieser Leib, der muß verwesen, /

Wenn er ewig soll genesen / In der großen Herrlichkeit, / Die den Frommen ist bereit.

Es dauert eine Weile, bis wir in diesem Gedränge einen Platz gefunden haben. Elias spürt meine Unsicherheit und nimmt mich väterlich bei der Hand. Vorn auf der ersten Bank direkt vor der Bahre machen die Männer uns Platz, indem sie noch enger zusammenrücken. Meine Hände zittern vor Aufregung. Ich sitze so nahe am toten Schreiner, daß ich meine, ihn zu riechen. Seine hohlen Augen sind so fest geschlossen, als seien sie zugeklebt. Die Winkel seines schmalen, bläulichen Mundes fallen tief und ernst. Stirn, Wangen und die vorspringende Nase glänzen gelblich. Hier wurde nichts gepudert oder mit Rouge geschönt, hier liegt eine blasse Leiche, und niemand scheut sich, dem ungeschminkten Tod ins Antlitz zu sehen. Nur die Haltung der Arme hat man etwas präpariert, indem die Hände über dem Bauch mit einem kleinen weißen Taschentuch zusammengebunden und die Ellenbogen auf zwei Rollen Toilettenpapier abgestützt worden sind. Falsche Pietät ist hier nirgendwo zu finden. Josef trägt ein schlichtes, weißes Hemd, das »Leichengfat«, und schwarze Sonntagshosen. Jeder altersschwache Hutterer hat sein Sterbegewand vorsorglich in seiner Kiste. Es ist überall ein Inch (2,5 cm) weiter gearbeitet, damit es auch mit Sicherheit paßt und nicht so »steilisch« ist, nicht modisch, was im Himmel und auf hutterischer Erde gar nicht gern gesehen wird.

Der tote Josef kann sich hier unten wie dort oben mit gutem Gewissen sehen lassen. Seine Töchter haben ihm sogar zur Feier des Tages weiße Socken gestrickt. Die Frauen, mir gegenüber auf der anderen Seite der Bahre, legen überhaupt größten Wert auf Josefs Äußeres. Nach jedem Lied kämmen sie ihm den schütteren Bart, und zupfen an seinem Hemd, um doch noch irgendein kleines Fältchen zu glätten. Mit ihren Taschentüchern tupfen sie dem Toten liebevoll den glänzenden Talg von der Stirn, trocknen seinen Nasenrücken, streichen über seine Hände.

Niemand hat Scheu vor dem Toten, schon gar keiner ekelt sich vor ihm. Es stört hier auch keinen Menschen, wenn während einer Gesangspause bei der Leiche gelunscht wird mit Kaffee, Honig, »Jam« und dem »Leichenzwieback«, der etwas süßer zu sein scheint als der normale. Da dampft die Emaillekanne direkt neben dem Kopf des Verstorbenen, der Marmeladentopf steht rechts von seinen Füßen.

Zuerst bekomme ich keinen Bissen herunter. Irgendwie habe ich dauernd einen modrigen, talgigen Geschmack im Mund, die sinnliche Übertragung meiner Vorstellung vom Tod. Ich denke in diesem Moment an meinen verstorbenen Vater, von dem ich mich im Kühlraum eines Krankenhauses verabschieden mußte. Er lag in einem beigegekachelten sterilen Raum unter grellen Neonröhren, auf seiner Brust ein Schild mit Name, Adresse, Geburtstag und Todestag. Verwechslungen waren auszuschließen. Zehn Minuten durfte ich mit meinem toten Vater zusammensein, dann kam der Pfleger und fragte, ob ich fertig sei, er habe nämlich Dienstschluß, es täte ihm leid. Da ich nicht antworten konnte, rollte er die Leiche in einen Nebenraum und schob sie wieder in die Finsternis und Kälte seiner Gefrierbox. Dort blieb sie allein bis zur Beerdigung.

Wie liebend gern hätte ich meinem Vater eine hutterische »Leicht« gegönnt, einen warmen, menschlichen Abschied im Kreise der Gemeinschaft, mit schweren, schrillen Liedern bei Kaffee und Zwieback. Die Hutterischen wissen, wie in der Welt gestorben wird. »So wie dr Mensch lebt, so sterbt er«, sagen sie. Deshalb verzichten sie in der Regel auch darauf, ihre alten Leute ins Krankenhaus der Stadt zu bringen, und wenn sie ohne Intensivstation und künstliche Lebenserhaltung ein paar Tage früher die Augen für immer schließen, um so besser.

Im eigenen Bett zu sterben war auch des Schreiners Josef letzter Wunsch. Als er am Abend nach einem Herzanfall merkte, daß es zu Ende geht, rief er die ganze Gemeinde zusammen. Wie mir einer seiner Söhne erzählt, hat er von jedem einzelnen, auch von den Kindern, mit Handschlag »Urlaub gnome«, hat »gebeten, dos ihm niemand nix fir Ibel nehme mecht«, ließ noch alle »Frommen im Land« herzlich grüßen und »is donn mit seeligen Gsicht eingschlofe, gonz ruhig ohne Schmerzen«.

An dieser Ruhe des Toten erfreuen sich die Lebenden zwei Tage und zwei Nächte beim »Wachten«. Sie können sich gar nicht sattsehen, fühlen sich angezogen von diesem Körper des Schreiners, dessen Seele sie sich schon in den Armen des Herrn wünschen. Selten fließt hier an der Bahre mal eine Träne, doch immer wieder höre ich Leute klagen: »Dr Josef hot's guet! Wern mir doch scho duet, wo dr Josef ist!« Unaufhörlich besingen wir die himmlischen Freuden, in denen die Schreinerseele nun schon schwelgen wird:

> »Da wird sein das Freudenleben, / Wo viel tausend Seelen schon / Sind mit Himmels Glanz umgeben, / Dienen Gott vor seinem Thron, / Wo die Serafinen prangen / Und das hohe Lied anfangen, / Heilig, heilig, heilig heißt / Gott der Vater, Sohn und Geist.«

Die Lieder sind mir noch von der Hochzeit gut im Ohr. Der Traum vom Leben im Jenseits ist zu jeder Gelegenheit das passende Thema. Wie beim Polterabend gibt es nachts auch eine Flasche »Lethbridge Pilsner« und eine Tasse Erdnüsse zur Stärkung. Nur die alten Leute sind gegen Mitternacht ins Bett gegangen. Alle anderen bleiben auf, halten Wacht und singen sich heiser. In der Ecke sitzt der Prediger mit dem »Liederbichl« an einer kleinen Lampe, die so schwach ist, daß man sieht, wie das fahle Licht des Mondes ins Zimmer fällt. Der Tote ist nur noch schemenhaft zu erkennen. Manchmal kommt es mir vor, als schwebt er, dann wieder erscheint er mir wie versteinert. Todmüde, wie ich bin, klappen mir im Laufe der Nacht öfter mal die Augendeckel herunter und, eingekeilt zwischen meinen Nachbarn, sacke ich immer mal wieder kurz weg. Auch der alte Elias schnarcht ab und zu ganz leise an meiner Rechten.

In dieser Nacht geht mir die Geschichte von Katharina durch den Kopf, der Köchin und Hebamme aus Waterton, die eines nachts ganz allein eine Fehlgeburt, in Windeln eingewickelt, auf den Friedhof der Kolonie brachte, um sie dort zu vergraben. Katharina hat mir dies auf der Fahrt hierher in allen Einzelheiten erzählt. Dabei erfuhr ich, daß es auch bei Beerdigungen festgelegte Ordnungen gibt. Wird ein Kind tot geboren, findet überhaupt keine Zeremonie statt. »Mir tuns nur einschorn«, wie Katharina sagt, »damit's die Kojots nit findn.« Wer nicht länger als vier Wochen lebt, dem singt die Gemeinde bloß das Lied »O Herr, ein selig Scheiden«, bis zum Alter von sechs Monaten wird eine Nacht »gewachtet«, und nur wer älter wird, hat Anspruch auf eine richtige hutterische Leicht, mit zwei Nächten, in denen die Totenwache gehalten wird.

Mit dem Morgengrauen kommt der Tischler und bringt den maßgeschneiderten Sarg aus Fichtenholz. Er ist fünfeinhalb Fuß lang, und nach Altvätersitte mit Sägespänen gepolstert. Vorsichtig heben wir den Leichnam in den »Totentrog«. Zum ersten Mal in meinem Leben berühre ich dabei einen Toten. Noch 24 Stunden zuvor wäre das für mich eine Unvorstellbarkeit gewesen, aber inzwischen ist mir der Körper des Schreiners vertrauter geworden, er macht mir keine Lebensangst mehr. Auch der unangenehme Geschmack in meinem Mund ist verflogen. Ich bin froh, nach einer langen Nacht des Stillsitzens endlich etwas tun zu können, mit anzufassen. Beim Anheben der Leiche spüre ich die Ausbuchtungen der Rückenwirbel, und die kühlen Hände fühlen sich an, als seien sie aus Pergament. Fast möchte ich den Frauen dabei helfen, wie sie den Toten im »Trog« in die richtige Lage rücken, ihn immer wieder kämmen, betupfen und an seiner Kleidung herumzupfen. Die Klopapierrollen, auf denen bisher seine Ellenbogen ruhten, dienen nun im Sarg als Nackenstütze. Am Fußende, wo noch etwas Platz ist, werden Josefs zerlesene Bibel und sein altes Gesangbuch verstaut, nicht etwa als Mitgift fürs Jenseits, sondern aus Ehrfurcht vor den heiligen, aber durch täglichen Gebrauch zerschlissenen Büchern, die man nicht einfach in der Mülltonne verbrennen will.

Es vergeht noch einmal ein langer Vormittag mit heiserem Gesang, bis wir alle mit grauen, übernächtigten Gesichtern hinter Josefs Söhnen, die den Sarg ihres Vaters auf den Schultern tragen, in den Speisesaal ziehen zur »Leichtlehr«, dem Begräbnisgottesdienst. Gut 500 Hutterer haben sich hier versammelt, unübersehbar ist das Meer der weißgepunkteten Kopftücher auf der linken und der schwarzen Janker auf der rechten Seite. Eine schmale Gasse in der Mitte des Raums trennt die Geschlechter, sie ist gerade breit genug für den Sarg. Ganz vorn steht der Prediger und stimmt erst mal ein langes Lied an:

> »Ach wie ofte hört man sagen, / Daß ein Mensch gestorben sei, / Auch wie mancher wird erschlagen / Oder bricht den Hals entzwei, / Einen anderen rührt der Schlag / Wohl im Sauf- und Spielgelag, / Mancher schlummert ohne Sorgen / Und erlebt nicht mehr den Morgen.

Feuer, Wasser, Luft und Erden, / Blitz und Donner, Krieg und Pest, / Müssen uns're Mörder werden, / Wenn es Gott geschehen läßt. / Niemand ist vom Tode frei, / Nur die Art ist mancherlei, / Insgeheim sind uns're Stunden / Einem Schatten gleich verschwunden ...«

In der anschließenden Predigt verkündet der Vorsteher mit tragender, tiefer Stimme, »daß wir hier Versammelten den vor uns liegenden Bruder Josef, dessen Zeit aus und am Ende ist, nach Gebrauch und Gebühr zur Erde zu bestatten haben«. Da aber der Tote zwar noch Ohren habe, er aber diese Predigt nicht besser hören könne »wie ein Tisch, ein Stuhl oder Bett«, richte er seine Worte lieber an die lebenden Anwesenden, »die wir uns noch in der Gnadenzeit befinden und noch hören und vernehmen, uns bessern und Buße tun können«.

Am Sarg, sagt der Diener des Wortes seinen Zuhörern, zeige sich, wie nichtig und belanglos der irdische Wohlstand eigentlich sei, denn ob »Kaiser, König, Edelmann oder Jud«, keiner könne mehr ins Grab mitnehmen wie der Josef. Warum also »nach dem Taler leben wie alle Welt?«, fragt er und macht eine lange Pause. Überzeugender als im Angesicht des Todes läßt sich die hutterische Verachtung alles Materiellen gar nicht zum Ausdruck bringen. Draußen, außerhalb der Gemeinde, wo das Leben der Menschen seinen Sinn erst durch das Anhäufen toter Materie erhalte, da müsse die Existenz des Todes zur Bedrohung werden. Also betäube man sich dort durch Fressen und Saufen und »Tolr scheffeln« und verdränge so das Wissen um das unbarmherzig nahende Ende. Ein Gemeinschafter dagegen brauche den Tod nicht zu fürchten, denn er habe ja hinieden nichts zurückzulassen. Allein der Körper bleibe zurück, der ihm schon Zeit seines Lebens »ärgster Feind« und Verführer seiner Seele war. Mit der Sterbestunde sei er auch den endlich los, und wie im Vogelflug gehe es aufwärts, himmelan, zum höchsten Gericht, um Rechenschaft abzulegen für das Leben unten auf Erden. »O wird da sein ein großes Klagen und Jammern der Sünder«, warnt der Prediger und blickt vor allem den Jungen und Mädchen in den hinteren Bankreihen streng ins Gesicht, »ja, Furcht wird da auch sein, Schrecken, Zähneklappern, ein Weinen und mancherlei Schmerzen und Traurigkeit. Und der Teufel wird treten vor den göttlichen Richterstuhl mit feurigen Augen und schwarzer Gestalt, und er wird sagen: ›Gerechter Richter, teil mir diesen zu, von wegen seiner Sünde. Der hat wollen dir nicht gehorsam sein, mir aber ist er willig und bereit gewesen, darum er billig samt mir, die Verdammnis haben soll.‹«

Der Ort der Verdammnis, »die Höll und ihre grausame und furchtbare Pein«, beschreibt der Prediger anhand seines Textes in aller Genauigkeit und nicht ohne Genuß: »Die Höll ist eine Grub und ein feuriger Ort, den Gottlosen zubereitet, voller Schmerzen und Unfrieden. Wer darin kommt, der kommt ewiglich nimmer daraus. Da ist keine Ruh noch Ordnung, sondern immer Furcht und Schrecken, immer Weinen und Klagen. Daselbst ist nicht allein grausame Hitz, sondern auch allergrößte Kält, ein großes Elend und Herzeleid, ein Feuer, das nimmermehr zu löschen ist, eine greuliche Finsternis, ein Wurm, der nimmer stirbt, ein Teich mit Schlangen und Feuer und schrecklichen Gesichtern der Teufel und ewige Bitterkeit. In Summa, Beraubung alles Guten!

Ja, die Seelen der Verdammten werden selbst die Teufel sein, Henker, die nicht müde werden und auch niemanden förchten. Die Verdammten werden voll Jammer sein und überschüttet mit unaussprechlicher Pein. Sie werden eine Speis des Feuers sein und werden doch nimmermehr verzehrt werden. Sie werden ihre Zungen zerbeißen und nimmermehr können satt werden, denn sie werden Hunger leiden wie die Hund. Ihr Trank wird sein die allerbitterste Drachengalle und das Gift der Schlangen, ihr Kleid Schaben und Würm, ihr Gesang stetes Schreien und Rufen: Ach! Ach! Weh! Ihre Augen werden voller Trähnen sein, mit den Zähnen werden sie knürschen, ihre Lefzen werden voller Gestank sein, ihre Ohren voller Geschrei der Teufel. Sie werden gefesselt sein mit feurigen Banden an Händen und Füßen. Alle Glieder werden brennen und können doch gar nicht verbrennen. Sie werden den Tod begehren, aber der Tod wird von ihnen fliehen, das End wird für und für aufs neue anfangen und kann nimmermehr geendet werden.

Auch den Herren und Königen hat Gott das Feuer der Pein tief und heißgemacht, und ihre Gemächer werden feurig sein, und da ist Holz ohne Zahl, welches den Atem des Herrn anzünden wird wie einen hitzigen Schwefelbach. Und sie werden ihre Mütter verfluchen, die sie geboren. Also werden alsdann die Verdammten sagen: ›O selig und heilswürdig sein diese, welche mit den grausamen Sünden nicht befleckt seien und die nicht in Wollust und Freud, nicht in Eitelkeit und Thorheit dieser Welt nicht gewandelt haben. Was nutzt uns jetzt die Hoffart, Fleischeslust, köstliche Gewand samt unserem Wohlleben, Lust und Freud, darin wir eitel unser Leben zugebracht und verzehrt haben? Jetzt seien diese Dinge alle vergangen wie ein Schatten und Dampf. Jammer ist uns geblieben und ewiges Brennen.‹«

Andächtig und gläubig wie Kinder im Schoß der geschichtenerzählenden Großmutter, folgen Jung und Alt mit großen, staunenden Augen den Beschreibungen des Infernos. Kein anderes Thema kann eine Hutterseele so fesseln, nie habe ich soviel Einfalt und Arglosigkeit in den Gesichtern der frommen Himmelsanwärter gesehen wie jetzt. »Wer nicht das Reich Gottes so treuherzig nimmt als ein Kind«, schreibt Lukas, »der wird nicht hineinkommen« (Lukas 18,17). Hier im Saal wird keiner vor der goldenen Pforte abgewiesen werden, da bin ich ganz sicher. Ohne diesen treuherzigen Glauben an Gut und Böse, an Himmel und Hölle ist hutterisches Leben gar nicht vorstellbar. Aus seiner bibelfesten Naivität wächst diesem Volk die Kraft, an Althergebrachtem festzuhalten, durch sie bewahrt es sich seine geistige Unschuld. »Sind wir denn Kinder, so sind wir auch . . . Gottes Erben« (Römer 8,17).

So erschreckend diese selbstverordnete Unmündigkeit einem aufgeklärten Menschen auch erscheinen mag, in dieser Beerdigungsgesellschaft fühle ich mich ebenso gottverlassen wie weltverloren. Hätte ich doch etwas von der unbekümmerten Sicherheit der Hutterer, die sich ihre Kindheit konservieren von der Wiege bis ins Grab. Wüßte ich doch genauso wie sie, wo es lang geht im Leben, und könnte ich mit derselben Leichtgläubigkeit den Höllengeschichten lauschen, als handle es sich da um das Märchen von Rotkäppchen und dem bösen Wolf! Ich komme mir schrecklich alt vor neben dem 75jährigen Elias, der so staunend die Predigt verfolgt, als höre er sie zum ersten Mal.

Zwei lange Predigtstunden vergehen, bis der Sarg nach einem letzten 30-Strophen-Lied endlich zugemacht wird. Die

Männer tragen ihn hinaus auf den »Totengortn«, dem von einem schlichten, weißgestrichenen Holzzaun umgebenen Friedhof am Rande der Kolonie. Auf der quadratischen Wiese, in deren Mitte ein rechteckiges Loch ausgehoben ist, stehen keine Kreuze, keine Gedenksteine, auch sehe ich keine Blumen. Spurlos verschwinden die Auserwählten aus ihrem Jammertal, Erde zu Erde, Asche zu Asche. Die vier Söhne des Toten senken den Sarg an zwei Tauen in das Grab, und im Nu ist das Loch von uns Männern wieder zugeschaufelt. Schon im nächsten Sommer wird über dieser Stelle das Präriegras wuchern, wie über allen Gräbern hier.

»Gott hat den Menschen geschaffen aus der Erde, und machet ihn wieder zur Erde«, zitiert der Prediger Sirach 17,1. Zum letzten Gruß haben wir unsere Hüte gezogen. Nun können ein paar Frauen ihre Tränen doch nicht zurückhalten. Es sind die Schwestern und Töchter des Toten, die jetzt weinen. Mag ihre gläubige Todesfreude auch noch so groß sein – der Bruder und Vater wird ihnen schmerzlich fehlen, solange sie hier auf Erden zu leben haben. Nach kurzem Schweigen wendet sich der Prediger vom Grabe ab und führt die Gemeinde in die Küche zum abschließenden »Leichenlunschen«.

Bei Kartoffelsuppe mit Bauchfleisch ist vom Sterben dann keine Rede mehr. An langen Tischreihen plaudert man über die gerade beendete Getreideernte, das Thema Nummer eins Ende Oktober. Die Männer erkundigen sich nach den Erträgen neuer Saatsorten mit so schönen Namen wie »Sonnentanz« oder »Ackersegen«. Man erregt sich über die zu hohen Kosten, die zu niedrigen Preise, ist ein Farmer wie jeder andere in Kanada. Bei den Frauen drüben an der Fensterseite dreht es sich mehr um den Garten, um Kürbisgewichte und Kartoffelqualitäten. Am meisten aber interessieren sie sich doch für die neuesten Familiennachrichten: Wann wird die Martha aus der Waterton-Kolonie nun ihren »Boyfränd« von der Carmengey-Kolonie heiraten? Hat Anna aus Wilson ihr Kind schon zur Welt gebracht? Ist der alte Christian wieder gesund? Obwohl beim Essen sonst immer geschwiegen wird, herrscht heute eine ganz ungewöhnliche Redseligkeit im Speisesaal. Vielleicht muß jeder erst mal ein wenig irdischen Überdruck ablassen nach den vielen frommen Gesangsstunden am Sarg und wieder handfestes Weltgeschehen zur Sprache bringen, statt immer nur vom blutleeren Jenseits zu jubeln.

Bei diesem fröhlichen Leichenschmaus lerne ich Andreas Wurz kennen, einen Prediger aus dem US-Staat Montana, von dem mir die Brüder schon früher viel erzählt haben. Der 84 Jahre alte, gramgebückte Greis ist eine lebende Legende der Hutterer, einer der allerletzten Märtyrer, der während des Ersten Weltkrieges seines Glaubens wegen schwerste Foltern erleiden mußte.

Wenn Andreas eine Kolonie besucht, dann wird am Abend nicht aus dem dicken Liederbuch von den Martern der Urahnen gesungen, sondern dann erzählt der schon fast taube und halberblindete Mann vom eigenen Schicksal: An einem Samstagmorgen des Jahres 1917 war es gewesen, erinnert sich der Graubärtige, als ihn die Militärpolizei zusammen mit ein paar anderen jungen Männern der Rockport-Kolonie in South Dakota aus den Betten holte und in den 50 Meilen entfernten Ort Mitchell ins Gefängnis brachte. Dort nahm man ihnen nach kurzem Verhör die Fingerabdrücke ab und ließ sie ein Papier unterschreiben, in dem sie sich zum »waffenlosen Kriegsdienst« verpflichteten, dessen Inhalt die ahnungslosen Männer wegen ihrer damals noch mangelhaften Englischkenntnisse aber gar nicht verstanden. Anschließend ging es mit einer Polizeieskorte zum Bahnhof der Stadt. Dort erwartete sie schon eine große Menschenmenge. Andreas hörte Rufe wie »Hutterite Huns« und »Go to hell, go to the Kaiser!« »Mit Knippel und Bayonetts hams uns gepriegelt«, erinnert sich der Glaubensveteran.

Im Militärzug drangen betrunkene Soldaten in ihr Abteil ein und schoren ihnen die Köpfe und den Bart. »Mir ham nix getan, nur gebetet, dos des nit noch ärger kommt.« In der Kaserne Fort Louis aber kam es dann noch sehr viel schlimmer: »Im Kämp hom's mich gebracht in a großes Gebäude zum Käptn. Sogt der Käptn: ›Du wirst a Juniform trogn!‹ Sog ich: ›Ich trog kei Soldatenrock!‹ Sogt er: ›Zieh die Kleider ab!‹ Sog ich: ›Ich zieh mich nit ob!‹ Sogt er widr: ›Zieh dich ab!‹ Sog ich zurick: ›Na, ich kann kei Soldatenrock nit trogn, ich bin a Huttrischer, und mir glauben nit ans Kriegswesen.‹«

Nachdem der tapfere Andreas sich standhaft weigerte, eine Uniform anzulegen, schlugen ihn die Soldaten zu Boden, rissen ihm die Kleider vom Leibe und steckten ihn in die Uniform eines US-Infanteristen. Nun bekam der Schütze Wurz den Befehl, Abfallholz vom Exerzierplatz zu tragen. Andreas aber verweigerte erneut den Befehl und wurde mit blutenden Kopfwunden ins Gefängnis des Forts gebracht, wo ihn die Wachmannschaft erst einmal ohnmächtig prügelte. Als er wieder zu sich kam, schleppte man den Pazifisten in den Waschraum und warf ihn in eine Badewanne mit eiskaltem Wasser. Vier Mann tauchten Andreas solange unter, bis er anfing, Wasser zu atmen. »Do hob ich mir gedocht: Jetzt mußt vertrinken, jetzt wird dich der große Gott hinnehme.« Aber im letzten Moment zogen ihn die Soldaten aus der Wanne, fragten, ob er jetzt gehorchen wolle, und als der erschöpfte Hutterer nur stumm mit dem Kopf schüttelte, drückten sie ihn wieder unter die Wasseroberfläche, »bis mir schwarz is wordn vor die Augn«.

Eine Woche lang mußte der Glaubenskämpfer zweimal täglich die Badewannen-Tortur durchstehen. Essen wurde ihm verweigert, dafür gab es zwischendurch immer wieder Hiebe vom Wachpersonal. Eines Tages setzte man ihn vor einen reich gedeckten Tisch. Andreas traute seinen Augen nicht und dankte seinem Gott für »die Speis und den Trank«, wie es sich für einen Gemeinschafter gehört. Doch als er mit dem Essen beginnen wollte, brachten ihn die lachenden Schergen wieder mit leerem Magen in seine Zelle. »Wenn du ein Auserwählter bist«, fragten ihn damals die Soldaten, »warum läßt Gott dich dann verhungern?«

Der 23jährige Andreas konnte nach drei Wochen in der US-Armee kaum noch kriechen. Seine Augen waren von den Schlägen fast zugeschwollen, und sein Puls sackte bedenklich ab. Irgendwie gelang es dem halbverhungerten Andreas, einen Brief an seine Kolonie aus der Kaserne zu schmuggeln. Alarmiert von den Berichten des Gefangenen, schickte sein Prediger einen Bittbrief an den Präsidenten der Vereinigten Staaten nach Washington. Die Petition hatte Erfolg. Andreas und viele andere seiner Glaubensbrüder in Fort Louis bekamen zu essen. Als sie wieder bei Kräften waren, entließ man sie in Landarbeiterfarmen, auf der viele »C. O.'s« (»Conscientious Objector of War«) ihren Zivildienst ableisteten. In anderen Militärcamps und Gefängnissen (beispielsweise Leavenworth, wo die Brüder Michael und Josef Hofer unter mysteriösen Umständen starben) wurden noch viele Monate nach Kriegsende Hutterer mißhandelt, und erst im April 1919 kamen die letzten aus der Gefangenschaft nach Hause.

Die Rockport-Kolonie hatte bei der Rückkehr des hartgeprüften Andreas Wurz schon neues Land im kanadischen Alberta erworben. Erst nach dem Zweiten Weltkrieg wagten es die Brüder, wieder in die USA zurückzukehren. Aber noch heute, 60 Jahre nach seinen Mißhandlungen, wird es Andreas »bang«, wenn er in der Stadt einem Uniformierten auf der Straße begegnet: »Ich hob dann a Furcht.« Auch in seinen Träumen erscheinen ihm immer wieder seine Peiniger von damals. Für ihn hat sich Amerika seit seiner schweren Jugend nur sehr wenig verändert. »Welt bleibt Welt«, sagt der Alte.

Doch seine Kinder und Enkel können ihrem Altvater nicht mehr so ganz folgen. Sie fühlen sich schon gefährlich sicher hier auf Erden, die Erlebnisse des Großvaters klingen in ihren Ohren wie Geschichten aus einer anderen Welt. Zwar ist der Vietnamkrieg gerade erst ein paar Jahre vergangen, aber der Ersatzdienst, den die jungen Hutterer aus den Vereinigten Staaten als Wildhüter in einigen Naturschutzgebieten des Landes leisten mußten, war für sie eine willkommene Abwechslung von der Kolonieroutine, und manchem gefiel es draußen so gut, daß er nach dem Ende seines Dienstes gar nicht mehr in die Gemeinde zurückkehrte und erst mal ein paar Jahre in der Welt blieb. »Die jungen Leit«, klagt der Alte, »die wissen nit mehr was es heißt, mit dem Leben einstehen für den Glauben, die sitzen heit im Specksock. Das Wohllebn hot noch nia gute Christen gmacht.«

Heute wären manche Prediger insgeheim froh, wenn sie die Not und Drangsal der Vergangenheit wenigstens ein bißchen zurückrufen könnten, wenn zumindest ein paar jesuitische Häscher der katholischen Kaiserin Maria Theresia oder einige Militärpolizisten der US-Armee plötzlich wieder vor den Toren der Gemeinde erschienen. Wie die hutterische Historie zeigt, waren die Moral, der Glaubensernst und die Opferbereitschaft immer dann am größten, wenn die böse Welt ihr vermeintlich wahres Gesicht zeigte. Dann rückte die Herde dichter um ihren Hirten, und diese Geschlossenheit fehlt heute nach Meinung mancher Vorsteher allerorten.

Fast wie ein Himmelsgeschenk muß ihnen da eine ganz aktuelle Kontroverse mit der Außenwelt erscheinen, von der fast täglich in den Zeitungen des Landes zu lesen ist: »The Tax War«, der Steuerkrieg zwischen der kanadischen Finanzbehörde und den Auserwählten scheint den Glaubenskrieg der Vorväter abgelöst zu haben. Die Hutterer weigern sich hartnäckig, Einkommenssteuer an die Bundesregierung zu entrichten, weil damit die kanadischen Streitkräfte finanziert werden. Mit der Devise »Inkomtäx is Blutsteir«, Einkommenssteuer ist Blutgeld, ist der Älteste der Dariusleut, Johannes Wurz aus der Wilson-Kolonie, in den Kampf gezogen, der seit Jahren vor den Gerichten ausgetragen wird.

Statt an das Bürgerliche Gesetzbuch halten sich die Darius-Brüder lieber an die Ordnungsartikel des Peter Riedemann, der »von der Steuer« folgendes schreibt: »Dieweil die Obrigkeit von Gott geordnet ist und ihr Amt befohlen, so ist auch die Steuer dazuzugeben geordnet und befohlen. Derethalben wir auch Zins, Rente, Zoll oder wie man es nennen mag, willig geben, weil wir auch von unserem Meister Christo erlernet haben, der da spricht: ›Gebet dem Kaiser, was des Kaisers ist, und Gott, was Gottes ist.‹« Also zahlen die Hutterer kommunale Einkommens- und Landsteuer, so wie alle anderen Bürger auch. »Aber zu Kriegen, Würgen und Blutvergießen, wo es zum selben sonderlich gefordert wird, geben wir nichts, und das aus keinem Frevel oder Mutwillen, sondern aus Gottesforcht, daß wir uns nit fremder Sünden teilhaftig machen. Wo uns das Gewissen angreifen wird, da müssen und wöllen wir Gott mehr denn den Menschen gehorchen«, fordert Riedemann.

Mehr als Kommunalabgaben zu zahlen, wäre nach Meinung der Auserwählten nicht nur Sünde, es wäre auch ungerecht: denn weil das Huttervolk weder Altersrenten, Arbeitslosenversicherungen, Sozialhilfen noch Waisenrenten in Anspruch nimmt, braucht es dafür auch keine Gelder beizusteuern. »Mir bezohln uns selbst«, sagt der Älteste Johannes Wurz, »mir brauchen keine Welfär.« Doch das Steueramt blieb bisher hart: 45 Millionen Dollar schulden die 67 Darius-Gemeinden des Landes dem Vater Staat. Die Lehrerleut und die Schmiedeleut gaben 1960 dem Druck der Behörde nach und überweisen seither etwa 25 % ihres Einkommens nach Ottawa. Die strenggläubigen Darius-Brüder aber beugten sich dem

Fiskus nicht und zogen vor den »Supreme Court«, den kanadischen Bundesgerichtshof. Wie kann ein Hutterer Einkommensteuer zahlen, wo er doch keinen Pfennig verdient, fragten sie die Richter und bekamen zunächst recht. Doch die Entscheidung sollte sich bald als Pyrrhussieg der Gemeinschaft herausstellen: Wenn eine Besteuerung auf individueller Basis nicht gerechtfertigt sei, argumentierte die Finanzbehörde, dann müßten die Kolonien eben als Kooperative veranschlagt werden, doch da liege die Steuerquote mit 46% fast doppelt so hoch. Ergebnis: Jede Gemeinde bekam eine Nachzahlungsforderung von einer knappen Million aufgebrummt, was die meisten an den Rand des finanziellen Ruins bringen würde, von den Konsequenzen vor dem Jüngsten Gericht gar nicht zu reden.

Das Verfahren wurde neu aufgerollt, und es läuft seit Jahren. Die Justiz tut sich schwer mit dem Fall, weil er so gar nicht mit herkömmlichen Paragraphen zu fassen ist. Hier haben es die Richter mit einer wirtschaftlichen Kooperative zu tun, die nach Ansicht derer, die sie betreiben, eine göttliche Körperschaft ist, gestiftet vom Heiligen Geist und nur dem Höchsten verpflichtet. Nicht um Geld zu verdienen, leben und arbeiten die Menschen in den Kolonien zusammen, sondern um selig zu werden. Und jeder Penny, der in die Kasse der Hauswirte wandert, gehört auch nicht den Gemeinschaftern, sondern Gott. Wie aber läßt sich der besteuern? Nicht ohne Logik verweisen die Hutterer auf die anderen Kirchen, die gar keine Abgaben entrichten müssen, nicht einmal Landsteuern.

Wann die endgültige Entscheidung fällt, ist noch ungewiß. Prediger Johannes ist fest entschlossen, sich nicht mit dem Steuergeld zu versündigen. »Mir zohln nit«, sagt er trotzig, und insgeheim werden unter seinen Leuten schon Überlegungen angestellt, wie man auf eine juristische Niederlage reagieren soll. Die einen wollen gar nichts tun und die fällige Zwangseintreibung der Steuerschulden über sich ergehen lassen, teure Maschinen stehen zur Genüge auf den Höfen. Es gibt aber auch Brüder, die befürworten die erneute Auswanderung, diesmal vielleicht nach Australien. Ein weltlicher Nachbar war im letzten Jahr drüben »überm Meer« (wo dieser Kontinent eigentlich liegt, weiß hier niemand so genau) und hat die großartigsten Geschichten erzählt. Billiges Land gäbe es dort praktisch unbegrenzt, die Wachstumszeit sei viel länger als in Kanada, und der Winter so warm, daß man nicht einmal zu heizen brauchte. Ein Land also, in dem Milch und Honig fließen, so erscheint es dem auserwählten Volk wieder mal aus der Entfernung. Doch das Gerichtsverfahren läuft, aber so recht nimmt keiner die Auswanderungspläne ernst.

Irgendwie wird's der Herr schon richten, sagt man sich auch in der Waterton-Kolonie und rüstet für die nächste Ernte im kommenden Jahr. Der letzte Winterweizen muß in die Erde, bevor der erste Frost das Land zu Stein gefrieren läßt. Die Frauen haben alle Hände voll zu tun, die Kerne der Kürbisse und Sonnenblumen auszuschlagen und zu trocknen, damit vor allem die Männer im Winter immer »rescha Kean«, geröstete Kerne, zum Knabbern in den Hosensäcken haben – eine Gewohnheit, die die Altväter aus Rußland mitbrachten. Auch die Seife muß für den langen Winter gekocht werden. Bei diesem Geschäft führt die Küchenchefin Katharina mit ihrer kratzigen, durchdringenden Stimme das große Wort, dem hier im Waschhaus sogar Prediger Elias nicht zu widersprechen wagt. »Saftn kuchn is Waibrarbet«, Seifekochen ist Frauenarbeit, sagt er sich und folgt ihren Anweisungen: »Nimm 50 Pfund Schmolz, 12 Pfund Woschlaugn, 7 Emele Regnwosr; zwa Stund kuchs, und gib a bissela Solz.«

Mit großen Holzkellen, wie ich sie von Pizzabäckern in italienischen Restaurants kenne, schaufeln wir die Fettreste des letzten halben Jahres aus alten Ölfässern. Es stinkt zum Gotterbarmen, und tagelang soll mir dieser Geruch von Verwesung und Fäulnis nicht mehr aus der Nase gehen. Das Fett wird erst auf eine Waage, dann in ein von unten befeuertes Wasserbad gekippt, mit Lauge vermengt und stundenlang gerührt, damit unten auch nichts anbrennt. Durch einen chemischen Prozeß, den mir Elias zwar erklärt hat, den ich aber trotzdem nicht recht begriffen habe, setzt sich langsam eine Seifenschicht ab, die dick und braun an der Oberfläche des dampfenden Kessels schwimmt. Mit großen Kellen schöpfen wir die zähflüssige Soße in Blecheimer und schütten sie draußen vor dem Waschhaus in rechteckige Holzrahmen, zwei Meter lang, einen Meter breit, die mit großen Plastikplanen ausgelegt sind. Dort kühlt der Brei, und sobald er zu richtiger Kernseife gehärtet ist, zersäbelt die Köchin den Seifenquader mit ihrem Schlachtmesser zu faustgroßen Würfeln, von denen jeder Kolonist drei Stück erhält. Das muß bis März reichen. Was übrigbleibt, benutzen die Frauen gemeinsam beim allgemeinen Abwasch und beim Reinemachen von Küche, Schule, Wasch- und Schlachthaus. Die hutterische Seife ist übrigens ein mittelalterlicher Allzweckreiniger, der im Gegensatz zur weltlichen Handelsware die dunklen Kleider nicht ausbleicht und zudem das Grundwasser verhältnismäßig wenig belastet.

Sobald ich in diesen betriebsamen Herbstwochen ein wenig Zeit für mich finden kann, gehe ich in den dichten Pappelwald südwestlich der Kolonie, der sich als rotgelber leuchtender Saum an den Ufern des Watertonflusses hinab ins Tal zieht. Unter diesem Blätterhimmel fühle ich mich so wohl wie zur Sommerszeit in meinem See hinter dem Hügel der Schafsweide. Doch jetzt treiben mich keine klaustrophobischen Ängste aus der Enge der Arche, sondern ich gehe einer mir bisher ganz fremden inneren Ruhe nach, die ich wie eine seelische Windstille empfinde. Ganz plötzlich sind meine Schlafstörungen verschwunden, auch die Nervosität und die dauernde seelische Anspannung, die mich an schlimmen Tagen sogar Blut husten ließ, was den Ärzten in Lethbridge soviele Rätsel aufgab. All diese Abwehrreaktionen auf den sozialen Überdruck hier in Waterton sind wie weggeblasen.

Erst war ich als fortschrittsgeplagter Großstädter begeistert vom alternativen Hutterleben. Ich bewunderte die Gemeinschaft, sah bewußt über die Widersprüche hinweg oder rechtfertigte sie vor mir selber in meinem Tagebuch als notwendige Übel. Zum Beispiel die inkonsequente Haltung, einerseits die Universitäten als Brutstätten des Teufels zu verdammen und andererseits ihre Früchte in Form von modernsten Agrartechnologien zu Nutz und Frommen der göttlichen Gemeinschaften einzusetzen. Die Hutterer sind nun mal gezwungen, Geld zu verdienen, sagte ich mir. Wegen ihrer alttestamentarischen Fruchtbarkeit sind sie darauf angewiesen, alle 15 bis 20 Jahre neues Land zu kaufen. Sie müssen sich ökonomisch »der Welt gleich machen«, um konkurrenzfähig zu bleiben, denn ohne materielle Grundlage ginge auch das geistige Fundament in die Brüche. Und auf diesen »geistigen Grund« kommt es ja eigentlich an, an ihm halten die Prediger eisern und störrisch fest, ohne Kompromisse. Die Entmündigung der Frau, Prügel für die Kinder, Verteufelung der Abgefallenen – dies sind nun mal biblische Gebote, wer würde es wagen, an ihnen zu rütteln, ohne das ganze Glaubenssystem in Gefahr zu bringen? Mir leuchtete die hutterische Argumentation damals ein.

Dann kam im Spätsommer die qualvolle Erfahrung der zunehmenden Distanzierung. Wir waren uns zu nahe gekommen, die Brüder und ich, sie mußten meine schwärmerische Identifikation mißverstehen als Bereitschaft, selber einer der ihren zu werden, und ihre Erwartungen an mich, die ich selber ständig provozierte, machten mir nun schreckliche Angst, versetzten mich fast in Panik. Der Briefskandal kurz vor der Ernte markierte den Höhepunkt dieser traurigen Entwicklung.

Doch nun, gegen Ende Oktober, gibt es keine Begeisterungs-Hochs oder Entfremdungs-Tiefs mehr, das liegt alles weit hinter mir. Aus den emotionellen Auf- und Abschwüngen ist eine stabile Gefühlsgerade geworden: Ich habe mich mit den Verhältnissen abgefunden, habe »mich dreingeben«, wie man hier sagt. Vielleicht ist dieses lauwarme Gefühl die vielbeschworene hutterische Gelassenheit, diese fromme Schicksalsergebenheit, dieses Sich-fallen-lassen in den mütterlichen Schoß der »Gmah«?

Oder bin ich nur müde und erschöpft vom alltäglichen Anpassungszwang an eine mir fremde Umgebung? Habe ich resigniert und denke insgeheim schon an das nahende Ende meines Hutter-Jahres? Denn die Blätter fallen bereits, der Winter steht schon vor den Toren der Kolonie, bis Weihnachten sind es keine zwei Monate mehr. Lasse ich hier alles mit mir geschehen, weil ich in Gedanken schon wieder in der Welt bin, im Höllenloch Hamburg, im Hotel Kempinski? Vielleicht ist meine Gemütsverfassung eine Mischung aus widersprüchlichen Elementen, die sich gegenseitig neutralisieren und mich so zur Ruhe kommen lassen. Ich fühle mich auf jeden Fall ganz gut dabei, nicht nur hier unter den Pappelbäumen am rauschenden Waterton River, sondern auch beim täglichen Gebet, beim gemeinsamen Essen und beim abendlichen Zusammensitzen unter der nackten Glühbirne im Hause des Säckelmanns Elias.

Mein Tagebuch, das mir in Zeiten persönlicher Krisen ein überlebensnotwendiger Vertrauter war, schlage ich jetzt kaum noch auf. Briefe von daheim, aus der Welt, verlieren die große Bedeutung, die sie in den vergangenen drei Jahreszeiten für mich hatten. Selbst meine Träume liegen nicht mehr wie ein schwerer süßer Schatten über dem Erwachen, sondern werden jeden Morgen wie ein Spuk vertrieben vom ersten Glockenschlag. Als Hutterer bin ich mir heute kein Fremder mehr.

Winter

Mit fünf Talern Wegzehrung zurück ins Höllenloch

Schon seit Ende September drohte der Winter über uns in den Gipfeln der Rocky Mountains. »The Big Chief«, der mit etwa 3000 Metern höchste Berg in unserer Sichtweite, hatte als erster eine Schneekappe auf. Tage darauf verfärbten sich auch »Black Rock«, die dreizackigen »Three Sisters« und schließlich der Rest der steinernen Majestäten, deren Spitzen immer häufiger von schwarzgrauen Wolkenbänken verhangen waren. Langsam, Woche für Woche, kroch das Weiß dann die Täler hinab, erreichte die Baumgrenze, verschlang wie ein Gletscher das dunkle Grün der lichten Nadelwälder und machte auch vor den hochgelegenen Weiden im Nordwesten nicht halt, was das Vieh dort oben mit schwermütiger Gleichgültigkeit hinnahm.

Es ist hier also niemand überrascht, als nach einer stürmischen Novembernacht die göttliche Arche von einer knapp einen Meter dicken Schneeschicht zugedeckt ist. Beim ersten Blick aus dem fast zugewehten Fenster meines Buchbindehäuschens erscheint mir die verschneite Kolonie viel kleiner, gedrungener, sind ihre Gebäude noch dichter aneinander gerückt. Genau dieses Bild haftet mir von meiner Ankunft in der Wilson-Kolonie vor fast einem Jahr im Gedächtnis, als mich an einem schneeverwehten Januartag der Gefrierfleischlastwagen vor dem Kuhstall der Gemeinde absetzte. Die dunklen Fensterhöhlen unter den schneebeladenen Dächern, der steil aufsteigende Rauch aus den Schornsteinen, genauso war es auch damals. Mein erster Tag bei den Hutterern, unendlich weit zurück liegt er für mich in diesem Moment. Doch noch viel weiter entfernt ist nun die Zeit davor, als ich noch draußen in der Welt lebte. Längst vergangen, wie Kindheitserlebnisse, erscheinen mir jetzt die Alltäglichkeiten dieses Vor-Lebens: Einkaufen, Telefonieren, Zeitunglesen, Reisen, Fernsehen – alles rührt mich in so fremder Vertrautheit an wie Schuleschwänzen, Murmelspielen, Ohrfeigeneinstecken.

Überhaupt kommt mir mein Weltendasein seltsam kurz und flüchtig vor, im Vergleich zu diesem Hutterjahr, das sich nun langsam rundet und in dem ich mehr erlebt und auch gelebt zu haben meine als in den 31 Jahren zuvor. Eine ganz neue Welt hat sich mir hier erschlossen, ich bin wie ein Findelkind in der Fremde ausgesetzt worden und mußte alles von Grund auf neu lernen: nicht nur hutterisch sprechen und deutsch Schönschreiben, Stillsitzen und Gehorchen, Schuhe machen und Schweine kastrieren, sondern ich wurde auch mit einer Lebensweise vertraut gemacht, die nicht Überkonsum, sondern Bescheidenheit, nicht Stolz, sondern Demut, nicht Aggression, sondern Friedfertigkeit, nicht Egoismus, sondern Selbstlosigkeit – mit einem Wort: nicht Haben, sondern Sein als höchste Werte betrachtet.

Dennoch kann ich nach einem Jahr im Hutterland nur teilweise bestätigen, was Erich Fromm in seinem Buch »Haben oder Sein« über die »Hutteriten« schreibt: »Daß die Produktion den Menschen und nicht den Erfordernissen der Wirtschaft zu dienen habe«, ist richtig, wenn man für »Menschen« besser »Kolonie« schreibt. Denn in der hutterischen Wirtschaft ist der einzelne immer nur ein Glied in der Kette des Produktionsprozesses der heiligen Gemeinschaft, ein Rad im Kolonie-Getriebe, das sich nie für sich, sondern allein für das Ganze dreht. Das Ganze, das sind vor allem die »Wietwen und Waiselan« sowie die schulpflichtigen Kinder und die arbeitsunfähigen Alten und Kranken – ihnen gilt die Solidarität aller.

Am Freitag vormittag werden der Zwieback und das Brot gebacken. Jede Frau hat alle drei Wochen ihre »Backwuch«, und alle eineinhalb Monate muß sie in der Küche sieben Tage lang kochen und im Kuhstall melken.

Doppelseite:
Die Weite der Prärie ist für die »Auserwählten« ein Sicherheitsabstand zur Welt der »Ungläubigen«. Das menschenleere Land rund um die »Arche« macht hutterisches Leben überhaupt erst möglich.
Für die Kinder ist ein Querfeldeinritt zu den Rindern ein kurzer Ausflug aus der Enge der Gemeinde.

»Wir aber, die stark sind, sollen der Schwachen Gebrechlichkeit tragen und nicht Gefallen an uns selber haben«, schreibt Paulus in seinem Römerbrief 15,1.

Da letztlich alles Gott dient, arbeiten die Starken immer Hand in Hand, treten nie in Konkurrenz zueinander, was die zweite These Fromms bestätigt, »daß der wechselseitige Antagonismus durch Solidarität ersetzt« ist. Persönliche Rivalitäten sind innerhalb der Kolonie sehr selten, wenn auch die Brudergemeinden untereinander und vor allem die drei verschiedenen »Leut«-Gruppen in einem geschwisterlichen Wettbewerb stehen. Wer hat die besten Schafe, wer ist zuerst mit dem Dreschen fertig, wer hält am strengsten an der alten Ordnung fest?, darauf wird geachtet, und gelegentlich ist auch eine gewisse Selbstgefälligkeit zu spüren, wenn sich die Brüder und Schwestern über die angeblichen Mißstände irgendeiner Nachbargemeinde ereifern. Aber das sind Randerscheinungen, kleine menschliche Schwächen, denn auch zwischen den Gemeinden herrscht als Grundsatz Solidarität. Wenn eine Gemeinde durch einen Scheunenbrand oder eine Epidemie im Schweinestall in finanzielle Schwierigkeiten gerät, treffen sich die Hauswirte der anderen Kolonien und machen die finanziell leckgeschlagene Arche zinslos wieder flott.

Diese »Säckelmänner« sorgen auch dafür, »daß nicht maximaler Konsum, sondern vernünftiger Konsum« (Fromm) getrieben wird. Kein Taler darf leichtfertig ausgegeben werden, jeder Cent ist göttliches Eigentum, das der alte Elias und seine Kollegen nur zum Wohle der Gemeinschaft verwalten. Das bedeutet jedoch nicht, »daß das oberste Ziel aller menschlichen Arrangements das menschliche Wohlergehen und die Verhinderung menschlichen Leids« sein muß, wie Erich Fromm es formuliert. Hutterer sind zum Leiden auserwählt, um Christi willen erdulden sie Verfolgung und irdische Pein und werden so selbst ein Ebenbild des Gottessohns (Römer 8,29). »Gleich wie wir des Leidens Christi viel haben,

Zwei Tage und zwei Nächte »wachten« die Angehörigen und Freunde des toten Johannes an seiner Bahre. Wieder und wieder singen sie »O Herr, ein selig Scheiden«. Vor der Beerdigung versammelt sich die Gemeinde im Speisesaal (unten) rund um den Sarg zur »Leichenlehr«.

also werden wir reichlich getröstet durch Christum« (2. Kor. 1,5).

Ziel der frommen Kolonisten ist das Wohlergehen im Himmel, das sie sich auf der Erde erst erleiden müssen. Auch hier ein krasser Gegensatz zu den »Weltmenschen«, die ihr Lebensziel im Glück sehen und dieses durch pausenlose Wunscherfüllung, durch Konsum, zu gewinnen hoffen. Doch während draußen in der Wohlstandsgesellschaft das Unglück der Menschen mit wachsendem materiellem Besitz zunimmt und die Unzufriedenheit trotz zunehmender Freiheiten wächst, strahlen die Hutterer eine innere Ruhe und Zufriedenheit aus, die mich fasziniert, seit ich in der Kolonie eintraf. Befreit von der zwanghaften Sucht nach ständigem Vergnügen, frei auch von der Möglichkeit, alles zu dürfen, scheinen sie einem erfüllten Leben näher als mancher weltliche Glücksritter.

»Daß der einzelne zu aktiver Mitwirkung am gesellschaftlichen Leben motiviert werden« soll (Fromm), würde Prediger Elias bestätigen und die Betonung auf »*der* einzelne« legen. Denn Frauen müssen ja »schweigen in der Gemeinde« (1. Kor. 14,34) und haben daher weder Sitz- noch Stimmrecht im Gemeinderat, was nicht ausschließt, daß sie Verantwortung in ihren Arbeitsbereichen tragen. Seitdem Katharina von den »Mannsleit« zur Köchin gewählt wurde, redet ihr kein Mann mehr ins Geschäft, abgesehen von den ständigen Ermahnungen des Hauswirts, mit Mehl und Zucker sparsam umzugehen. Umgekehrt ist auch der männliche Arbeitsbereich für die Frauen tabu. Vielleicht ist dies ein Grund dafür, daß »ein neues Verhältnis zwischen Mensch und Natur . . . das auf Kooperation und nicht auf Ausbeutung beruht« (Fromm), in den Kolonien so wenig besteht, wie fast überall in der Welt. Auch die Hutterer powern ihre Äcker bis zum letzten durch Kunstdünger aus, auch sie belasten die Umwelt Jahr für Jahr mehr mit Pestiziden, auch ihre Hühner werden in Käfige gezwängt und mit Antibiotika und Hormonkuren vollgepumpt.

Überraschend ist, daß die Auserwählten gerade in dem Bereich ganz dem »Haben« zugewandt sind, der ihnen der wichtigste ist: im Glauben selber. »Im Habenmodus ist Glauben der Besitz einer Lösung, für die man keinen rationalen Beweis hat«, schreibt Erich Fromm. »Er besteht aus Formulierungen, die von anderen geschaffen wurden (gewöhnlich von einer Bürokratie) und die man akzeptiert, weil man sich dieser Bürokratie unterordnet. Er gibt einem ein Gefühl der Sicherheit aufgrund der realen (oder nur eingebildeten) Macht der Bürokratie. Er ist die Eintrittskarte, mit der man sich die Zugehörigkeit zu einer großen Gruppe von Menschen erkauft, er nimmt einem die schwierige Aufgabe ab, selber zu denken und Entscheidungen zu treffen. Man zählt nunmehr zu den ... glücklichen Besitzern des rechten Glaubens.« Vielleicht ist es dieser Verzicht auf geistige Selbständigkeit, der zwischen den Hutterern und mir wie ein tiefer Graben liegt, über den ich nicht springen kann, nicht springen will, auch wenn das für mich Ungewißheit und Angst bedeutet.

Mit dem Schneetreiben begann mein Leben in Gottes Arche, und mit dem Winter fängt für mich auch alles wieder von vorne an. Morgens heißt es wieder Kühe füttern, die auf den Weiden nun nichts mehr zu fressen finden. Es geht mir natürlich alles viel leichter von der Hand, das Stapeln der Heuwagen, das Zielwerfen von der Miete hinunter in die Futterkrippen. Ich habe ein Jahr körperliche Arbeit hinter mir, bin nicht nur kräftiger, sondern auch geschickter geworden mit der Zeit. Im Schusterhaus, in dem ich seit dem Frühjahr nur Reparaturarbeiten verrichtet habe, gelingen mir die Knabenschnürschuhe besser als damals in der Wilson-Kolonie unter der fachkundigen Anleitung des Schäfers Samuel. Hier in der Gemeinde Waterton arbeite ich zusammen mit Jakob, dem Schweinehüter, aber nicht ich bin diesmal der Lehrling, dem die Hand geführt werden muß, es ist der Schulabgänger Andreas, der jetzt von der Pike auf den Sohlenzwirn dreht, bevor er sich an seinen ersten Knabenschuhen, Größe I, versucht. Gern gebe ich Ändi ein paar Tips, etwa wie man die Absätze aus den alten Autoreifen so hinbekommt, daß sie gleich hoch werden, damit »die Mandl sich nit kripplig laufn«.

Da der Garten nun wieder bis zum April unter Schnee und Eis begraben liegt, hat Schullehrer Paul auch mehr Zeit für die Unterweisung seiner Zöglinge im Wort Gottes und den Liedern der Altväter. Morgens eine Stunde und am frühen Abend nach dem Englischunterricht noch einmal zwei Stunden schallt es aus hellen Kinderkehlen durch die Kolonie. Zusammen mit dem Sechs-Uhr-Gebet müssen die hutterischen Pennäler aufs neue rund neun mal 60 Minuten täglich die harten Schulbänke drücken, wenn sie nicht auf dem Boden kniend beten oder stehend die Bibelsprüche auswendig hersagen. Wie schön war doch die Zeit, da man Taschenratten jagen konnte, für einen »Gumm« pro Schwanz, und es auf den ungesattelten Pferden hinter ausgerissenen Kühen herging, querfeldein durch das kniehohe Gras, durch die grenzenlose Weite des Landes. Jetzt heißt es wieder, stumpfsinnig büffeln im engen, stickigen und ewig überheizten Klassenzimmer unter dem strengen Blick des Lehrers hinter dem hohen Katheder, in dessen oberstem rechten Schubfach »Pauls liabe Ruthen« immer griffbereit liegt.

Auch der Prediger Elias hat jetzt mehr Zeit, seinen Amtsgeschäften nachzugehen, wenn nicht gerade scharfer Frost irgendein Wasserrohr zum Platzen bringt, das er dann in seiner Funktion als Kolonie-Klempner reparieren muß. Nachmittags und abends sitzt er ganz zurückgezogen in seiner Studierstube und schreibt an seinem Sekretär die alten Predigttexte ab, Wort für Wort, im gestochenen »Deitsch«, so wie es die Vorfahren seit Generationen getan haben. Bis zu sechs Lehren, das sind etwa 500 Schulheftseiten, schafft Elias in einem Winter. Gut 60 Texte hat der erst vor zehn Jahren gewählte Diener des Wortes schon geschrieben. Sein größter Wunsch wäre es, bis zu seinem Tod die komplette hutterische Bibliothek von über 600 Schriften mit eigener Hand zu kopieren, um damit seinen Teil getan zu haben für die Überlieferung und Verbreitung des »wahren Glaubens«.

Diese in Schweinsleder gebundenen Schriften, von denen einige aus dem 17. Jahrhundert stammen, sind die einzigen Gegenstände im Haushalt des Elias Wurz, die er wirklich ehrt. Alles andere, die handgemachten Stühle von dem Großvater aus South Dakota, die alte Liege, das gestickte Bettzeug – das sind irdische Dinge, »Zatliches«, wie die Hutterer alle Materie abfällig nennen, vergänglich wie der eigene Körper und ohne Nutzen dort oben im Reich der ewigen Werte. So war es möglich, daß ein cleverer Antiquitätenhändler aus Calgary ihm eine schöne achteckige Wanduhr abschwatzen konnte, die sicher ihre hundert Jahre alt war. Dafür bekam Elias billige Hongkongware. Der Prediger glaubt dennoch, ein gutes

Geschäft gemacht zu haben. Schließlich braucht man das neue häßliche Plastikding nur einmal in der Woche statt einmal am Tag aufzuziehen, und außerdem hat sie einen Tagesanzeiger im Zifferblatt – wie »präktikel«.

Unverständlich ist den Hutterern die Liebe vieler Weltmenschen für alles Alte. Besonders Museen geben ihnen Rätsel auf, so die Wanderausstellung »Canadian Heritage«, die einige Monate zuvor in Calgary zu sehen war. Elias hat sie sich im Herbst angesehen, als er zusammen mit seinem Vater, dem Wirt, und mit Weinsedel Johannes dort eine Bullenauktion besuchte. Da standen die drei Hutterer vor drei hutterisch gekleideten Schaufensterpuppen in einer originalgetreu nachgebauten Huttererstube – und verstanden die Welt nicht mehr. Man hatte sie selber zu einem Objekt der Augenlust gemacht, hutterische Lebensform als Show, die Weltmenschen schienen wirklich vor nichts zurückzuschrecken. Früher wurden sie verfolgt, heute werden sie ausgestellt neben alten Trachten der Schwarzfußindianer, neben Dampfmaschinen und Vorderladern.

Die anderen Museumsbesucher staunten nicht schlecht, als sie neben den hutterischen Museumsstücken lebendige Exemplare dieser Spezies des auserwählten Volkes vor sich hatten, genauso gekleidet wie die Puppen hinter der roten Absperrkordel. Erst lachten die Leute, denn sie glaubten an einen originellen Gag der Museumsleitung, die hier mit drei Schauspielern ein bißchen Leben ins Haus bringen wollte. Erst als der alte Elias auf die Frage eines »Englischen«, ob sie denn »real Hutterites« seien, auf gut hutterisch »Schur sa mir eecht« antwortete, verging ihnen das Lachen.

Altes schätzen die Kolonisten nur dort, wo es auch nützlich ist und sich im Dienst für die Gemeinde bewährt hat. Wie zum Beispiel die fast schon antiken Borstenschaber, mit denen die Männer den Schweinen beim Schlachten die Haare vom Fell kratzen. Runde, untertassenähnliche Eisen sind das, mit einem angeschraubten Holzgriff im Mittelpunkt und superscharf geschliffenen Rändern. Damit schabten die Bauern schon im Mittelalter ihre Schweine.

Wenige Wochen vor Weihnachten holt der Hauswirt die »Schobr« aus seinem Vorratsraum und teilt sie uns Mannsleuten aus. Die Temperaturen sind endlich tief unter minus 30

Grad gefallen, das richtige Wetter zum Schweineschlachten. Im ersten Morgenlicht fahre ich mit dem Caterpillar zum Stall, um die Tiere ins Schlachthaus zu holen. Die ersten fünf extra schwergemästeten Säue stehen dort schon frierend im Schnee und wittern zitternd ihr nahes Ende. Johannes, der Schweineboß, hält ein langes Messer in seiner massiven Rechten, Lehrer Paul und Jakob, der Schmied, greifen sich blitzschnell ein quiekendes Schwein und werfen es auf den Rücken. Die Gurgel liegt frei, Johannes sticht hinein, das Blut schießt im Rhythmus des Pulses hervor, die Halsschlagader ist durchschnitten. Mühsam findet die arme Kreatur noch einmal auf die Beine, taumelt, stößt benommen die Schnauze in den vom eigenen Blut getränkten Schnee. Das todesängstliche Grunzen erstickt langsam. Mit gurgelndem Röcheln bricht das Tier wie gefällt zusammen. Die Hinterläufe stoßen im blinden Reflex, während sich die Pupillen der Augen nach hinten wegdrehen. Das Maul öffnet sich zu einem stummen Schrei, bis ein letztes Zucken des blutverschmierten Leibes die Marter beendet.

Als ich die gleiche Szene im Februar des letzten Winters zum ersten Mal sah, wäre ich fast mitgestorben, so sehr hatte mich das Gemetzel geschafft, doch in der Zwischenzeit habe ich manche städtische Überempfindlichkeit verloren. Wer Fleisch essen will, der muß auch schlachten, sagte mir Paul erst vor knapp einem Monat beim Entenköpfen und drückte mir das Beil in die Hand. Der erste Hieb war eine Qual für mich, doch schon beim zweiten Dutzend fielen die Entenköpfe im Zehn-Sekunden-Takt. 1500 »Anten« habe ich in drei Tagen über die Klinge springen lassen, ohne deshalb schlecht zu schlafen. Man entwickelt dabei schnell ein fast sachliches Verhältnis zum Schlachtopfer. Die Ente ist nur noch ein Objekt aus Federn und Fleisch, die Kopfkissenfüllung und der Sonntagsbraten in spe.

Und die fünf Schweineleiber, die hier nun auf dem Schlachtfeld vor dem Stall im roten Schnee liegen, sollen heute zu »Wurscht« und »Schinka« verarbeitet werden, Fleischvorrat für den Winter. Wie fünf Mehlsäcke schaffe ich die toten Tiere vorn auf der Schneeräumschaufel des Frontladers zum Schlachthaus. Weinsedel Johannes wartet schon mit seinen Männern vor der Tür an einer kochenden Wanne, jeder mit einem Schaber in der Hand. Ich kippe eine Sau nach der anderen in das dampfende Wasser, wo sie kurz abgebrüht wird, damit die Borsten sich später leicht von der Haut kratzen lassen.

Ist ein Tier enthaart, wird es an den Hinterläufen aufgehängt, und schon schlitzen scharfe Messer den Leib von unten nach oben auf. Die eßbaren Innereien, Leber, Milz und Nieren, tragen junge Mädchen in großen Blechkübeln ins Schlachthaus, in dem die Frauen das Fleisch verwursten. In die gereinigten Därme wird mit einer Presse Gehacktes und Leber gedrückt, was etwa so aussieht, als fülle sich ein leerer Feuerwehrschlauch mit Wasser. Die Köchin Katharina schwingt trotz ihrer 70 Jahre behende das Schlachtbeil und teilt die Rippen in handliche Gefrierfachportionen. Andere »Waibr« rühren das siedende Griebenschmalz in den Kesseln, in denen noch vor wenigen Wochen die Seife kochte. Hier drinnen ist es heiß und feucht, wie in einem tropischen Regenwald. An den Aluminiumwänden rinnt das kondensierende Wasser herab, und es riecht dumpf und warm nach Fleisch, Blut und Kot. Dieses Schlachthausklima scheint auch das Temperament der Frauen so anzuheizen, daß sie neckisch mit abgeschnittenen Ringelschwänzen durch den Türspalt nach uns Mannsleuten werfen, die wir draußen in der Eiseskälte das Fleisch zerlegen.

In irgendeiner Form erscheinen die Schweine jetzt täglich auf dem Eßtisch. Mal zum Frühstück als »Sperkele«, das sind gesalzene und gebratene Speckschwarten, die mit Zwieback und Marmelade serviert werden, mal zum Mittag als »Brihela«, als Brühe mit deftiger Fleischeinlage, oder als Schweinehaxe in Gelee, genannt »Zitala«, die gern mit etwas Essig oder Zitronensaft angemacht zum Abendbrot gegessen wird.

Auch am Weihnachtsabend gibt es Schweinernes: »Rippna«, gepökelte Rippen, und als Beilage »freit Potätos«, Pommes frites also, und eingemachte rote Beete. Kein besonderes Festmahl leider, was ganz der hutterischen Tradition entspricht, Feste nicht zu feiern. »Waihnocht ist für uns nit Fressn und Saufn wie in dr Welt«, sagt mir Lehrer Paul in der Heiligen Nacht, als wir wie üblich beim Schwiegervater Elias in der Runde sitzen und Klagelieder schreien, von denen ich nun schon eine ganze Reihe auswendig kann. Kaum etwas unterscheidet diesen 24. Dezember von einem anderen Feiertagsvorabend: Alle sind wir frisch gebadet, die Mädchen haben ihre Haare ordentlich gezöpft, Elias' weißer, dichter Vollbart ist mit schönem Schwung genau in der Mitte geteilt. Und doch liegt heute irgend etwas in der Luft, eine unbestimmte Unruhe steigt von den Kindern am Fußboden zu uns Erwachsenen auf den Stühlen und Bänken herauf, ein Tuscheln, Fußscharren und Kichern.

So gegen halb neun abends stehen die Jungen und Mädchen während einer kleinen Gesangspause wie auf Kommando auf und verschwinden nach draußen. Paul erklärt mir, daß sie jetzt von Haus zu Haus ziehen und »winschen«. Was das ist, erlebe ich eine halbe Stunde später, als die junge Schar auch bei uns wieder einkehrt mit aufgeregten roten Backen und prallen Hosentaschen. »Mir winschen enk frouhe Waihnochten«, rufen sie im Chor, doch eigentlich meinen sie damit nicht »enk«, also »euch« Erwachsene, sondern in allererster Linie Susanna, die Frau des alten Elias. Die hat nämlich schon vorsorglich einen braunen Jutesack hinter ihren Stuhl gestellt, den sie jetzt hervorholt. Jedes Kind tritt artig vor die »Ankela«, zuerst die Jungen, dann die Mädchen. Die rundliche Tante gibt jedem ein paar »Kändies« und jedem ein »Stickl Gumm«.

Der Hauswirt hat allen Müttern einen solchen Süßigkeitensack aus den Gemeindebeständen ausgeteilt, damit jede den Kindern eine kleine Weihnachtsfreude machen kann. Dazu genügen den Huttererkindern noch immer ein paar Bonbons oder ein Stückchen Kaugummi – mehr brauchen sie nicht zur Seligkeit.

Um aber jeder Gleichsetzung mit weltlichen Weihnachtsfreuden von vornherein den Boden zu entziehen, erklärt mir Paul während dieser bescheidenen Bescherung, daß die Kleinen an den Weihnachtsmann oder an das Christkindl nicht glauben: »Sänta Klaus spieln und des Engelszeig, dos is nix, dos sein mir net.« Deshalb hatte er auch der Englischlehrerin verboten, Krippenspiele oder ähnlich pseudoreligiöses Theater mit den Kindern einzustudieren. Nicht verhindern konnte er, daß die »Titscherin« ihren Schülern trotz des biblischen Bildnisverbots Malstifte zu Weihnachten schenkte, mit denen sie nun ihren kreativen Überdruck freilassen und sogar die deutschen Schulhefte und das geheiligte hutterische Liederbuch mit Blumen und Girlanden so ausschmücken, daß es dem Lehrer eine Augenlust ist.

Nicht verhindern konnte der Lehrer auch die »hoffärtigen« Briefpostkarten, die zur Weihnachtszeit manchen älteren Jugendlichen von ihren »Görl«- oder »Boyfränds« zugeschickt wurden. Martha Hofer zum Beispiel, die älteste Tochter vom Hühnerjerg, bekam von ihrem Freund aus der Carmengey-Kolonie einen knallbunten Weihnachtsgruß, auf dem vier goldene Kerzen abgebildet sind, die aus einem Meer von blutroten Christrosen herausragen. Inmitten dieser Hochglanz-Farborgie stehen die gedruckten Worte: »Merry Christmas, Sweetheart, and a Happy New Year.« Wie ein kostbares Kleinod hütet die 24jährige diesen Weltkitsch nun in ihrer Kiste, wo sie der Karte einen Ehrenplatz eingeräumt hat, gleich neben den Osterwünschen des Freiers mit den Porzellanhasen unter den Maiglöckchen. Martha findet solchen Konsumtrödel einfach »scheun«, weil es eben »anderscht« ist als das Gewohnte, als weiße Wände, schwarze Janker und nackte Glühbirnen.

Doch dieselbe Martha, in deren Kiste ein Extrakt der Konsum- und Kitschwelt verschlossen ist, Amerika en miniature, sitzt hier am Heiligen Abend wie ihre Schwestern und Brüder, in deren Kästen es nicht anders aussieht, und singt mit Hingabe und Inbrunst die alten Weisen von Weltverachtung und Todessehnsucht:

> »Sag, was hilft alle Welt / Mit allem Gut und Geld, / Alles vergeht geschwind / Gleich wie der Rauch im Wind. / Törichte Freude!«

Ich sehe in Marthas Madonnengesicht und frage mich, wie es in ihrem Kopf wohl aussieht. Wie passen »Merry Christmas« mit Goldherzen und Christrosen und dieser einfache und so alltägliche Weihnachtsabend unter *ein* gepunktetes Kopftuch? Müßten dem Mädchen diese Widersprüche nicht von morgens bis abends Kopfschmerzen bereiten?

Diese Frage könnte ich mir auch selber stellen: Wie paßt mein Wohlbefinden in der Geborgenheit der hutterischen Gemeinschaft unter einen Hut mit meinen Plänen, schon in wenigen Tagen zurückzukehren in die Welt, die sich in diesem Augenblick mit teuren Geschenken und verlogenen Wünschen überhäuft, um gleich nach den Feiertagen wieder in altgewohnter Feindschaft und Mißgunst aufeinander loszugehen? Was will ich da draußen, unter »den reißenden Wölfen ... die die Seelen umbringen« (Hesekiel 22,27), warum bleibe ich nicht hier im Vorhof des Paradieses, »bei den Schafen der göttlichen Weide« (Psalm 79,13)?

Bisher habe ich diese Fragen verdrängt. Ein Jahr schien ja so lang, da glaubte ich, mir keine Gedanken machen zu müssen um das Ende meiner Hutterzeit. Nun steht der Abschied vor der Tür, und mit sehr gemischten Gefühlen denke ich ans Kofferpacken, an die Heimreise, an Hamburg. Was mir noch im Sommer wie eine ferne Glücksvision erschien, ist jetzt fast zur Bedrohung geworden. Soll ich denn dort weitermachen, wo ich vor einem Jahr aufgehört habe? Soll ich wieder in meine Reporterhaut schlüpfen, um hinter den Neuigkeiten her- und vor mir selber wegzulaufen? Kann ich das überhaupt noch nach dem, was seit dem letzten Winter mit mir geschehen ist? Ich bin hierher gereist, um mit Menschen zusammenzuleben, für die der Begriff »Alternative Living« keine modische Masche ist, sondern eine 450jährige Tradition. Ich wollte über diese »Auserwählten« ein Buch schreiben, weil ich der Meinung war, daß wir »Weltmenschen« zu wenig über sie wissen und vielleicht manches von ihnen lernen könnten. Nun, am Ende meines Aufenthaltes in der Arche Waterton, kurz vor dem Kopfsprung zurück ins Meer der Sünde, frage ich mich, ob ein Buch denn alles sein kann, was ich aus Waterton mitbringe, ob ich nicht persönliche Konsequenzen ziehen muß aus meinen Erfahrungen, die ich in dieser Zeit gemacht habe!

Ich könnte natürlich hierbleiben und Hutterer werden. Paul, Elias, Johannes – sie alle haben mir das mehr als einmal angeboten. Das einzige, was ich dafür tun müßte, wäre, mich taufen zu lassen und meinen Besitz der Gemeinde zu geben, so wie es die Frühchristen auch taten: »Und sie legten alles, was sie hatten, zu der Apostel Füßen« (Apostelgeschichte 4,35). Die zweite Vorleistung klingt verlockend, die erste erschreckt mich. Seinem Besitz zu entsagen, sich freimachen vom Ballast des Materiellen, um mit anderen Menschen gemeinsam an einer Gemeinschaft zu arbeiten, nicht mehr für das »Ich« zu leben, sondern für das »Wir«, nicht mehr für das Haben, sondern für das Sein, all das erscheint mir wirklich paradiesisch. Und doch kann ich hier nicht auf Dauer existieren, denn dieses hutterische Sein beginnt ja eigentlich erst nach dem

»Nicht-mehr-dasein« auf der Erde, also nach dem leiblichen Tod. Für so hochgesteckte Lebensziele fehlt mir aufgeklärtem Zeitgenossen einfach der Glaube, da komme ich nicht mit. Ich suche nach Selbstverwirklichung, nicht nach Selbstaufgabe, wie es die Taufe praktisch fordert: »Nicht mehr sein selbst sein«, darf der Täufling, »Glied am Leib des Herrn« muß er werden, »willenlos und gehorsam«. Für mich Menschen aus dem 20. Jahrhundert erscheint das wie ein Rückfall ins Mittelalter, in Leibeigenschaft und Frohn.

Für einen Hutterer ist das ganz anders. Er braucht diese freiwillig auferlegte Beschneidung seiner Freiheiten, um in Gelassenheit den Versuchungen der Außenwelt widerstehen zu können. Versuchungen, die ja die Menschheit auf ganz andere Weise viel stärker beschränken und binden als die Taufe. Theoretisch wußte ich das schon lange. Aber erst bei den Hutterern habe ich am eigenen Leibe erlebt, wie befreiend die Reduzierung der Ansprüche ist, wieviel Kraft der Mensch dadurch schöpft, daß er sich begnügen kann mit einem Dach über dem Kopf, drei Mahlzeiten am Tag, Kleidung, die ihn warm hält, und Arbeit, durch die er einer Gemeinschaft nützlich ist, einer Gemeinschaft, die ihn nicht ausbeutet, sondern liebt. Hier in der Waterton-Kolonie, wo ein Kaugummi und wenige Bonbons die Kinder am Heiligen Abend glücklich machen, erscheint mir fast wie Freiheitsberaubung, was sich an diesem Abend an Zwang unter den Weihnachtsbäumen meiner Welt abspielt. Welch befreiendes Gefühl dagegen, wenn man sein eigenes Ich in den Hintergrund gestellt sieht, das plötzlich gar nicht mehr so wichtig ist, zu dessen Ansprüchen man nicht dauernd aufsehen muß wie ein Bergsteiger zu einer unbezwingbaren Steilwand. Das einzige, was den Hutterern fehlt, ist die Freiheit der quälenden Wahl zwischen den klangechtesten Stereoanlagen, den günstigsten Lebensversicherungen und den gründlichsten Waschmitteln. Auf all das muß Martha Hofer zu ihrem Glück verzichten.

Daß ich dies so sehe und trotzdem nicht bleiben kann, können die Hutterer nicht begreifen. Scheinheilig verschanze ich mich hinter der Ausrede, mein Visum sei nach einem Jahr abgelaufen, und ich müsse das Land verlassen. Schon glaubwürdiger, weil auch ehrlicher, erscheint ihnen das Argument, ich hätte einfach Heimweh nach meinen Freunden, nach den vertrauten Straßen, den gewohnten Gerüchen, dem Klang der Schiffssirenen im Hamburger Nebel. Daß ich dabei auch an meine schwierige Freundin denke, an durchtanzte Nächte, an Sonnenbaden auf dem Balkon, an frische Blumen auf dem Schreibtisch – das verschweige ich natürlich. Die Welt haben sie mir auch in einem langen Jahr nicht austreiben können, die Hutterer, ohne die die Welt soviel ärmer wäre.

Ich war als Sünder gekommen, und als Sünder bringen mich der alte Elias, sein Sohn, der Prediger, Weinsedel Johannes, Schullehrer Paul und der »Hiehnerjerg«, der gesamte Vorstand also, Anfang Januar zum Flughafen nach Calgary. Es ist eine traurige Fahrt. Wir reden wenig, weil wir nicht wissen, was wir uns jetzt noch zu sagen hätten. Ich spüre, wie ich in den Augen der Auserwählten nun ein Ausreißer bin, der den engen Weg nicht weitergehen will, obwohl er doch nun nach so langer Zeit wissen sollte, wo es lang geht im frommen Leben. Meine Begleiter können einfach nicht glauben, daß ich freiwillig wieder zurück möchte nach Hamburg, dort, wo die Schiffe größer sein sollen als selbst der Kuhstall, wo das Höllenloch liegt, das einst die böse Tochter des Radgießers Jerg Schneider verschluckte.

Ich hatte zwar nie ein Hehl daraus gemacht, daß ich eines Tages wieder fahren würde, doch nun, da die Stunde geschlagen hat, können es die Hutterer nicht glauben. Sie fühlen sich betrogen, und ich empfinde Schuld. Habe ich mit ihrer Hoffnung, mich vielleicht doch noch zu konvertieren, gespielt? Habe ich mich nur deshalb so strikt an ihre strengen Lebensregeln gehalten, um ihr volles Vertrauen zu gewinnen? Habe ich Gottes Auserwählte eigennützig mißbraucht? Ja, ich habe gespielt, getäuscht, ich habe das Vertrauen der einfältigen Frommen mißbraucht. Und kein Mensch wird mir daraus in der Welt einen Strick drehen. Im Gegenteil, der Verlagsleiter wird meine Geschicklichkeit und meine Ausdauer loben. Mein Versuch, aus der Karriere auszusteigen und ein alternatives Leben kennenzulernen, wird meiner Karriere dienlich sein. Ich fühle mich wie ein Verräter!

Während der dreistündigen Reise zum Flughafen macht mir Paul einen Vorschlag, um mir einen Ausweg zu zeigen aus der verfahrenen Situation: »Mußt a Gmah afongen in Deitschlond.« Der Gedanke, eine Gemeinde in Deutschland zu errichten, ist mir wirklich nicht fremd, schon oft habe ich mir in meinem Buchbindehaus überlegt, wie man zusammen mit Gleichgesinnten ein menschenwürdiges, naturverbundenes Gemeinschaftsleben verwirklichen könnte, ganz auf das Sein bezogen, einfach und aufrichtig.

Ich erzähle den Brüdern von den jungen Landleuten, die heute überall in Westeuropa die »sündigen« Städte verlassen, um auf ein paar Hektar ihr Leben zu machen, ohne Eigennutz, ohne Hoffart, doch mit viel Freude am Dasein. »Hippies?« fragt Paul mit skeptischem Blick. »Leute, die es ehrlich meinen und genug haben von der Welt«, antworte ich ausweichend. »Wo kein Glauben ist, da fehlt dr Grund«, sagt Paul, ahnend, daß diese zeitgenössische Jugendbewegung mit dem Glauben im hutterischen Sinne sicher nicht in Einklang zu bringen ist, obwohl man sich doch einiges zu sagen hätte. Aber darüber jetzt zu reden, wäre sinnlos, die Brüder würden nur weiter verständnislos auf den schnurgeraden »Heiwe tu« starren, der uns nach Norden führt. Wir sind uns fremd geblieben trotz unseres gemeinsamen Lebens. Die Kluft zwischen den heiligen Kolonien und der sündigen Welt ist zu breit, als daß ich sie in einem Jahr überwinden könnte. Dazu hätte ich mir ein Leben lang Zeit nehmen müssen.

Auf dem Airport Calgary bin ich plötzlich wieder in der Welt, der großen weiten Welt. Überall fremde Menschen, hektische Bewegungen, säuselnde Lautsprechermusik. Meine Brüder sind so nervös wie ich. Erst wissen wir nicht recht, wohin, doch dann zeigt uns ein mitleidsvoller schwarzer Gepäckträger den Weg zum Abfertigungsschalter. Vor der Paßkontrolle nehmen wir Abschied. Anders als bei der Begrüßung im Kuhstall vor einem Jahr, drücken mir die Hutterer trotz aller Enttäuschung jetzt doch die Hand. Der Säckelmann Elias waltet seines Amtes und zieht einen Fünf-Dollar-Schein aus der Hosentasche, meine Zehrung für die lange Reise – eine unglaublich großzügige Geste für den knauserigen Alten. »Begrieß dei Muetr herzlich von uns«, sagt Elias noch, und Paul bittet mich, doch mal zu schreiben, »wie's steht« um mich. In meiner Aufregung dringen die Abschiedsworte kaum an mein Ohr. Fast schroff drehe ich mich um und gehe durch die Abfertigung.

Im Warteraum am Gate 14 betrachten mich die Leute mit

versteckter Neugierde. Ich bin erleichtert, durch meine schwarze Hutterer-Tracht eine äußere Distanz zu schaffen zu dieser Jet-Set-Uniformität aus teuren Pelzen, Goldrandbrillen und gepflegten Jeans. Wie sie sich ähneln, die Weltmenschen, denke ich, zum Verwechseln gleich aussehen, wie die Hutterer in ihren Kolonien auch. Doch im Gegensatz zu den Kolonisten ist diesen armseligen Saubermännern und Lebedamen nichts so wichtig wie ihre »Individualität«. Die einschläfernde Synthetikmusik geht mir schrecklich auf die Nerven. Sogar auf dem Klo hat man keine Ruhe. War es bei den Hutterischen streng verboten, Musik zu hören, so muß man es hier.

Auch im Jumbo der Lufthansa dudelt es bis zum Abflug laut von der Decke herab. Ich verweigere die Drops für den Druckausgleich beim Start, und auch das Kopfhörgerät (Preis zehn Mark – meine ganze Zehrung!) lasse ich mir von der hübschen Stewardeß nicht andrehen. »Nur ein Anruf – und ein Mensch wird zur Zeitbombe« lautet der Titel des Films, der uns hier während des Fluges zugemutet werden soll. Hauptdarsteller: Charles Bronson. Ich bin wirklich wieder unter den Wölfen, denke ich, und verflogen ist mein Heimweh.

Endstation Flughafen Frankfurt am Main, nach zehn Stunden Flug. Der Beamte an der Paßkontrolle stutzt. Er fragt, wem denn der Reisepaß gehöre. Ich antworte, er gehöre mir, wem denn sonst? »Das wollen *Sie* sein?« sagt der Mann verblüfft und deutet auf mein Paßbild. Tatsächlich bin ich nicht mehr der, der dort in die Fotobox lächelt, bartlos mit langen Haaren, im T-Shirt, ich bin ihm nicht einmal ähnlich als mittelgescheitelter, strenger Hutterer. Mein Paßbild und ich haben nichts mehr miteinander gemein. Wann werde ich mir wieder ähnlich sein?

Anhang

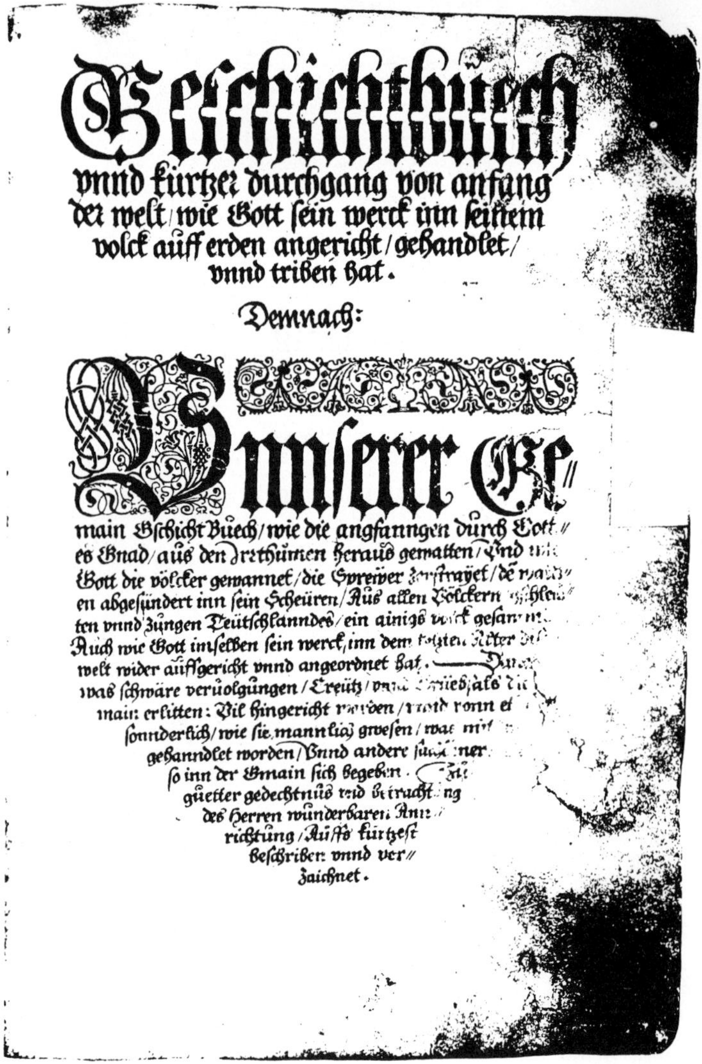
Geschichtbüech
vnnd kürtzer durchgang von anfang
der welt/ wie Gott sein werck inn seinem
volck auff erden angericht/ gehandlet/
vnnd triben hat.

Demnach:

Vnnserer Ge//
main Gschicht Büech/ wie die angfanngen durch Gott//
es Gnad/ aus den Irrthümen heraus gewatten/ Vnd wie
Gott die völcker gewannet/ die Spreyer zerstrayet/ de waitz//
en abgesündert inn sein Scheüren/ Aus allen Völckern/ Geschlech//
ten vnnd Zungen Teütschlanndes/ ein ainigs volck gesammlet.
Auch wie Gott inselben sein werck/ inn dem letzten Alter der
welt wider auffgericht vnnd angeordnet hat. ——— Dar//
was schwäre veruolgungen/ Creütz/ vnnd Trüebsal/ als die
main erlitten: Vil hingericht worden/ vnnd vonn et
sonnderlich/ wie sie mannlich gwesen/ was mit
gehanndlet worden/ Vnnd andere sachen mer.
so inn der Gmain sich begeben. Zu
güetter gedechtnüs vnd betrachtung
des Herren wunderbaren Ann//
richtung/ Auffs kürtzest
beschriben vnnd ver//
zaichnet.

Titelblatt der Hutterer-Chronik

Chronologie der hutterischen Geschichte

1525 – Gründung der Wiedertäuferbewegung durch Conrad Grebel, Georg Blaurock und Felix Manz (u. a.) in Zürich.

1529 – Einführung der Todesstrafe für die Erwachsenentaufe durch Kaiser Karl V. auf dem Reichstag in Speyer.

– Georg Blaurock wird in Klausen (Südtirol) hingerichtet; sein Nachfolger ist der Hutmacher Jakob Hutter.

– Hutter besucht die Flüchtlinge in Mähren, die wegen ihres Glaubens aus Süddeutschland, Österreich und der Schweiz vertrieben wurden und sich in den Schutz des hussitischen Kleinadels begeben hatten.

1533 – Eine Gruppe christlicher Kommunisten wählt Hutter zu ihrem Oberhaupt.

1536 – Hutter stirbt in Innsbruck auf dem Scheiterhaufen.

1539 – Gefangene Hutterer werden nach Triest verschleppt, um von dort für die Habsburger gegen die Türken zu rudern.

1540 – Peter Riedemann schreibt im Gefängnis von Nürnberg seine »Rechenschaft«, neben der Bibel die Grundlage hutterischen Glaubens.

1540 bis 1556 – Ständige Verfolgung treibt die Märtyrer in die Wälder und zwingt sie, in Erdhöhlen zu überwintern.

1556 bis 1593 – Die »Guten Jahre«, die zu einer Blüte des hutterischen Gemeindelebens führen, bis der Krieg zwischen Habsburgern und Türken viele Bruderhöfe vernichtet.

1568 – Peter Walbot verfaßt die »Schuel Ordnung«.

1605 – Schwere Plünderungen durch die Türken.

1618 bis 1648 – Während des Dreißigjährigen Krieges sind die Hutterer immer wieder bevorzugte Opfer der katholischen und protestantischen Landsknechte.

1621 – Kaiser Ferdinand II. weist die Hutterer aus Mähren aus. 186 Gemeinschaftler ziehen nach Siebenbürgen und gründen bei Hermannstadt den ersten neuen Bruderhof.

1755 – Die von Kaiserin Maria Theresia vertriebenen Kärntner Protestanten stoßen zu den hutterischen Gemeinden und stärken das im Verfall begriffene »auserwählte Volk«.

1757 – Jesuitenmönche verbrennen hutterische Gebetstexte und Gesangbücher und lassen die Neugeborenen zwangstaufen.

1767 – Flucht über die transsilvanischen Alpen in die Walachei.

1770 – Hutterer folgen dem Ruf der Zarin Katharina II. und wandern in Rußland ein.

1874 – Bedroht durch die Einführung der allgemeinen Wehrpflicht, ziehen die ersten 250 Hutterer über Hamburg, New York nach Süd-Dakota.

1918 – Anti-Hutterer-Ausschreitungen während des Ersten Weltkrieges veranlassen die Gemeinschafter, ihre Kolonien aufzugeben und neues Land in Kanada zu erwerben.

– Zwischen den Weltkriegen zieht ein Teil der »Auserwählten« wieder zurück in die USA.

1973 – Mit der Abschaffung des »Communal Property Act« wird die letzte gesetzlich sanktionierte Diskriminierung der Hutterer in Alberta beseitigt.

– Seit Anfang der siebziger Jahre befinden sich die Dariusleute im Steuerkrieg mit der Regierung, weil sie sich weigern, »Blutgeld« zu zahlen.

Martertafel

Sie werden euch überantworten in Trübsal und werden euch töten. Matth. 10,24.

In Behem (Böhmen)

Zu Prag	11*

In Hungern (Ungarn)

Zu Kirchschlag	3
Loren	3
Nusel	2

In Märhern (Mähren)

Zu Brünn	4
Znaim	7
Olmütz	4

In Österreich

Zu Wien	23

und viel heimlich gericht

Zu Neustadt	2
Kreuzenstein	6
Melk	3
Grein	1
Lembach	45
Mödling	4
Pöggstall	1
Ybbs	1
Krems	3
Behemskirch	2
Ottental	4
Puttehofen	4
Feldsberg	1
Falkenstein	5

Im Land ob der Enns

Zu Mathausen	1
Gmünden	2
Enns	1
Kropfhall	2
Steyr	30
Wels	10
Fesselspruck	4
Grametsteten	3
Freynstadt	10
Falkendorf	1
Vöcklabrug	8
Weißenburg	2
Linz	72

Im Bairland

Zu München	9
Rosenhaim	1
Aibling	3
Wasserburg	1
Mühldorf	5
Ötting	7
Landshut	5
Lampach	22
Burckhausen	7
Riedt	4
Schärding	3
Passau	2
Filzhofen	1
Meermeß	1
Ingolstadt	2

* Zahl der Täufer, die in den einzelnen Orten den Märtyrertod starben.

Nüneburg	3
Julbach bei Braune	1
Freyburg	2

In Steiermark

Zu Graz	7
Bruck an der Mur	12
Huntzmarkt	1
Grichsbach	5

In Kärnten

Zu Sankt Veit	7
Kemeten	3
Göpingen	5
Wolfsburg	3

Im Pustertal

Zu Silgen	3
Taufers	1
St. Lorenzen	11
Kyens	5
Schöneck	4
Michelsberg	24

Im Etschland

Zu Brixen	16
Clausen	7
Kaltern	4
Kuntersweg	9
Botzen	11
Neumarkt	9
Terlen	3
Sterzing	30
Gufidaun	19
Roteneck	4
Schlanders	1
Trient	1

In Salzburg

Zu Salzburg	38
Titmoning	4
Berchtesgaden	18
Marklibat	2
Kuchel im Kucheltal	3
Appenau	1

Im Inntal

Zu Kopfstein	16
Rattenburg	71
Schwaz	20
Hall	2
Innsbruck	8
Landteck	1
Kitzbühel	68
Stams	3
Petersberg	2
Imst	8
Rotholz	1

Im Frankenland

Zu Anspach	1
Bamberg	3
Kitzingen	20
Frankenhausen	1
Fehelspruck	3
Würzburg	10

In Schwaben

Zu Augsburg	2
Landsberg	19
Laugingen	2
Tillingen	2
Höchstät	2
Weißenhorn	1
Zusmarshausen	8
Nördling	1
Schwäbisch-Gmünd	7
Mantelhof	20
Kaufbeuren	5
Sundhofen	1
Wardhausen	1

Güntzburg	6
Reuten	1

In Württemberg

Zu Urach	1
Eßlingen	3
Illingen	10
Schorndorf	1
Tübingen	5
Weil	2
Stuckgart	2
Rotenburg am Neckar	13
Rotenburg a. d. Tauber	24
Herrenberg	12
Schlüsselfeld	1
Stätz	18
Deutschhofen	1
Ulmerfeld	2
Walshut	5
Wilhelmsbruck	1
Weiden	3
Königsberg	3
Kirch an der Eck	1

Im Marggrafenland

Zu Baden	20
Pforzheim	2
Pretheim	9
Durlach	12
Bruchsal	1
Pühel	2
Gersbach	1

Pfalzgraf

hat allein richten lassen	350

Am Rheinstrom

Zu Speier	1
Kislach	1
Pühelsberg	1

Im Niederland

Zu Aurea	1
Andorf	5
Lagrenzen	1
Brüssel	2
Aachen	5

Im Welschland

Zu Fuld	18

Im Elsaß

Zu Einsheim	600
Mühlhausen	17

Im Schweizerland

Zu Zürich	16
Basel	3
Bern	1
Schwyz	3
Appenzell	1
Konstanz am Bodensee	3
Walza	11
Ettach	1
Baden	3

Im Welschland

Zu Venedig	3
Laffern	3
Lechensteg	4

Schuel Ordnung vom Tuchscherer Peter Walbot aus Oesterreich vom Jahre 1568

Hierinnen sind verzeichnet etliche nothwendige Punkten, wie die fürgestellten Brüder und Schwestern samt ihren Gehilfen in Schulen in der Zucht und Pfleg der Jugend beständige Ordnung halten sollen. Erstlich sollen sie stets eingedenkt sein, warum sie von Herren und den seinen zu den Kindern geordnet sein. Auch sollen Schulmeister und Schulmutter, weil an ihnen die Ordnung der Schul gutes Theil steht, fein friedsam und vertraulich miteinander sein, auch rathsam und ein steife und beständige Ordnung in allerlei Pfleg der Jugend führen, denn fleizig und auch friedsam sein macht gute Ordnung – Unfried und Unfleiz macht Unordnung. Und nach der fürgestellten Ordnung sollen sich alsdann auch ihre Mitgehilfen wissen zu schicken und zu richten. Dieselben sollen darob halten, daß vor den Kindern kein Zwittracht, Uneinigkeit oder lautes Geschwätz nicht gehört werde, sondern mit einen friedlichen, freundlichen, verträglichen, züchtigen Leben und stillen Wandel, soll man die Jugend auch zur Stille und Zucht reitzen und zu einem guten Vorbild darstellen. Die vergebenen, unnutzen Wort geschweigen, auf daß die Kinder zum Geschwätz nicht Ursach nehmen. Danach sollen Schulmeister und Schwester die großen Buben und Dürnen fleizig zum Gebet halten und treiben. Und wenn man in der Wochen einmal oder zwei mit ihnen redt, daß sich die Schwestern so viel möglich fein gegen=wärtig darstellen, als die auch mit ihrem Exempel und Vorbild mit Zeugen und die Jugend begehren, zu Gottes Furcht reitzen und sollen nicht die einen daraus die andere dort aus=laufen sondern auf die Ehr des Herrn und der Jugend Wohlstand hierinnen bedenken. Das soll sich der Schulmeister nicht befleizen mit langer Predigt und vielen Schriften oder Sprüchen die Kinder aufzuhalten, weil sie wenig fassen und verstehen können . . .

Ist es von nöthen zu strafen, so soll es nach Billigkeit geschehen. Wenn die Kinder ein Geschwätz haben, so soll man vorhin einmal, zweimal oder dreimal auf sie warnen. Und wenn eines oder mehr nicht viel darum geben, dieselben soll man als den herfür nehmen, die man gewiß schuldig weiß und nicht ein ganze Zeit, und mag man mit gutem Gewissen vor Gott, den Kindern oft solche schlechte Ding oder Fähl nachlassen, sonderlich so sie bitten. Und soll uns leichter sein, ein wenig zu weich, dann zu hart sein, weil wir sehen, daß auch der Herr mit uns Alten, nicht allzeit nach unserem Verdienst, sondern mit Gnaden handelt. Die großen Buben stehen einen Schulmeister zu züchtigen dergleichen die großen Dürnen stehen einer Schulmutter zu, zu züchtigen und nicht ein Lehrer. Diebstahl, Lugen, und andere große Sünd, so sich bei Buben oder Dürnen zuträgt, soll mit Rath und Erkenntnis des Schulmeisters in der Schul gehandelt werden. Nach dem die Zucht der Ruthen notwendig ist, soll es in Gottes Furcht geschehen mit Unterschied gegen den Großen, Schalkhaftigen, Verlogenen, Diebischen und Unzüchtigen mit Ernst und nach Verdienst ihrer That, auch das nicht im Winkel oder Verborgen, sondern vor allen Kindern, auf daß die anderen Furcht daraus lernen. – So aber ein Bruder oder Schwester in der Zucht mit Großen und Kleinen zu grob, gach oder zornigmüttig, wer mit Streichen, Stoßen, Schlagen an die Köpf oder ins Maul, das soll gar nicht gestattet werden. So die Halter oder Fuhrleut ein Klag über ein Buben führen, soll der Schulmeister nicht ohn alle Erfahrung Schilling ausgeben, sondern fleizig erkunden, forschen und fragen, auf daß man nach der Erfahrung wisse, rechte Mittel, Maß und Bescheidenheit zu brauchen. Aber die Kinder soll man dahin halten und gewöhnen, daß sie sich nicht wider die Ruthen aufstraußen, sondern selber willig aufhalten, so kann man alsdann züchtiger mit ihnen halten, als wenn sie sich wehren.

Ein Schulmeister soll die Buben morgens und abends, auch des mittags einmal lassen zu ihrer Noth=durft gehen miteinander und selbst hinachschauen. Doch soll er den Kindern dazwischen auch nicht wehren, ihrer Noth nach hinaus zu gehen. Dan die natürlich Noth=durft laßt ihr kein Gesatz geben, so ist es aber der Natur auch schädlich, lang zu verhalten. Desgleichen soll es auch mit den Dürnen gehandelt werden und nicht ohne Sorg sein.

Das Brot und Fleisch mag und soll ein Schulmeister den großen Kindern auflegen und austheilen, es sei denn, daß er nicht viel hat, oder es aus ist. Auch soll der Schulmeister zu vierzehn Tagen die Knaben für sich fordern und einen jeden besonders mit Fleiz beschauen, wie sie sich halten, desgleichen auch die Schul besichtigen, und wo man ein Unfleiz oder Unsauberkeit findet, sie ermahnen, daß sie fleizig und sauber ihren Zeug halten; wo man aber zuviel Färläßigkeit und Mutwillen spüret, da mag man ihn ein Zucht mit aufmerken mitteilen, damit sie der Gemein Zeug nicht so unnutzlich und bößlich verschwänden und fürnehmlich der Schul und Stiefel halben fleizig Nachfrag haben.

Morgens soll man die Dürnen um fünf Uhr Winters Zeit zum Spinnen aufwecken, danach um sechs Uhr mag man die Buben aufwecken, und weil sich dieselben anlegen, kamplen und waschen, soll man die Kindertafel aufheben, anlegen und waschen, daß sie zum Gebet fein gerichtet sein und an der Tafel sitzen. Alsdann mag man die Kleinen Kinder auch fluchs aufheben, anlegen und saubermachen. Des Nachts soll man sonderlich Fleiz haben, daß man die Kinder nicht zu früh oder bald aufs Essen niederlegt, welches einen unnatürlich ist, sondern allzeit nach dem Essen umführen und umgehen lassen, klein und groß. Winters Zeit bis hin auf sechs Uhr, Sommers Zeit aber bis die Sonn untergeht. Und weil es sonderlich im Sommer oft warm und dampfig in Betten ist, soll man sie desto länger aufhalten. In der Nacht sollen die Wächterinnen drob sein, daß die Kinder fein schlafen und fleizig zugedeckt werden, daß sie nicht erfrüren. Und man soll ihnen bei der Nacht (und mittags) kein Essen oder Schleckwerk ins Bett geben, es sei denn, einem Kranken eine Labung oder Trinken, da es ungesund ist. Auch soll man die schlafenden Kinder nicht aus dem Schlaf aufzustehen aufzwingen, sondern sie schlafen lassen. Ist es einem vonnöthen, die Natur wirds selber auftreiben. Es sei denn, daß etwan sonderlich ein Bub oder Dürn ein unsauber Gewohnheit hat. Dieselben mag man wohl aufwecken und ihr unsauber Gewohnheit mit gebührlicher

Zucht abnehmen. Wenn es einen einmahl oder zweimahl ungefähr geschieht, daß es das Bett netzt, etwa im Traum, mag und soll man ihnens nachlassen, auf Besserung. Geschicht es öfter, mag man's drum züchtigen. Die Wächterin soll auch nicht gleich mit der Ruthen schlagen, wenn ein Kind in der Nacht zu weinen anfangt, sondern vielmehr fleizig sein mit anderen Mittel zu stillen.

Ferner ist zu sagen, daß man mit den Kindern nicht soll zürnen (mit Zorn) und sie nicht um die Kopf mit der Faust, noch mit der Ruthen auch in Sonderheit gar aller Dingen nicht um der bloßen Pein schlagen, auch sonst mit der Hand oder Faust auf den Rucken, sondern an das gebührliche Ort mit Bescheidenheit der Ruthen. In der Zucht der Kinder bedarf man ein groß Aufmerken und einen rechten Unterschied, denn oft laßt sich eins mit Freundlichkeit und Worten ziehen, unterweisen und lehren und mit Ernst ist es alles vergeblich, das andere wird überwunden mit Gaben, das Dritte thut ohne einen Ernst nicht lernen – darum so fordert die Zucht der Kinder Gottes=furcht. Den kleinen Kindern aber, die erst in die Schul getan werden, soll man Mitleiden beweisen, das Köpfel nicht auf einmal sich unterstehen zu brechen, damit nicht Schaden daraus folge.

So man die Kinder in die Schul bringt, soll man sie fleizig beschauen und wenn eins eine böße Sucht hat, als Faul, Franzosen oder Lahm, daß man fleizig absondere zu Bett, zu essen und trinken, mit waschen und allenthalben auf besonderen Bürsten und Kämpel achten, die Krätzigen zusammenlegen und nicht zu den Sauberen. Auch sollen sich die Schulmütter befleizigen, wenn sie den Kindern die bößen Mäuler beschauen und mit dem Finger etwa in ein bößen Maul gegriffen haben, daß sie nicht von Stund an mit ungewaschenen Finger in eins andern gesunden Maul greifen, daß sie es nicht verunreinigen, sondern sollen alle Mahl vorhin die Finger mit einen sauberen Tüchel und Wasser reinigen, ehe sie andere beschauen. Was raudige und krätzige Köpf und böße Mäuler sein und was solche erbliche Schaden sein, soll in allen Dingen auf ein Absunderung gesehen als mit Liegen, Essen, Trinken mit Löfel, Trinkgeschirr. Alle Wochen den Kindern das

Gewand besuchen, der Läuß halben und auf den Köpfen suchen. Die Schuhe soll man ihnen nicht zu hart lassen werden, daß sie ihnen nicht drucken und die Eltern daraus Ursach haben, zu klagen, darum man ihnen das Gewändt und solches alles fleizig flicken soll lassen. In ihrer Krankheit soll man mit den Kindern nicht zu hart sein, wann sie dies oder ein anders fordern, sondern in rechter Treu als vor Gott fleizig warten mit Heben, Legen, Wischen und Waschen. Beim Austeilen von Essen und Trinken soll kein Vortheil sein noch Eigen=nutz.

Wenn die Eltern ihre Kinder aus der Schul führen wöllen, wenn sie zu ihnen kommen, soll es mit Wissen und Erlaubnis des Schulmeisters oder Schulmutter geschehen, ein Zeit oder Weil mit Aufmerken in der Furcht Gottes, nach Gelegenheit, die Schulleute aber sollen wahrnehmen, wo die Kinder hingeführt werden.

Es soll weder Bruder noch Schwester, Buben oder Dürnen an sich gewöhnen oder hängen, noch an vertraute Ort schicken, zu den Betten gar oder ander Ort, dann sie vergreifen sich mit Geschlecht oder werden stolz. Keiner soll mit Widerwillen, Murren oder Ungeduld den Dürftigen des Herrn an diesem Ort dienen, denn sonst müssens die Kinder entgelten mit Ungestüm und Grobheit in der Zucht. Also ist unser, der Ältesten Befehl, Meinung und Bitt an euch alle, die ihr der Jugend fürsteht. In Summa, handel ein jeder bei Tag und Nacht mit den Kindern, als ob sie sein eigen wären, mit Essen und Trinken, Heben, Niederlegen, Umführen und Tragen nach aller Noth=durft dem Herren im Himmel, der dann auch unsers Fleiz ein treuer Belohner sein wird.

Tauf-Fragen

1. Erkennt ihr das Christentum für die Wahrheit und den rechten Grund zur Seligkeit? Antwort: Ja.

2. Glaubt ihr auch und stimmt überein mit den zwölf Artikeln des christlichen Glaubens und erzählen dieselben mit Fleiz? Antwort: Ja, ich glaube an Gott . . .

3. Begehrt ihr auch das Fürgebet der Frommen, daß euch Gott die Sünd, so in Unwissenheit geschehen, wollen verzeihen und nachlassen? Ja.

4. Begehrt ihr auch euch also Gott dem Herren im Bund des christlichen Taufs zu ergeben, schenken und aufzuopfern? Ja.

Dieweil ihr euch nun hören laßt, so soll auch auf euer Verlangen geschehen und wollen auch samt uns die Knie vor dem allerhöchsten Gott im Himmel biegen und das Herz vor ihm ausschütten. Denn das ist ein heiliger Tag des Herrn vor euch, an welchem ihr nicht allein Welt, Todt, Höll und Teufel samt dem bösen Fleisch den Dienst aufgebt, sondern Gott will euch, durch Jesum Christum, zu Kindern und Erben seines Reichs machen. Wöllen als das Fürgebet nun für euch tun.

Nach dem Gebet sechs Fragen:

1. Habt ihr nun aus dem Wort des Herrn genugsam verstanden und erkannt es also für den Weg zum ewigen Leben? Ja.

2. Sind euch auch eure Sünden von Herzen leid und begehrt ihr hinfür Gott zu fürchten, nimmermehr wider Gott zu sündigen, eher den Todt zu leiden, dann etwas muth=willig wider Gott zu thun? Ja.

3. Glaubt ihr auch, daß Gott durch Christus und durch das Für=gebet seines Volkes eure Sünden verziehen und nachgelassen hat? Ja.

4. Begehrt ihr auch brüderliche Straf und Anred anzunehmen, dieselben auch an andern zu brauchen, wo es Noth ist? Ja.

5. Begehrt ihr euch also dem Herrn im Himmel zu schenken und aufzuopfern mit Leib und Seel und mit allem, was ihr habt, auch in den Gehorsam Christus und seiner Gemein euch begeben? Ja.

6. Begehrt ihr nun also einen Bund mit Gott und allen Frommen aufzurichten und auf euren bekannten Glauben getauft zu werden? Ja.

Auf diese eure Bewilligung und gute Bekenntnis leg ich euch die Händ auf zum Zeichen des Friedens des Bundes und Vereinigung mit Gott und seiner Gemein. Der Allmächtige im Himmel bekräftige und versiegle solches in unseren Herzen durch seinen heiligen Geist zu seinem Preis und eurer Seligkeit, der wölle dich mit Kraft aus der Höhe anziehen, einschreiben in das Buch des ewigen Lebens, hinfür fromm und treu erhalten bis in den Todt, das wünsche ich dir durch Jesum Christum, Amen. Steh auf mein Bruder, der Friede sei mit dir.

Ehestand

(aus dem Buch von Valtin Winter, 1620)

So ist es nun an dem, daß wir diese Vermählung für uns nehmen und beschließen. Und ist es nun an dem, daß sich die betreffenden Personen vor der Gemein stellen und betrifft erstlich den Bruder . . . und die Schwester . . .

Du, lieber Bruder, weißt, welcher Gestalt diese vorgestellte Schwester dir ist angetragen worden, nämlich nach christlicher Ordnung, nach welcher du auch ohne Beschwerde sie bewilligst anzunehmen.

1. Weil es aber vor öffentlicher Gemein billig soll verhandelt werden, so frage ich dich Bruder am ersten, ob du noch also stehest, daß du diese vorgestellte Schwester begehrest gern und gutwillig anzunehmen, als eine Gabe von Gott? – Sag es, daß sie es hört. Antwort: Ja.

2. Begehrest du auch in allem Guten vorzugehen, damit sie an dir habe ein Exempel der Redlichkeit und Gottseligkeit und sie durch dich dem Herren möchte näher gebracht werden? Ja.

3. Begehrst du Bruder auch, mit dieser vorgestellten Schwester für gut zu nehmen, in Lieb und Leid, in Gesundheit und Krankheit (weilen die Weiber mit mancherlei Blödigkeit beladen sein), sie nimmer zu verlassen, bis euch der Todt scheidet? Ja.

4. Ich frag dich Bruder auch, wenn es sich ja begebe, daß du (welches wir dir aber nicht gönnen wollten und davor auch Gott bewahren wolle) von der Gemein kämest, am Glauben Schanden und Schiffbruch erlittest, wolltest du es auch an dir lassen genug sein und nicht begehren, daß dir dein Weib sollte vom Rechten zum Unrechten nachfolgen, die Gemeinden Glauben und Gottesdienst verlassen, wollst du uns und diesem Weibe bei der weltlichen Obrigkeit keine Mühe machen, so mögst du es auch sagen? Ja.

Nun, Schwester, du hast von dem Bruder alle Gutwilligkeit gehört, welches dich auch trösten soll. Jetzt frage ich dich, Schwester, auch, begehrst du diesen gegenwärtigen Bruder, freiwillig, ungezwungen und ungedrugen als eine Gab vom Herrn? Ja.

Zum andern frage ich dich auch um seines Trostes willen, begehrst du auch mit ihm für Leib und Gut zu sorgen, in Gesundheit und Krankheit (weil der Mann nicht allweg kann gesund sein) ihn nimmer zu verlassen bis euch der Todt scheidet? Ja.

Zum dritten frage ich dich auch, dieweil der Mann des Weibes Haupt ist: Begehrst du ihm auch in allen billigen Sachen untertänig zu sein, damit er an dir habe ein Spiegel der Frömmigkeit, daß er durch dich dem Herrn noch mehr möchte zugeführt werden? Ja.

Zum vierten frage ich dich auch, dieweil wir das Vertrauen nicht haben, daß du dich auf einen menschlichen Arm verläßest (davor uns Gott behüten und bewahren wolle), wenn es aber je geschähe, daß du solltest bundbrüchig werden und den Glauben verlassen, begehrst du es an deiner Sünde genug sein zu lassen, ihn an seinem Glauben nicht zu hindern, so mögst du es auch sagen. Ja.

Zum Beschluß frage ich euch noch einmal, beide, Bruder und Schwester, vor Gott und seiner Gemeinde, die Zuhörer ist und ein Zeug unserer ehelichen Zusammenkunft, begehrt an allem dem, was der eheliche Stand vermag, einander treu und Glauben zu halten, euer Leben lang einander nimmer zu verlassen, bis Gott durch den Todt scheidet (denn was nun Gott zusammengefügt hat, das kann der Mensch nicht scheiden), so möget ihr es beide Parteien bejahen und euch darauf einander die Hand reichen.

(Reichen sich die Hand.) Wir geben euch hiermit Zeugnis, daß ihr heiratet als wie fromme ehrliche Eheleut nach der Ordnung Gottes, nach dem Exempel der Alten und mit Wissen der Ältesten und der ganzen Gemeinde. Darauf wünschen wir euch samt der ganzen Gemeinde von dem allmächtigen, ewigen Gott, ja wir wünschen euch von dem Gott Abrahams, von dem Gott Isaaks und von dem Gott Jakobs seinen Segen und Benedeiung, der gebe euch selbst zusammen und erfülle seinen Segen in euch, daß ihr möget beieinander wohnen als fromme, gottselige Eheleute, friedlich und wohl miteinander hausen und Gott euer Leben lang dienen, das wünschen wir euch abermal von Gott durch Jesum Christum. Amen.

Bann

Liebe Brüder, es ist euch zu melden: Ein Ausgeschlossener darf mit Gliedern der Gemein nicht arbeiten, auch nicht essen, trinken, des Nachts schlafen mit seinem Ehetheil, sondern alles besonders und allein. Seine Mahlzeit soll ihm in der Kinderstube dargereicht werden, besonders. Auch soll eine jede Schwester gemahnt sein, daß sie ihm sein Essen nicht in sein Haus trage, und das solang, bis er wieder aufgenommen wird.

Der Ausgeschlossene wird nach der Lehr hineingerufen, er muß um Straf bitten vor öffentlicher Versammlung, der Prediger vermahnt ihn dann zu Buß. Darauf bekennt er den Bann über ihn und spricht: Nun leg ich dir die Straf auf in dem Namen des Herren Jesum Christum und in der Kraft Gottes, du sollst weder Theil noch Gemeinschaft haben am Reich Gottes, sondern übergeb dich dem Satan zu verderben das Fleisch, damit der Geist selig werde. Und das solange, bis du ein bußfertiges Herz erzeugest, das dir Gott wieder gnädig und barmherzig sei, und magst nun wieder hingehen und deine Noth Gott klagen.

Wiederaufnehmen

Der Schlüssel zum Aufnehmen: So jemand nach erkannter Wahrheit sündige und durch wahre Buße und Besserung von der Gemein Zeugnis überkommt, daß er bußfertig sei und wieder soll aufgenommen werden, so wird zuvor eine Predigt gehalten. Wenn die Vorred gehalten ist, sagt der Prediger: Der Sträfling, so da will aufgenommen werden, soll sich herfürstellen, vor den Predigertisch. Nun fragt der Prediger:

1. Hast du nun dein Herz recht gereiniget, also daß du nichts weiters mehr auf dir hast, sondern alles offenbar und licht gemacht, was dir hinderlich sein mag an deiner Seligkeit? Antwort: Ja.

2. Sind dir auch deine Sünd, die du nach erkannter Wahrheit wider Gott gethan hast, von Grund deines Herzens leid? Ja.

3. Bekennst du auch, daß du die Straf billig ertragen hast und begehrst du dich darauf treulich zu bessern, hinfür Gott zu fürchten, mit Wissen und Willen nimmermehr wider Gott etwas zu thun, eher den Todt zu leiden? Ja.

4. Begehrst du dich auf ein neues, Gott dem Herrn zu ergeben, dich ihm zu schenken und aufzuopfern, auch in den Gehorsam Christum und seiner Gemein sich zu begeben, brüderlich Straf und Anred anzunehmen und zu tragen, dieselbe auch an andern zu brauchen, wo es die Noth erfordert? Ja.

6. Glaubst du, daß dir Gott durch den Todt Jesum Christum und durch das Für=gebet seiner Heiligen Gemeinde dir deine Sünd verziehen und nachgelassen hat und begehrst also wieder aufgenommen zu werden? Ja.

Danach legt ihm der Prediger die Händ auf und spricht: Dieweil dir Gott ein bußfertiges Herz gegeben hat, so leg ich dir die Händ auf zu einem Zeugnis und verkündige dir anstatt der ganzen Gemein Gottes im Namen Jesum Christum Verzeihung und Vergebung deiner Sünden. Gott der Allmächtige wolle dich austilgen aus dem Buch des Todes und einschreiben in das Buch des ewigen Lebens, dich hinfür fromm und treulich erhalten und bewahren bis in den Tod. Das wünschen wir dir von Gott, durch Jesum Christum, Amen.

Dann die Hand geben und sagen: Steht auf mein Bruder oder Schwester und sündige hinfort nicht mehr, als daß dir nichts Ärgeres widerfahre.

Auszug aus dem Manifest Katharinas II.

Das Manifest vom 22. Juli 1763

Von Gottes Gnaden!

Wir, Catharina die Zweite, Kaiserin und Selbstherrscherin aller Reußen zu Moskau, Kiew usw. usw.

Da Uns der weite Umfang der Länder Unseres Reiches zur Genüge bekannt, so nehmen Wir unter anderem wahr, daß keine geringe Zahl solcher Gegenden noch unbebaut liege, die mit vorteilhafter Bequemlichkeit zur Bevölkerung und Bewohnung des menschlichen Geschlechtes nutzbarlichst könnte angewendet werden, von welchem die meisten Ländereyen in ihrem Schoße einen unerschöpflichen Reichtum an allerley kostbaren Erzen und Metallen verborgen halten; und weil selbiger mit Holzungen, Flüssen, Seen und zur Handlung gelegenen Meerung genugsam versehen, so sind sie auch ungemein bequem zur Beförderung und Vermehrung vielerley Manufacturen, Fabriken und zu verschiedenen Anlagen. Dieses gab Uns Anlaß zur Erteilung des Manifestes, so zum Nutzen aller Unserer getreuen Untertanen den 4. Dezember des abgewichenen 1762. Jahres publiziert wurde. Jedoch, da Wir in selbigem Ausländern, die Verlangen tragen würden, sich in Unserem Reich häuslich niederzulassen, Unser Belieben nur summarisch angekündiget, so befehlen Wir zur besseren Erörterung desselben folgende Verordnung, welche Wir hiermit feierlichst zum Grunde legen und in Erfüllung zu setzen gebieten.

1.

Gerstatten Wir allen Ausländern, in Unser Reich zu kommen, um sich in allen Gouvernements, wo es einem jeden gefällig, häuslich niederzulassen . . .

3.

Da unter denen sich in Rußland niederzulassen Verlangen tragenden Ausländern sich auch solche finden würden, die nicht Vermögen genug zur Bestreitung der erforderlichen Reisekosten besitzen, so können sich dergleichen bey Unseren Ministern und an auswärtigen Höfen melden, welche sie nicht nur auf Unsere Kosten ohne Anstand nach Rußland schicken, sondern auch mit Reisegeld versehen sollen . . .

6.

Damit aber die Ausländer, welche sich in Unserem Reiche niederzulassen wünschen, gewahr werden möchten, wie weit sich Unser Wohlwollen zu ihrem Vorteile und Nutzen erstrekke, so ist dieser Unser Wille:

1. Gestatten Wir allen in Unserm Reich ankommenden Ausländern unverhindert die freye Religionsübung nach ihren Kirchensatzungen und Gebräuchen . . . Jedoch wird hierbey jedermann gewarnt, keinen in Rußland wohnhaften christlichen Glaubensgenossen unter gar keinem Vorwande zur Annehmung oder Beypflichtung seines Glaubens und seiner Gemeinde zu bereden oder zu verleiten, falls er sich nicht der Furcht der Strafe nach aller Strenge Unserer Gesetze auszusetzen gesonnen ist. Hievon sind allerley an Unserm Reiche angrenzende, dem mahometanischen Glauben zugetane Nationen ausgeschlossen, also welche wir nicht nur auf eine anständige Art zur christlichen Religion zu neigen, sondern auch sich selbige untertänig zu machen einem jeden erlauben und gestatten . . .

5. Wir überlassen denen sich etablierten ganzen Kolonien oder Landflecken die innere Verfassung der Jurisdiktion ihrem eigenen Gutdünken, solchergestalt, daß die von Uns verordneten obrigkeitlichen Personen an ihren inneren Einrichtungen gar keinen Anteil nehmen werden, im übrigen aber sind solche Kolonisten verpflichtet, sich Unserem Zivilrechte zu unterwerfen. Falls sie aber selbst Verlangen trügen, eine besondere Person zu ihrem Vormunde oder Besorger ihrer Sicherheit und Verteidigung von Uns zu erhalten, bis sie sich mit den benachbarten Einwohnern dereinst bekannt machen, der mit einer Salvegarde (Schutzmannschaft) von Soldaten, die gute Mannszucht halten, versehen sey, so soll ihnen auch hierinnen gewillfahret werden . . .

7. Solche in Rußland sich niedergelassene Ausländer sollen während der ganzen Zeit ihres Hierseins außer dem gewöhnlichen Landdienst wider Willen weder in Militär- noch Zivildienst genommen werden, ja auch zur Leistung dieses Landdienstes soll keines eher als nach Verfließung oben angesetzter Freyjahre verbunden sein: wer aber freywillig geneigt ist, unter die Soldaten in Militärdienst zu treten, dem wird man außer dem gewöhnlichen Solde bey seiner Envollierung (freiwilliger Eintritt) beym Regiment dreißig Rubel Douceurgeld (Bonus) reichen . . .

Gegeben zu Peterhof im Jahre 1763,
den 22sten Juli,
im zweyten Jahre Unsrer Regierung.

Das Original haben Ihre Kayserliche Majestät
Allerhöchst eigenhändig folgendergestalt unterschrieben:

(Signatura manu propria)

Gedruckt beym Senate den 25. Juli 1763.

Petition an den amerikanischen Präsidenten Wilson

Eine Bittschrift (1917)

An den achtbaren Woodrow Wilson,
Präsidenten der Vereinigten Staaten,
Washington, D. C.

Unser geehrter Präsident!

Wir, die Hutterischen Brüder, auch als Bruderhof oder kommunistische Mennoniten bekannt, etwa zweitausend Seelen an der Zahl in achtzehn Gemeinden in Süddakota und Montana wohnhaft, als Kirche organisiert seit dem Jahr 1533, wenden uns hiermit an Sie, Herr Präsident, und all Ihre Gehilfen, um in Kürze ihnen unsre Grundsätze und Überzeugungen mit Bezug auf Militärdienst vorzulegen. Da wir nur einfache Leute sind und ungeschult in den Wegen der Welt, bitten wir um Nachsicht, wenn dieser Brief nicht die gebührende Form aufweist.

Die Grundsätze unsres Glaubens, was das praktische Leben anbetrifft, sind Gütergemeinschaft und Wehrlosigkeit. Unser gemeinschaftliches Leben beruht auf dem Grundsatz, »Was mein ist, das ist dein,« oder in andern Worten, auf Bruderliebe und demütigem, christlichem Dienst nach Ap.-Gesch. 2,44 und 45: »Alle aber, die gläubig waren geworden, waren beieinander und hielten alle Dinge gemein. Ihre Güter und Habe verkauften sie und teilten sie aus unter alle, nachdem jedermann not war.« Daher unterscheiden wir uns grundsätzlich von den nicht-christlichen kommunistischen Systemen mit ihrem Grundsatz: »Was dein ist, das ist mein.« Wir glauben, das gemeinschaftliche Leben, das nicht auf der christlichen Liebe beruht, wird immer ein Fehlschlag sein. Unsre Bestrebungen sind gänzlich religiöser Art, und wir wissen, daß nur wenige willens sind, unsern Glauben anzunehmen und mit

Selbstverleugnung Gott und einander im gemeinschaftlichen Leben zu dienen, wie wir es tun.

Wir halten uns frei von politischen Umtrieben, erkennen aber die Obrigkeit an als von Gott verordnet. Wir ehren unsre Regierung, und in unsern täglichen Abend-Betstunden, die von allen Mitgliedern besucht werden, sowie in unsern sonntäglichen Gottesdiensten beten wir für unsre Obrigkeit. Wir haben immer unsre Steuern auf Land und Personal-Eigentum williglich bezahlt, obgleich uns gesagt worden ist, daß unser Eigentum eigentlich nach dem Gesetz steuerfrei ist, weil es einer religiösen Körperschaft gehört. Es braucht wohl kaum gesagt zu werden, daß wir unsre Witwen und Waisen, unsre Kranken und Schwachsinnigen nicht dem County oder dem Staat zur Last werden lassen.

Unser gemeinschaftliches Leben beruht auf Gottes Wort, und wir könnten nicht Gott mit gutem Gewissen dienen, wenn es uns nicht gestattet wäre, in unsern Bruderhöfen zusammenzuleben. Unsre Mitglieder würden mit Gottes Hilfe lieber leiden, was er über uns zuläßt, als einwilligen, das gemeinschaftliche Leben zu verlassen.

Mit Bezug auf den Grundsatz der Wehrlosigkeit ist unsre Stellung ganz im Einklang mit der neutestamentlichen Lehre. Unser Glaubensbekenntnis zeigt, daß wir die Obrigkeit als von Gott verordnet halten, weil nicht alle Menschen Nachfolger des sanftmütigen und demütigen Heilandes sind, und wir glauben, die Regierung sollte die Frommen beschützen und die Übeltäter bestrafen, nach Röm. 13, 1 bis 7. Die Kirche jedoch muß die ausdrücklichen Lehren und das Beispiel ihres Meisters befolgen. Wir haben nie teilgenommen an der Erwählung von Zivilbeamten. Ohne zu prahlen, können wir sagen, daß wir immer diesem unserm Grundsatz treu geblieben sind. Ins Gericht zu gehen ist gegen unsre Überzeugung und ist unter uns nicht gestattet. Unsre jungen Männer könnten nicht ein Teil der militärischen Einrichtung werden, und sei es nur für »nicht-kämpfenden« Militärdienst, ohne unsre Grundsätze zu verletzen.

Unser vollständiges Glaubensbekenntnis wurde verfaßt 1540 und zum erstenmal gedruckt 1565. Unsre Geschichte ist mit Blut und Tränen geschrieben und ist großenteils eine Geschichte von Verfolgung und Leiden. Wir haben die

Berichte von über zweitausend Personen unsers Glaubens, die den Märtyrertod erlitten haben durch Feuer, Wasser oder Schwert. Unsre Gemeinschaft ist von einem Lande zum andern getrieben worden, und lieber als ihren Grundsätzen untreu zu werden, sind sie nach fremden Ländern geflohen, bis sie endlich 1874 von Rußland nach diesem Lande auswanderten.

Wir möchten hinzufügen, daß wir unser Land lieben und Gott und der Regierung sehr dankbar sind für die Gewissensfreiheit, die wir bisher genossen haben. Wir sind der von Gott verordneten Obrigkeit gegenüber treu und möchten unserm Lande auf irgendeinem Wege dienen, wo nicht unsre christliche Überzeugung verletzt wird; und wir hoffen, Sie glauben auch, daß wir den Lehren des Wortes Gottes und dem Mahnen unsers Gewissens Gehorsam leisten sollten, und daß wir lieber leiden sollten, was Gott zuläßt, als das zu tun, was wir deutlich erkennen als gegen Gottes Wort.

Geehrter Herr Präsident! Wir bitten demütiglich, daß es uns gestattet werden möchte, auch fernerhin wie bisher nach unsern Gewissensgrundsätzen zu leben. Bei unserm Taufgelübde haben wir Gott und der Gemeinde auf den Knien versprochen, Seele und Leib und alles dem Herrn im Himmel zu weihen, hinzugeben und zu widmen, ihm zu dienen auf die Weise, die wir nach seinem Wort als ihm wohlgefällig annehmen können. Wir bitten unser geehrtes Landes-Oberhaupt demütiglich, daß man es nicht verlange, Christo und der Gemeinde ungehorsam zu werden, da wir fest entschlossen sind, durch den Beistand und die Gnade Gottes Trübsal und Verbannung zu erleiden, wie unsre Vorväter in den Zeiten der religiösen Unduldsamkeit, aber nicht unser Gewissen oder Überzeugung zu verletzen und vor Gottes Augen als schuldig erfunden zu werden.

Zum Beweis, daß unsre Stellung mit Bezug auf diese Fragen von der Überzeugung bestimmt ist und nicht vom Mutwillen, möchten wir ehrerbietigst hinweisen auf das oben erwähnte Glaubensbekenntnis sowie auf unser Leben und unsre Geschichte. Wir möchten unserm Lande dienen und möchten treu und untertan sein, insofern es nicht gegen unsre Treue zu Gott verstößt. Wir sind dafür aufrichtig dankbar, daß uns von unsrer Regierung Hilfe und Schutz gewährt worden ist, so daß wir bisher volle Religionsfreiheit genossen haben; und wir sind gerne bereit, etwas für das Wohl unsers Landes zu tun, wenn es nur nicht etwas ist, das gegen unsre Gewissensüberzeugung ist.

Hochachtungsvoll,

Der Hutterische Bruderhof:

David Hofer (Lehrer-Gemeinde),
Elias Walter (Darius-Gemeinde),
Joseph Kleinsasser (Schmiede-Gemeinde).

Da sich die Antwort darauf bis ins nächste Jahr, 1918, verzögerte, wurden (die) drei Brüder (die die Unterschrift geleistet hatten) nach Washington, D. C., gesandt, um sich nach der Auswanderungsmöglichkeit nach Kanada zu erkundigen.

Ein Lied der hutterischen Brüder

(gekürzt)

Das Lied, Väter Lied genennt, von unserm lieben Bruder Jörg Pruckmair gemacht. (Aus dem 16. Jahrhundert.)

1.

Gott, du gewaltiger Herre,
In deiner Majestät,
Der du dein Volk tust mehren
An der Zahl und Genad',
Bitt' dich von Herzensgrunde
Um Kunst, Weisheit und Stärk',
Daß ich mit meinem Munde
Verkündigen mag dein Werk.

2.

Es ist nun unverborgen,
Wie du für deinen Teil
So väterlisch tust sorgen
Und suchest unser Heil.
Hast uns mit treuen Hirten
Bisher versehen fein,
Auf daß wir nicht verirrten,
G'lobt seist du, Herre mein.

3.

Denn wenn du ein Volk tust lieben
Und dir gefällt ihr Leben,
So tust du ihm zuschieben,
Bewährte Männer geben.
Tust ihm dein Wort vertrauen,
Säulen und Stützen fein,
Durch sie dein Haus wird erbauen
Mit lebendigem Stein . . .

37.

Es wollte einst der Herre
Wiederum richten auf
Zu seines Namens Ehre
G'meinschaft und christlich Tauf',
Tät um Männer umschauen,
Ob sie gleich wohl zuvor,
Das verwirrt' Babel halfen bauen,
Ihn' wurd' ein ander Tor . . .

39.

Täten also ihr Leiber
Darstrecken ritterlich,
Viel Mannsperson und Weiber
Gemartert unmenschlich,
Mit glühenden heißen Zangen
Gerissen, gereckt und g'streckt,
Also ist's vielen ergangen,
Das Ziel ist uns auch gesteckt . . .

41.

Die G'mein, die christlich Mutter,
Die hat viel Söhn' verlor'n,
Bis auf den *Jakob Hutter,*
Den hat Gott auserkor'n,
Ein frommer Mann er ware,
Feind allem eignen Nutz,
Mit ihm ein kleine Schare,
Doch so war Gott ihr Schutz.

42.

Er ward von Gottes G'meine
In solches Amt gestellt,
Nach Gottes Wort so reine,
Als ein christlicher Held,
Hat er das Volk des Herren
Versammelt und erbauet,
Lieb' und Frieden tun lehren,
Sein Volk auf Gott vertraut.

43.

Sie richteten ins Werke
Die recht christlich G'meinschaft,
Darzu gab ihn' Gott Stärke,
Haben darneben g'straft,
Was sich's Unrechts erfande,
Kein Person nicht geacht,
Das Bös hat kein Bestande,
Jakob hätt fleißig Acht.

44.

Es tät ihn der Herr segnen
Und auch sein Volk so schon,
Mit Gutem ihm begegnen,
Hätt täglich zu ihm tun.
Die Bösen weggereiten,
Welche verrunnen weit,
Aber die Frommen g'läutert
Mit trübseliger Zeit.

45.

Lang tät nicht außen bleiben
Der Trübsal, kam bereit,
Daß man sie tät vertreiben
Wohl auf die lichte Haid.
Jakob um Ursach' wegen
Ward g'schickt ins Oberland,
Daselbst tät ihm begegnen
Trübsal, Schmach und auch Band.

46.

Beim alten Meßner zware,
Zu Claußen war er z'letzt,
Fing ihn Pilatus Schare,
Ward auf ein Roß gesetzt,
Ein Knebel ins Maul gebunden,
Die antiochisch Brut,
Ein Federbusch zu stunden
Steckten's auf seinen Hut.

47.

Ist mit solchem Gespötte
Geführt worden gen Innsbruck,
Daselbst viel leiden täte,
Haben in seinen Rucken
Viel tiefer Wunden g'schnitten,
Das antiochisch G'sind,
Täten Brandwein drein schütten
Und darnach angezünd.

48.

Geduldig hat er g'litten
Solichen Schmerzen groß,
Antiochi Knecht fortschritten,
Kühlten ihr Mütlein baß,
Setzten ihn in ein Wasser,
Mußt drin erfrieren schon
Und darnach also nasser
In ein heiße Stuben tan.

49.

Noch konnten's nicht satt werden
Mit einer solchen Tat,
Er mußt' von dieser Erden
Hinweg nach Kaiphas Rat.
Durchs Feuersflamm verscheiden
Im sechsunddreißigsten Jahr,
Ruht jetzt in großen Freuden
Bei der Martyrer Schar . . .

51.

Gott tät den Frommen geben
Aus seinem Gnadenreich
Ein', der mit Werk und Leben
Dem vorigen war gleich,
Hans Amon war er g'nennet,
Begabt mit Billigkeit,
Daß welcher ihn hat kennet,
Ihm des noch Zeugnis gibt.

52.
Aber die alte Schlangen
Durch ihren Samen ung'recht
Den obern G'walt anlanget,
Daß er das fromm Geschlecht
Aus dem Land soll vertreiben,
Der Profos war behend,
Tät sich an den Frommen reiben,
Gott seinen Anschlag wend.

53.
Noch tät's ihm einsteils glücken,
Daß er viel Brüder fing,
Die man gen Triest tät schicken,
Wie es denselben erging.
Das find man in den Liedern,
Welche gemachet sein
Von unsern lieben Brüdern,
Die wieder kommen sein.

54.
Gleich nach der Zeit unlange
Ums zweiundvierzigst Jahr,
Holt Gott aus diesem Zwange
Hans Amon offenbar,
Als er die G'mein regieret
Bis in das siebent Jahr,
Mit Verständnis geführet
Des Herren kleine Schar.

55.
Seliglich nun verschieden
Wohl versehen sein Stand,
Suchet allzeit den Frieden,
Bot den Dürftigen die Hand,
Wo sie lagen gefangen,
Schrieb er ihn' tröstlich Brief,
Krankheit tät an ihn g'langen,
Zu Schäckowitz entschlief.

56.

Christus der Erzhirt gerechte
Hat wiederum sein G'mein
Mit einem treuen Knechte
Treulich versorgen tun.
War eins rechtschaffnen Herzens,
Begabt mit Weisheit viel,
Achtet sich wenig Scherzens,
Hieß *Leonhard Lanzenstil.*

57.

Auch war es wohl vonnöten,
Daß wir zur selben Zeit
Ein solchen Helden hätten,
Der Israel zum Streit
Wider die Feind aufmahnet,
Obwohl diesmal ein Zeit,
Gott seines Volks verschonet,
Noch war Trübsal nicht weit.

58.

Endlich ließ der Herr kommen
Im siebenundvierzigsten Jahr
Trübsal über die Frommen,
Vertilgen wollt' man's gar.
Der Herr hob an zu reitern
Sein Weizhaufen so schon,
Gar viel gingen zu scheitern,
Konnten in der Prob' nicht b'stan.

59.

An solch abtrünnig Leute
Haben sich die Frommen nicht kehrt,
Sondern mit Redlichkeite
In großer Armut genährt.
Täten sich willig bucken
Unters Kreuz Christi zwar,
Den Schlagenden den Rucken
Mußten sie bieten dar.

60.

Und trugen also weinend
Edlen Samen herum,
Und haben nicht gemeinet,
Daß es mehr darzu komm,
Daß wir so haufenweise
Beisammen wohnen werd'n,
Nun geben wir Gott den Preise,
Viel haben's erlebt mit Ehr'n.

61.

Von solchem Trübsalsleide,
Als g'melt in kurzer Summ,
Haben sich nicht abg'scheiden
Unsere Hirten fromm.
Uebels und Guts eing'nommen,
Ihr Leben für uns g'wagt,
Das wird ihn' von den Frommen
Mit Wahrheit nachgesagt.

62.

Lang haben sich die Frommen g'schmogen,
Bis ins fünft Jahr hinein,
In Kutten umherzogen
Mit ihren Kindlein klein.
G'wiß nicht ein Wunder wäre,
Daß Leonhard Lanzenstil
Der weißen grauen Haare
Bekommen hätt so viel.

63.

Getreue Gehülfen hat er,
Als man erkennen kann,
Sonderlich der groß *Peter, (Riedemann.)*
Ein hochbegabter Mann,
In viel G'fängnis probieret,
Des haben wir Zeugnis klar,
Sein Leben zum End' geführet
Im sechsundfünfzigsten Jahr.

64.

Ist doch bei seinen Zeiten
Wieder kommen darzu,
Daß man mit Dankbarkeite
Wohnet in guter Ruh'.
Aber der Leonhard fromme
Regiert noch lang die G'mein,
Bis unser ein gute Summe
Aus Gnaden worden sein.

65.

Richtet zu Gottes Preise
Viel schöner Ordnung an,
Mit sein möglichem Fleiße
Die G'mein regieret schon
Ins dreiundzwanzigst' Jahre
Mit Verständnis und Witz,
Im fünfundsechzigsten Jahre
Entschlafen zu Rembschitz.

66.

Es hätt uns Gott Ein' g'sparet,
Jürg'sehen in sein Rat,
Darum man nicht lang harret,
Daß ersetzt würd' die Statt
Durch den Rat aller Frommen
Und durch die Wahl von Gott,
Hat man zu dem Amt genommen
Bruder *Peter Walbot.*

67.

Mit viel Tugend gezieret,
Ein sanftmütiger Mann,
Ein schön's Regiment g'führet,
Weil er im Amt tät stan.
War guter Fried' im Lande,
Ohn' allein Teurung groß,
Stieß den Frommen zuhande,
Doch hielt Gott rechte Maß.

68.

Gab ihm ein geneigtes G'müte,
Samt seinen G'hilfen mehr,
Daß wir durch solche Güte
Nicht Mangel litten sehr.
Gott machet ein Auskommen
Den Seinen in der Not,
Also daß auch die Frommen
Nicht dürften geh'n nach Brot.

69.

Lust und Lieb' trugen die Frommen
Zu diesem Hirten schon,
Nun ist sein Zeit auch kommen,
Daß er nun ist darvon
Aus dieser Welt geschieden,
Als er dreizehen Jahr
Der G'mein vorstund in Frieden,
Holdseliger Lefzen war.

70.

Also sein Lauf vollendet
Im achtundsiebenzigsten Jahr
Und zu Priebitz geendet,
Aber die fromme Schar
Hat sich gesammelt balde,
Der Brüder ein guter Teil,
Mit Bitt' zu Gott ang'halten,
Der schenkt uns den *Hans Kräl.*

71.

Und dieser war fast gütig,
Von freundlicher Geberd'
Mild, g'neigt und auch sanftmütig,
War zuvor wohl bewährt.
In Stock, Faulturm und Bande
Drin er lag lange Zeit,
Ist uns wohl vorgestanden,
Begabt mit B'scheidenheit.

72.

Bei ihm hat man gefunden
Allweg ein guten Rat,
Aber weil des Tods Bunde
Von je Welten her stat,
Die Menschen hinzunehmen,
Acht't weder Jung noch Alt,
So g'lang's ihm auch in deme,
Daß sein End' kam derg'stalt.

73.

Er ist im Herrn abg'scheiden
Und hat sein Zeit erfüllt,
Hoffnung ewiger Freuden
Im Frieden zugehüllt.
Versah nach Gottes Willen
Die G'mein ins sechste Jahr,
Entschlafen zu Neumühlen
Im dreiundachtzigsten Jahr . . .

88.

Ein treuen redlichen Helden,
Valtin Winter mit Nam',
Ein Ernst ließ er ihm's gelten,
Nahm sich sein's Volks Not an
Und ließ ihm's sauer werden
Mit gar viel Kampf und Streit,
Versorgt die Herd' des Herren
Nach seiner Möglichkeit.

89.

Noch tät nicht außen bleiben
Jammer, Angst und Not zuhand,
Die G'mein tät man vertreiben
Von Haus und Hof aus dem Land.
Etlich' wurden gefangen
Von Türken hingeführt,
In solchen großen Zwange
Die G'mein des Herrn geriet . . .

103.

Der dies Lied neu hat g'sungen,
Geörg Prukmair ward er g'nannt,
Hat für die Wahrheit gerungen
Zu Riedt im Baierland.
Durchs Schwert den Tod erlitten,
Um Christi Glauben gut,
Hat ritterlich gestritten,
Bezeugt mit seinem Blut.

104.

Dies Lied schenkt er den Frommen,
Zur Anzeig' Dankbarkeit,
Er hat's vom Sirach g'nommen,
Der auch zu seiner Zeit
Viel der Frommen tut loben,
Also ein anderer mehr,
Dies G'sang kurz weiter zogen
Und g'sungen bis hieher.

105.

Nun sei Gott Lob und Danke,
Der den Seinen gibt Kraft,
Daß sie von ihm nicht wanken,
Sondern bleiben sieghaft
In Christo, unserm Herren,
Der steht uns allen bei,
Daß wir zu seinen Ehren
Bis ans End' bleiben treu. Amen.

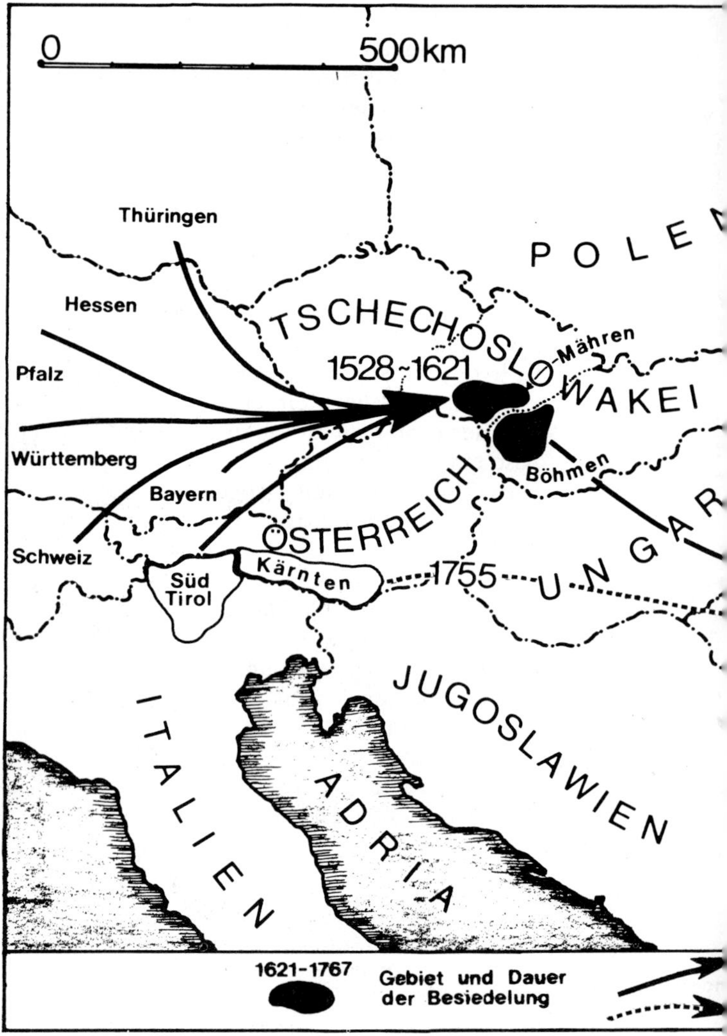

0
500 km
Thüringen
Hessen
Pfalz
Württemberg
Bayern
Schweiz
Süd Tirol
Kärnten
POLEN
TSCHECHOSLOWAKEI
1528–1621
Mähren
Böhmen
ÖSTERREICH
1755
UNGAR
JUGOSLAWIEN
ITALIEN
ADRIA
1621–1767
Gebiet und Dauer der Besiedelung

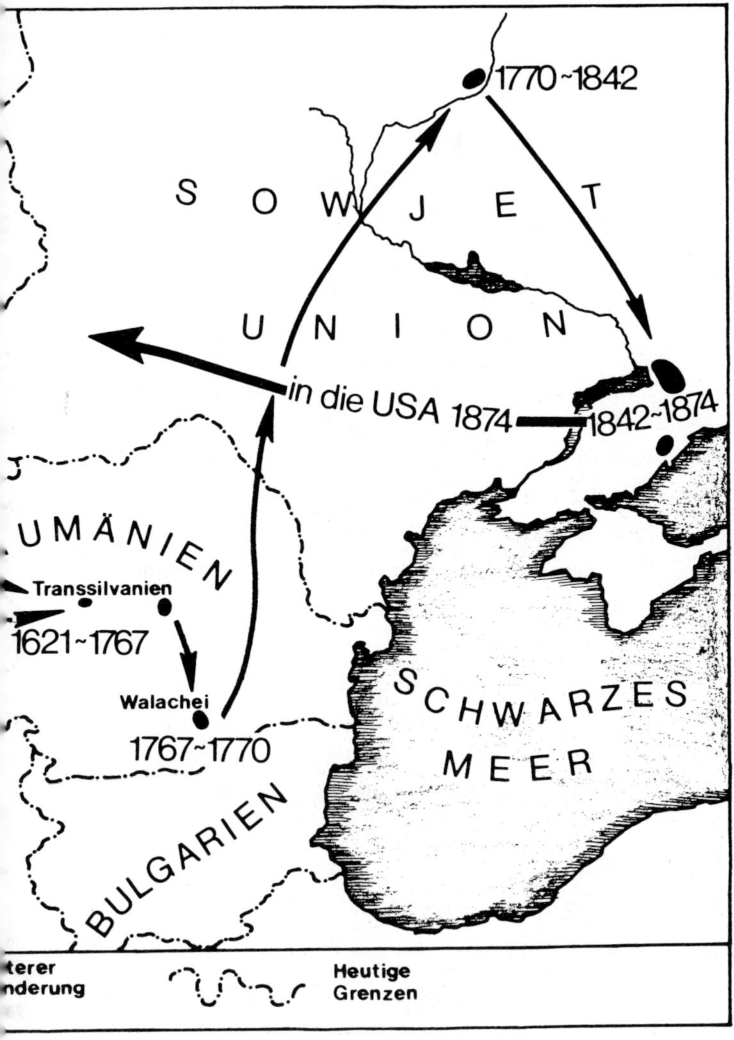
1770~1842
SOWJET
UNION
in die USA 1874
1842~1874
UMÄNIEN
Transsilvanien
1621~1767
Walachei
1767~1770
SCHWARZES
MEER
BULGARIEN
terer
nderung
Heutige
Grenzen

Wassili Peskow

Die Vergessenen der Taiga

Das Überleben der Familie Lykow in den Weiten Sibiriens

Seit einem halben Jahrhundert lebt die Familie Lykow völlig abgeschieden von der Welt in der sibirischen Taiga, weil ihr Glaube, der sich an den Ritualen des 17. Jahrhunderts orientiert, es ihnen verbietet, "mit der Welt in Freundschaft zu leben". Ihr Alltag läuft ab wie zu Zeiten Peters des Großen, von Stalinismus und Weltkrieg haben sie nie gehört. Ihr Leben wird bestimmt von Gebeten und dem ständigen Kampf ums Überleben im sibirischen Winter. Die unglaubliche Geschichte dieser Robinsons unserer Tage, deren jüngste Tochter Agafja auch heute noch dieses Eremitendasein fristet, wird in diesem faszinierenden Buch erzählt.

272 Seiten incl. 24 Abbildungen, gebunden